"十二五"国家重点图书规划项目

法社会学文库·研究前沿　文库主编　季卫东

规则与程序

——非洲语境中争议的文化逻辑

[美] 约翰·科马洛夫
[英] 西蒙·罗伯茨　著

沈伟　费梦恬　译

上海交通大学出版社

内容简介

本书调查、描述和分析了非洲茨瓦纳人争端解决中的法律规则与程序。就规则而言,区别于西方传统语境中通过公权威制定的命令,茨瓦纳人的法律是一套存在于社会关系之中得到社群公认却又拥有极大弹性的社会规则。就程序而言,随着争议诉诸裁判对象的等级提高,规则的明确性和复杂性都会提高:不同规则并存,并且总是基于个案解释理解而不断修正。社群群体和个体接受这样一套成型又开放的规则——在家庭财产问题上尤为明显——并策略性地善加利用以维护个体自己的利益,是这一法律规则与程序的显著特征。本书写于全球反殖民浪潮之际,秉承法人类学方法论,强调文化区别,寻求对西方范式和西方中心论枷锁的摆脱,在现时全球化背景下加强对中国悠长的社会自治历史的研究具有参考和指引意义。

图书在版编目(CIP)数据

规则与程序:非洲语境中争议的文化逻辑/(美)科马洛夫,(英)罗伯茨著;沈伟,费梦恬译. —上海:上海交通大学出版社,2016
ISBN 978-7-313-14152-1

Ⅰ. ①规… Ⅱ. ①科… ②罗… ③沈… ④费… Ⅲ. ①法律—研究—博茨瓦纳 Ⅳ. ①D947.6

中国版本图书馆 CIP 数据核字(2015)第 289324 号

规则与程序

——非洲语境中争议的文化逻辑

著　　者:[美]约翰·科马洛夫 [英]西蒙·罗伯茨　　译　　者:沈　伟　费梦恬
出版发行:上海交通大学出版社　　地　　址:上海市番禺路 951 号
邮政编码:200030　　电　　话:021-64071208
出 版 人:韩建民
印　　制:常熟市文化印刷有限公司　　经　　销:全国新华书店
开　　本:787 mm×960 mm　1/16　　印　　张:21.5
字　　数:254 千字
版　　次:2016 年 1 月第 1 版　　印　　次:2016 年 1 月第 1 次印刷
书　　号:ISBN 978-7-313-14152-1/D
定　　价:56.00 元

For Jean and Marian

献给简与玛丽安

总序

处于巨变中的社会，在新旧交替之际，思想与实践之间势必产生活泼的互动。与此同时，合法与变法激烈冲突，解构与建构逶迤并行，人们不得不加强反思理性，从而超越法律解释的雕虫小技去理解和把握制度。尤其是移植域外规范体系或者创新治理模式的场合，系统与环境的关系不是自然发生和逐步进化而成，而是具有很大的人为性、主观性，因而法律的实效和正当化将会成为焦点问题。为了避免方凿圆枘之讥，必须在一定的社会情境中认真观察、分析以及改进制度的设计和操作。从这样的角度来看，当代中国的法律人不仅需要掌握法律专业知识和技能，还应该把环绕法律制度的社会关系和相互作用的过程也纳入视野之中。随着法治国家建设的进展，职业法律家的作用越来越重要、越来越多样化，对整个社会结构和功能的科学认识也就因而得到越来越多的强调。

实际上，自从人类进入20世纪以来，科学技术、交通、信息的发达和经济全球化导致社会发展的速度不断加快，各种现象更加复杂多变，各种领域的疆界也更加模糊化、流动化，决策的风险性随之大幅度增加世纪初叶爆发的连环恐怖事件、世界金融危机以及围绕战略性资源的局部战争，标志着五百年来的资本主义文明、两百年来由民族国家构成的主权体制和国际法秩序以及一百年来“大量生产、大量消费”的经济发展模式，正在面临严峻的挑战和批判，要求我们摆脱既有的思维方式来考虑制度创新和理论创新。这就提出了培养富有远见卓识的法律人才以及为这类人才提供用武之地的任务。一般而言，卓越法律人才的基本素质就是要能够洞察涉及法律运作的社会条件，在更广阔的经济、政治、历史、文化的含义脉络里妥善解决法律问题。在某种意义上也可以说，对社会以及各种人际关系的洞察力以及复合型知识构成乃是今后各国法学教育的一项重要指标，也是在全球化时代从事法律职业的基本素质要件。

正是基于上述认识，我们必须在法学院的课程设置和教学方法中重视学科交叉，重视关于规范现象的经验科学研究和实证分析，重视把社会学、经济学、政治学、心理学、统计学、人类学、行为科学、比较文化学、医学等其他领域的知识导入法学的交流平台，以便从更加多样性的视角来把握和解决日益复杂化、综合化的法律问题。也正是基于上述认识，上海交通大学法学院在2009年设立了对法与社会进行经验科学研究的机构，召开了一些相关主题的国际研讨会，策划和组织了法社会学重要文献的翻译和出版工作。尤其是“法社会学文库”，既属于研究和教育的基础设施建设的范畴，也构成中国与海外进行深层次沟通、加强相互间理解的重要学术平台，是我们近期工作的着力点。

法社会学文库将分为两个系列发行。一个是“思想的坐标”，主要收集著名法社会学家的代表性著作或者经典性论文汇编。遴选的标准是入选学者必须在“法与社会”研究中作出过重大贡献，产生过较大的国际影响，被公认为某一国度、某一领域的翘楚或者某一学术流派、某一知识潮流的先驱者。换言之，“思想的坐标”系列思想的是以著名人物为经，以独创学说为纬而构成的，显示法社会学研究的原点、主要范式以及谱系。另一个系列是“研究的前沿”，主要按照新兴研究范式、代表性研究方向、重大问题进行整理和选择，在特定主题之下遴选最主要的复数学者及其论稿结成文集。我们希望这个系列的作品能成为不同领域的研究向导和必读参考文献。也就是说，在这里，所谓研究前沿是问题导向的，能提供各个主要研究领域发展的路线图，能揭示学科交叉和资源重组的基本线索。

与法解释学相比较，法社会学显然还是一个很年轻的学科。尽管在19世纪后期，已经有些欧洲学者开始探索法与社会之间的关系，但作为独立的专攻对象得以确立和体系化则是20世纪初的事情。“法与社会”研究范式在美国以及日本形成气候更晚些，要等到第二次世界大战结束之后。然而就在这大约一百年的期间，关于法律现象的社会科学研究一路高歌猛进，新的理论、新的发展方向层出不穷，并且对法律的思想和实践产生了深刻的影响。可是对于法与社会之间究竟存在怎么样的关系和相互作用，人类的认识其实还是很有限的，从总体上看，经验科学的研究仍然处于初级阶段。方兴未艾、可开拓的空间无限，这正是从事法社会学的魅力之所在、意义之所在。如果这套译丛能激起读者进一步钻研的兴趣，并导致我国学者的系列研究成果也陆续推出，进而形成具有鲜明特色的新学派、新范式，那我们的目的就完全达到了。

是为序。

文库主编 [签名]

中译本序

我们对自己的作品能在值此法律和社会研究复兴之际的中国出版深感荣幸。我们觉察到，本书对中国读者来说，将具有浓厚的成书时代的印记。本书立足于吾等在 20 世纪六七十年代所做的田野调查，并于 1981 年出版：它基于殖民世界中的北美和英国人类考古学家对本土争端处理所做的一系列民族志研究的成果之上。博哈南（P. Bohannan）、格鲁克曼（M. Gluckman）、古利佛（P. H. Gulliver）和特纳（V. Turner）等学者最早便是由于这类作品而声名鹊起。我们的研究也同样源于经典社会理论的复兴。它由洛克伍德（Lockwood）和达伦多夫（R. Dahrendorf）等社会学家在二战后发起，并由布迪厄（Bourdieu）和吉登斯（A. Giddens）传承发展。

同时，我们对语言和语境细节的关注也反映

了一种强烈的时代特点。那种焦点也可以在科马洛夫(J. L. Comaroff)的博士研究和布洛赫(Bloch)关于公共语言的开拓之作中找到。我们应当就我们的部分想法向社会学家们业已出版的成果致以公开的谢意。例如,我们结合"构建性秩序"和"生存场域"的分析方案就是基于布迪厄和吉登斯的构想——事实上约翰当时就想向他们致敬;但那时的我缺乏作出这种联系的知识和自信。此外,我们对茨瓦纳社会生活中个体的、具体的活动者所做表述的密切关注,则是受到舒茨(Schutz)、戈夫曼(Goffman)和加芬克尔(Garfinkel)的影响。

我们对构建性秩序和生存场域间的对立区分在那时便受到了质疑。也许我们需要明确说明的是,这种划分是一种用以理解我们在现场所见所闻而发展出来的分析手段。巧合的是,这种构想与茨瓦纳人在解释他们对自己所做所言的理解时的表达,也颇为接近。

我们很清楚,我们所观察的世界早就处在一个更广阔的殖民世界的包围之中,我们也许应当对此种包围的细节作出更多说明。总的来说,茨瓦纳世界内部的分层和茨瓦纳世界与殖民宗主国之间的分层,都应得到更多关注。

我们现在想要重视的联系,在彼时被有意放在一边,因为那时我们想要关注的是一个特别的"茨瓦纳"的世界。由茨瓦纳政治语言所激发的、我们对演说和习得与决定之循环过程的关注——如同卡吕普索(Calypso)的"呼唤"与"回应"——在任何地方的政治与法律过程中都有着强烈的共鸣(而不仅是在所谓的20世纪现代的审判过程中)。30年前,西方社会的法庭一致清晰地展现了"命令"的范式;如今它们则积极地想将自己的形象重塑成协商秩序的代理人。

我们希望用对沈伟教授和他的同事的衷心感谢来结束这个短序。

正是他们的专业与热情，使这本如今看来已显得有些古旱的书得以在当今世界上最重要的语言之一的国度复活重生。

西蒙·罗伯茨

2013 年 6 月 30 日

于伦敦

译者序

尽管法人类学是一门在19世纪中后期就已经出现并发展的学科，但相对于其他舶来品来说，它在中国仍然是一门比较冷偏的法学分支。法人类学是法学和人类学在各自学科边缘上相互渗透、交织、影响而成长起来的交叉学科，起初主要研究人类早期的法律制度在不同文明体系中是如何存在、作用和变迁的。于人类学家而言，法律规制的领域，如宗教仪式、政治体系、婚姻家庭、财产继承等制度安排，建构成了一个人们依照习惯而行为的领域；于法学家而言，许多法律的制定和修改、争议程序的演进和发展以及社群权威的确立和扩展等，体现的都是人们在日常社会生活中关于制度和规则的观念、关系和互动。部落社群、文化渊源以及社会发展的交错互织，使得法学和人类学之间逐渐确立起共同的研究对象和研究视角，进而推动了人类学家对法律的关注、法学家对人类学材料与方法的重视，形成了具有广阔图景和视域的、关注人类共同命运的法人类学。

从法人类学角度来看，法律的背景是社会语境和社会整体文化，解释法律现象离不开对社会文化的理解。社会组织、宗教巫术、风情习俗等与法律存在着密切的功能依赖，研究这些社会结构因素与法律的功能关系，有助于更好地理解法律和规则的社会本质。而就部门法而言，财产占有、继承、乱伦、通奸、谋杀、渎神及审判方式是法人类学研究的重点对象。法人类学通过对法律事件、法律行为和法律关系的分析，揭示其暗含的文化形态和特征。这些问题也是现代民法、婚姻法、财产法、刑法与程序法的源头。法人类学改变了法学只对晚近人类社会的制度安排有兴趣的狭隘视角，迈向了包括对非西方社会的法律和制度进行研究的多样性路径。因此，传统和次现代社会的家庭组成结构、社会构造发展、纠纷解决程序等内容都是法人类学研究的范畴，一定程度上弥补了人们因对社会组织法与行政法的固有解读而带来的缺失。

《规则与程序》(*Rules and Processes*)正是这样一本引人瞩目的法人类学著作。作为一部开创性的研究非洲社会争端机制的民族志，作者约翰·科马洛夫(John Comaroff)和西蒙·罗伯茨(Simon Roberts)通过对非洲南部的茨瓦纳人(Tswana)进行细致深入的研究，向正统的法人类学理论发出了挑战。他们认识到，各种法人类学的研究进路不是相互排斥的：一方面，"规则中心"的研究路径片面强调结构和制度而忽略了过程；另一方面，"过程中心"又没有给予社会文化秩序和制度背景足够的关注。因此，他们尝试综合运用多种路径，力求揭示全面真实的法律生活和社会图景。

科马洛夫和罗伯茨主张，整个社会及其争端过程产生于社会文化结构和个人经验之间的辩证关系所赋予的形式和内涵之中，争端过程不能被简化为形式逻辑或法律逻辑。他们建立了一种模型以揭示“法律”和“政治”性论述的形式和内容。该模型在阐明冲突过程与结果的同时，解释了为什么茨瓦纳人同身处其他文化的人一样，以一种明显矛盾的方式勾勒他们的世界：受规则制约的同时却天然地倾向于实用个人主义，有序性的同时却天然地具有流动性和变换性。

科马洛夫和罗伯茨强调，茨瓦纳人在自己的社会生活中确实带有马林诺夫斯基(Malinowski)强调的那种个人冒险和算计。但如果将其全部过程简单地解释为纯粹利益驱动的机械性交易，那又是不全面的。尽管规则可以谈判，可以讨价还价，但绝不意味着不需要规则。在辩论和判决等纠纷解决过程中，规范体系不是无足轻重的。因此，除了分析茨瓦纳纠纷的形式和内容，更有必要阐释其背后意识形态的本质。

每一个社会文化系统都由一系列规范术语、价值、功能以及表达它们的意识形态构成，为交往互动提供宏大的背景支撑，全部社会过程的逻辑就在这种背景中产生和演进。科马洛夫和罗伯茨最后提出，把茨瓦纳社会的争端看成是包含有茨瓦纳文化和社会组织的意识形态宇宙观的微观与转喻式表达，争端的形式和内容就深嵌在该宇宙观中。当茨瓦纳社会的争端被放置于争端过程的实际需要和社会文化秩序的本质上考虑时，“茨瓦纳意识形态的矛盾”也就不复存在了。

两位作者挑战了法人类学的普遍定律。他们的观点是，发生于特定社会环境中的争议程序具有特殊的气质、形式和意义，是由该社会文化结构和个人经验之间的辩证关系所赋予的。他们以开创性的方式探究了文化、意识形态、系统和实践，社会行为和人类关注之间的复杂、动态和多元的关系。他们发展了一种模式，可以把“法律”和“政治”语境以各种方式呈现出来——这种模式考虑了冲突过程的结果，解释了茨瓦纳人像其他文化中的人一样，以一种明显矛盾的方式认知他们的世界——正如规则规范体系本质上是偏向于现实的个人主义一样，茨瓦纳人的社会秩序在本质上也是流动和变化的。这种模式为我们认知社会生活的辩证法提供了可信的研究范式和路径。

可以说，两位作者以一种崭新的视角探索了兹瓦纳人社群的制度文化与观念、家庭婚姻继承和争议解决、社会行为与社群稳定之间的相互联系和复杂图景。《规则与程序》这本书为我们理解社会生活和制度安排的辩证法提供了一种新颖且令人信服的方法，其独特的法律观和研究方法为我国法人类学的理论和实践提供了一个参考样本。

在我国目前的法律文化学、法社会学和法人类学研究中，越来越多的专家学者开始把目光转向本土，强调“地方性”和本土化的知识和语境，希望通过对中国自身的基层社会控制体系研究，找到有中国特色的法律文化基因。但这些研究在理论上缺乏一套完整成熟的理论体系，而且实证方面的成果也相当有限。因此，可以说法人类学理论体系的建构及其实践，在中国仍是前途漫漫。法人类学在西方经历了由进化论占据主导的时期、对进化论的批判与反思时期，继而进入了当前以现代与后现代进路为特征的全新发展时期，其发展已相对成熟。从智识积累多寡的角度而言，《规则和程序》一书所聚焦的“院外争议解决”和“开放的法律”等内容必然对中国读者有所启发。

沈　伟

2014 年 10 月 19 日

上海清水湾

目录

第一章　导论 3

这是关于争议过程的研究，主要是以两个茨瓦纳(Tswana)首领汲取的人种志为基础。我们主要关注的是理解这些过程的逻辑，特别是他们所处的社会文化秩序的方位。但是，这种人种志也提供了一个重新评估已经建立起来的、基于法律人类学发展的理论范例。更加宽泛地讲，它讨论了社会文化系统和日常生活属性之间关系的实质问题，而争议只是其中的一部分。我们的分析将我们引入这样的结论：自相矛盾的是，当被冠以"法律人类学"的领域可能对学科产生最重要理论重要性的详细的洞察力时，它是否能够成为一个单独的研究领域都可能成疑。

法律人类学[①]的发展带上了两个显著的趋势的标记，而这两个趋势同这里的分析有关。第一个趋势，正如特文宁(Twining，1964：34 - 35；也见 Moore，1970：270)注意到的，是"不同作者们目的、方法和重点的巨大差异性"。在比较了六位主要的非洲人类志学者的研究

① 在这个阶段，我们使用传统意义上的"法律人类学"，但是仅仅处于便利的考虑；我们在此所做的实质性的保留在后面的讨论中会变得更加明显。

后，他继续写道：

> 毫不夸张地说，如果这些书是写相同的部落，每本书可能仍然会作出一定的贡献；当然，如果你准备仅仅依赖这些书而对蒂瓦(Tiv)，巴罗策(Barotse)，苏库玛(Sukma)和茨瓦纳等部落进行比较研究，马上你就会清楚地发现从所提供的信息中寻找一个真实的基础基本上是不可能的。

4 尽管是许多有影响力的作者，如格鲁克曼(Gluckman，1955a，1965)，波斯佩西尔(Pospisil，1971)，哈姆内特(Hamnett，1975，1977)等试图相信被这些基本概念，如“司法体系”“法律”和“法律机构”涵盖的现象被清楚地限制，并且跨文化界限的比较。

第二个趋势是，尽管更加分散，是与第一个趋势联系在一起的。这个趋势自己在争议周期性的出现之中，对法律人类学的研究正确对象而言通常是荒芜的且不具有生产力的。这种争论已经发生在抽象的广泛而且多元层次的抽象上。在它们最特定的方面，他们已经提出了这样的问题，比如，是否是规则或者程序要求事先的分析注意；在更加一般的层次上，它们已经注意到这样的问题，是否所有社会都有法律；在最为稀少的领域，它们寻找建立起社会秩序自身的属性。初一看，这些争论似乎构成了一系列的不相干的和大多数没有关联的具有不同重要性的事件，但是，它们事实上是紧密相连的。事实上，我们建议它们实际上是一个核心问题的不同方面，可以追溯到这个学科的核心，即西方的法律安排是否可能为跨文化分析目的提供一个基准，并且，在适用上，以及在什么程度上，英国法或美国法应当限制比较法律理论的内容和范围。当然，这个问题在社会科学(经济人类学中“实质主义-形式主义”的争论代表了这样明显的类似情况)的其他地方有呼声，并且在认识论上的适用是得到认可的，同时也是复杂的。[1]

这些广泛的趋势尽管经常被注意到，但还未曾被充分地说明。我们相信它们在法律人类学中是一个两个相反方法的集合，可以被称为“以规则为中心的”和“程序”范式。尽管它们分别处在相对应的理论假设的基础上，它们之间的范式对立还未被充分认识。[2] 为了将我们的讨论置于这样的场景，并且认清其中一些我们关心的主题，我们就以简要地考虑开始互为竞争的立场。

概念性基础 5

法律人类学中对以规则为中心的（rule-centered）和程序性的范式（processual paradigm）之间，以及它们所具有的假设的反对也在社会学的“规范的（normative）”和“解释的（interpretative）”方法之间的分裂中产生回响。事实上，一些学者，比如，达伦多夫（Dahrendorf，1959）、吉登斯（Giddens，1979）已经建议说，一个类似的反对在西方社会理论的整个框架内是明显的。最本质的是，以规则为中心的范式是建立在以规则规范的社会生活的概念和以作为遵从已经建立的规范戒律的产品的正常行为的概念基础之上的。结果是，争议获得了一个病理学上的特性；它发出了一个异常行为，一个功能丧失，一个社会的控制机构实质上是被设计来纠正这些的。与这种关于秩序的观点相

---

① 关于这个认知的最近（一般）的理论文章，见克里克（Crick，1976）。因为问题最终是关于比较社会学的特定属性，任何数量的相关文章都可以被引用。

② 对这个一般化的显著例外是劳拉·纳德（Laura Nader）。在对这个领域所做的概述中（1965），她注意到了一种兴趣的断裂，那种对那些研究“冲突解决”的学者和对那些关心“法律程序”和“司法过程”的学者所做的划分。这个区分，将来会更加清楚，更加广泛地对应于我们自己的区分。在稍后的同英韦松合著的（1973）文章里，她作了进一步的探究，尽管是用不太清楚的术语。

关的是偶发性的假设，其可以追溯到很久以前的政治学，①在没有中央化的机构时社会不会有效地连接在一起，而这些机构制定规则，确保与它们一致。当然，相反的观点将人设想为利己的存在，认为他与其他同类合作的意愿是一种利己的表示。当规则不能被用来实现这样的利益时，他们会尽可能地被无视，暗示着个体主要被其他人的行为限制，其他人又被置于关系和互惠分享网络之中。这个分析的推论是寻找社会过程中秩序的多元性，而对机构的管制应该少于对日常生活中的活生生的人的关注。接着是程序范式视争议为正常和必不可少的，而不是病态的或丧失功能性的。

以规则为中心的范式

在法律人类考古学中，正如这个学科的一般理论那样，相互对立观点的核心总是与拉德克里夫-布朗（Radcliffe-Brown）和马林诺夫斯基（Malinowski）的著作联系在一起的。但是在以规则为中心范式的
6 传统中的学术研究至少可以追溯到梅因（Maine）《古代法》的那个时候。梅因自己是个律师，他的主要兴趣在于英国法律制度的起源，而这个问题已经出现了数量相当可观的理论。受到当代进化论的影响，他试图从异国文化中找到视角，而这似乎代表了早期的发展阶段。他智识上的偏好就这样不含糊地以“法律为中心”，并且它们被特定地用于对他自己社会法律机制的理解。

后来的以规则为中心范式的学者已经维持了这个与法理学之间的联系，而这个联系已经在许多重要方面影响了这些学者。首先，当其他文化在被作为主体（而不是仅仅作为西方法律史的简单附属而

---

① 这在霍布斯的《利维坦》中也能找到。

被)研究的时候,社会学理论家们毫不犹豫地视“法律”为一个自然类别的现象,一个他们主体被适当分割的探究之地;[①]例如,拉德克里夫-布朗(Radcliffe-Brown, 1952: 195, 198 - 199)在她提出的“社会的生理机能”中视法律为一个不连续的和特殊的因素。第二,一些人类学者视法律为一种主权、规则、法庭和执行机构等事项的方式紧密地反映了那个时期英美法律理论中主导性的不可避免的实证主义的取向。这种影响在对法律进行定义的工作和对实证研究的性质进行的研究中都是明显的。拉德克里夫-布朗在将法律定义为“通过系统性地适用政治构造社会的力量的社会控制”时,清楚地追随美国法学家罗斯科·庞德(Roscoe Pound)。类似的,埃文斯-普理夏德(Evans-Pritchard, 1940: 162)确定了这样一种情况,即,在其中有一些“司法裁量的权力”和“执行裁量权力”(比较 Fallers, 1969: 13 - 17)。两者都承认这样的定义在人类志的场景中是缺少关联性的,并且如果法律被这样定义,一些社会可能根本没有法律(Radcliffe-Brown, 1952: 212; Evans-Pritchard, 1940)。但是,其他作者不太愿意接受这个说法,并且为了找到统一的定义发展出了大量著作。

对这些著作进行详细的研究不能实现任何目的;两个例子足以揭 7
示以规则为中心的范式所依赖的一些重要假设,并且可以说明它对法理学概念的依赖。一个是波斯佩西尔(Pospisil, 1971: 39 - 96)提供的例子,他的观点是法律应当被视为是“从法律决定中提炼出来的原则”,并且建议任何此类决定要求有四个特性以便能够被认定为“法”:权威、普遍适用的意图、义务和惩戒。另外一个例子来自霍贝尔(Hoebel, 1954: 28),他主张:

① 适用于这个领域研究的特殊标签——比如,“初级法”也肯定了这个。

> 出于工作的目的，法律可以被这样的术语定义：如果一个社会规则的怠慢或违反经常由拥有社会认可的优势的个人或者集团而为之，或者是威胁性的或者是事实上的使用武力，那么这个社会规则就是法律的。

这两个定义，与西方法学理论有差别，将法律直接与权威性的社会控制相联系，这很难适用于多元的社会——无论是有或者没有中央化的政府安排——法律人类学学者们经常研究的对象。此外，它们包括了一些不言而喻的假定，而这些假定经常出现在这个范式的学者呈现的人类志的研究成果中。夏培拉(Schapera)经典的《茨瓦纳人法律和传统手册》一书，比如，包括了有记录规则的丰富具体的清单，以同那些在西方制度里找得到的规则紧密对应的类别呈现出来；整个研究暗示了这些规范性的陈述同法律规范一样有相同的特点，反映在它们构成了司法机构用来决定争议结果的规则中。① 相同的，波斯佩西尔(Pospisil, 1958a)将"卡宝库(Kapauku)法律"呈现为规则的类别，尽管他把这些规则定性为土著的规则。然而，在将法律定义为"从司法决定中提取的原则"的时候，波斯佩西尔坚持说，这些规则是以类似于在英国法律体系中比较形式主义的方式运行的。为了维持这样的特性，卡宝库中干预争议的"大人物"被要求符合一个比较严格的司法模式。②

① 重要的是强调夏培拉的目的是制造一本手册，而这本手册可以被殖民政府和它的官员在管理茨瓦纳和法院的时候使用，有必要提醒的是，正如他自己说的那样，他关心的是茨瓦纳法律的"法条"而不是"精神"(1938：x)。但是，他的实际目的不是自己解释为什么茨瓦纳的材料需要被用来投射到一个从其他制度延伸而来的框架当中。

② 从波斯佩西尔自己的案例数据和类似于巴布亚(Papuan)社群的一些研究判断，很难逃离这样的结论，这个分类更大程度上是因为他预设的关于法律属性的想法，而不是卡宝库争端解决程序的现实。波斯佩西尔已经强烈地责备了那些不曾试图将从其他社会取得相似的数据放进一个法律模式的学者。一个例子是他批评古利佛在《邻居和网络》一书(1971)中对恩登德利(Ndendeuli)的态度。

但是，把在以规则为中心的范式中研究的学者描述成不可避免地最多是找寻把非西方体系的社会控制放入一个西方法学理论提供的概念框架也是错误的。在格鲁克曼的著作《巴罗茨人的司法程序》(*The Judicial Process among Barotse*, 1955)和法勒斯(Fallers)的著作《没有先例的法》(*Law without Precedent*, 1969)中，作者作出了比较精到的努力，把卢齐(Lozi)和索加(Soga)* 的司法机构同普通法和大陆法的制度做比较，在众多的制度之间建立相同点和差别。此外，这些作者无一假设在规则和这类结果之间的机械关系，而这个关系弥漫于比较陈旧的研究当中。格鲁克曼尽管对土著的规范秩序在争议决定过程中的重要性予以刻画，但特别强调卢齐规则的灵活属性，并且展示了这些规则不同程度的一般性，而这些一般性为法官在作出决定时提供了相当大的空间(1955a：第六章)。然而，他们两位一致主张法律规则可以同他们研究的社会里其他类型的规则区分开来，并且"法律"必须最多被视为一种不可更加缩小的现象种类(比较Hamnett, 1975;1977：7-8)。 8

以规则为中心的范式①研究从几个方面得到了批判。其中最著名的可能是格鲁克曼-博哈南(Bohannan)辩论②产生的结果，讨论了分

* 译者注：东非一个部落，Lloyd Fallers 曾有所提及。

① 纳德(Nader)和英韦松(Yngvesson, 1973：889)列举了一些研究的例子，根据他们的标准，这些研究成果属于这个范式：霍贝尔(1940, 1954)，格鲁克曼(1955a, 1955b)，博哈南(1969)，波斯佩西尔(1958b, 1969)，夏培拉(1938, 1969)，理查德森(1940)。摩尔(1970)和纳德(1965)提供了更加完整的这个研究领域的历史回顾。

② 这个争论吸引了大量的注意，并且从1950晚期至少持续到1969年。作者立场的代表性的抗辩在博哈南的第二版的 *Justice and Judgment among the Tiv*(1968)和格鲁克曼的 *The Judicial Process among the Barotse of Northern Rhodesia (Zambia)*(1967)，尽管每本书也提出了其他的观点(比如，Bohannan, 1969)。摩尔(1969, 1970)已经对这个争论做了概述，是最受人欢迎的。纳德(1969：5)在她的法律文化和社会温纳-格伦(Wenner-Gren)大会上的发言中对此作了最后的总结。同参加那次会议的许多与会者那样，我们相信争论一开始就在一个错误的问题上作了断定，结果是，我们对争论也不做预演。

析模型的差异。一些作者(比如,Bohannan, 1957;van Velsen, 1969)已经试图展示为什么假设英美法律的语言、概念和制度种类被用来分析那些在其他制度里发现的法律是不可行的。首先,简单地说,在其他文化里那些类别的可比性可能根本就不存在,即使有,它们的社会学方面的重要性在那个语境里可能相当不同。在任何情况下,它们的可适用性一直要求实证演示,以便于它们在逻辑上不会被作为先验提升到一个比较分析工具的高度。其次,正如范·弗尔森(van Velsen, 1969: 137)已经指出的那样,那些以规则为中心的比较主义者们已经使用的概念基于的是“一个对他们自己法律体系的欠佳理解”。在这个范式里的早期作品深深地依赖对英美法律体系安排的幼稚解读,这
9 当然是对的,其假设了规则和争议解决过程中没有问题的关系。然而,这个批评也不能全部适用于所有后期的研究。比如,法勒斯汲取了李维(Levi, 1949)和哈特(Hart, 1951)著作中精深的法理学理论,在解释索加司法推理中熟练地运用了这些理论。第三,但是,也有主张认为,法人类学学者们所运用的西方模型已经成了民间而不是分析上的工具,根据这类民间类型而进行的人种志描述本质上是武断的组织,包含了严重的实用主义的危险。这不仅仅会导致潜在重要课题的消失(比较 Gulliver, 1969b: 17)而且会产生扭曲的问题和误解的答案(Nader and Yngvesson, 1973: 886, 896 - 897)。很有可能这个说服了埃文斯-普理夏德(Evans-Pritchard, 1940)——他一度用正规的英国法术语定义法律,并且得出结论,严格地说,从法律框架的角度看,努尔(Nuer)人没有法律,因此摒弃可供参考的法律框架,而根据分割的谱系寻找努尔人社会秩序的逻辑。

相似的批评也针对更加特定的范式内认知的规范立场和方法。我们(Comaroff and Roberts, 1977a)已经在其他论述中展示了规则所具有的特定性和价值在一个系统里可能非常不同;从实证立场看,这

些规则不能被同等地视为同种的“法律的规则”(rules of law)。[1] 即使在那种人们可以轻而易举谈论法律事件，而又明显有与“法律”差不多的对应术语的社会中，[2]没有一个分立的法律规则的类别，在功能和概念上与其他类别的规则或者“为了法律上的目的而特别组织的规则”(Bohannan，1957：58)茨瓦纳的个案——经常和巴罗策(Barotse)一起被用来作为小规模法律体系的例子，同我们自己社会的法律概念基础有很大的相似性——在这个方面有启发意义。在茨瓦纳社会里发现的规则，也就是 mekgwa le melao ya Setswana，构成了一个没有区分的指令系统，从礼貌行为的标准到违反会有极度严重后果的规则。我们在第三章会审视这个系统；这里认识到与争端解决程序有关的这些规则从未被区分或分割就够了。这样 Mekgwa le melao 就不构成 10
一个特定的像格鲁克曼主张的在巴罗策社群里找到的法典，巴罗策人广义地适用相同的术语来描述他们规范系统。[3] 但是，即使我们能够确定这样的系统同法律规则有某种相似性，这也是一个可以争论的内容，即以规则为中心的范式还没有为这方面最实质的问题，即说明不同种类的规则和争端解决程序之间系统性的关系，提供一个有说服力的解答。事实上，格鲁克曼(1955a：95)；克里奇(Krige，1939：114 -

① 纳德和英韦松(1973：896 - 897)有相似的观点，同巴顿(Barton，1919)，波斯佩西尔(1965)，和其他人的著作有关，他们探究这些作者在把他们收集的规则的集合叫作“法律”的时候，依据是什么。这里的含义是清楚的：重点是田野调查者建立了这样的模式，一个给定的戒律集合具有一系列规定之法的标准，但是这样的任务还没有很好地实现。

② 哈姆内特(1977：8)，在试图为格鲁克曼的法律特殊性的观点辩护的时候，争论道，Bantu stem - lao 的“本地属性”(indigenous character)“在文学里是完全站得住脚的”：简单地说，就是“法律”。然而，哈姆内特忽视了夏培拉谨慎的观察(1938：36，1943a：4)，在茨瓦纳人看来，这个术语和相关术语之间的语义学和概念的界限是不清晰的(见以下第三章)。

③ 格鲁克曼的主张受到了不同的回应。摩尔接受了这样的观点(Moore，1970)，马奇(March，1956)，阿尤布(Ayoub，1961)，道格拉斯(Douglas，1956)，博哈南(比如 Bohannan，1969)。

115)，在谈及巴罗策兰地区(Barotseland)的时候，承认“即使有顾问的帮助，一个白人裁断卢齐人之间的任何复杂的问题”会是困难的事情。无论我们目前对规则和推理的理解，对法律原则或它们同司法决定之间的关系的理解处于何种状态，从卢齐人规范方面的文化和实践逻辑方面看——不要提那些在社会里未曾被深入和敏锐地描述过的规则——仍然在某种程度上还是不可穿越的。

最后，有一些其他附带的对这个范式的批判。比如，已经被指出的是(Beattie, 1957; Gulliver, 1969a: 26; Roberts, 1976: 666)特定的法律机构即使是在那些有这些机构的社会也不是拥有专属的解决争议的权力，而这种专属的权力在英国显然是由法院独享的；并且在某些系统里，第三方对于一个特定决定影响的能力可能基于一种合理性，而这种合理性由于政治因素而不是一个不可谈判的司法权威而又不同(J. L. Comaroff, 1973, 1975; Gulliver, 1969a: 34)；并且，更加一般的理解是，把司法属性作为前提加进第三方干预中去可能是危险的(见原文第 8 页)；并且，作为一种本质上是法律活动的争端解决的分析在某种语境里在政治属性方面是模糊的(见 Gulliver, 1963)。然而，以规则为中心的方法在法律人类学界和之外都有相当的影响。纳德和英韦松(1973: 884ff)，以及罗伯茨(Roberts, 1976: 668)观察到，这样的影响力似乎在下降，尽管摩尔(Moore, 1970: 260)有相反的观
11 点。目前，没有人会否认，许多当代的学者坚持使用这个范式(比如，Glodschmidt, 1967; Myburgh, 1974; Hamnett, 1975)。事实上，哈姆内特(Hamnett, 1977)在最近的一个社会考古学家协会的会议召集时，试图将这个充满矛盾的范式形式进行合法化，尽管许多参会者表达了相反的观点。

程序范式(The Processual Paradigm)

相反，程序范式的核心或阐述很少或几乎没有和法律理论有深入的联系。一般的共识是，这个范式的起源可以追溯到马林诺夫斯基的著作《原始社会的犯罪和习惯》(*Crime and Custom in Savage Society*，1962)。在这本著作里，马林诺夫斯基试图通过分析解释在特里布里恩德(Trobriand)岛上的社群里秩序是如何维持的，在那个社会里"缺少法院和警察"。马林诺夫斯基的立场经常被讨论(比如，Schapera，1975a)，这样的立场出自马林诺夫斯基的观点(1934：lxiii)：

> "在这样原始的社群里，我个人相信法律应当根据功能而被定义，而不是根据形式而被定义，也就是说我们应当看到这些安排是什么，社会学的现实、文化机制，这些都为法律的执行起到作用。"

尽管马林诺夫斯基在这里和别处使用了术语"法律"，清楚的是他似乎通常用这个术语包括了所有社会控制的模式。他在方法论上的特点是相当清晰的：当我们的法律机构在其他社会没有直接的对应物的时候，它们在维护社会秩序和管理冲突方面的功能必然在这些社会里有所体现，社会行使这些功能的机制的范围，无论是否是机构性质的，应当定义研究的整体。这个假设进而坚定了马林诺夫斯基为了比较解释的目的而有必要超出西方法律概念的理念，并且，当然这无论是分析的还是定义的，也将法律和秩序的问题牢固地放在了对社会控制研究更加广的框架里。摩尔(Moore，1970：258)已经建议说：

> “马林诺夫斯基已经提议的法律的概念是如此之广以至于这
> 12 个概念最终与对所有社会关系的义务方面的研究没有区别。几乎可以这么说，这个概念的宽度和模糊性使得马林诺夫斯基的观点区分出来或者定义任何研究领域的法律变得非常困难。法律与一般的社会控制不能区分了。”

对马林诺夫斯基的批评者们而言，特别是那些以规则为中心的劝诫，这是一个严重的缺陷。对其他人而言，这是他立场的主要特质，几位学者已经从他的原创的立场或者从这个立场的适用演变出他们的观点。这其中，也许最重要的是这样的原则，即行为主要受社会关系的本质属性（责任制、可期性及互惠性）以及人类交往活动中突发事件的限制。这样，在社会过程而不是社会机构中，秩序的研究最终有了基础。同时，马林诺夫斯基在著作中表现出来的自我坚持，认为人对于建立起来的规则以及机构化的社会安排有滥用和扭曲倾向，并且日常社会形态也已经加入了另一个有问题的因素；现在，如果这些是真实的话，我们是否真的理解了个人行为和社会形式之间的关系？

在这些问题被研究之前尽管已经有了一些时间，其中一些研究大多数是发表在1950年之后的，现在已经稳固地确立了现在被称为“程序”的范式。我们使用这个标签的目的是强调，随着政治人类学的重点发生了从结构和机构向程序和互动的平行转变。在各观点的学派之下，思想近似学者的方法逐渐趋同（比如，Swartz，1966；Cohen，1975）。事实上，对这个说理学派的学者们而言，政治和法律之间的现象界限已经被证实绝大部分是空想的。再一次，对我们而言，在此对政治人类学和法律人类学的适当性做公开的争论没有太大意义，它们仍然是处于探究的离散的研究领域——除了说这种趋同已经被视为我们自己人种志方面实质的应用。然而，更加直接的是，这种趋同对

这样的事实是可以解释的，在那些对程序范式的发展作出贡献的学者 13
们而言，一些学者不被公认为是法人类学的学者。

我们已经勾勒出程序范式的理论基础，但是两个非常知名的人种志的研究经常被用来例证这个范式的基础性假设。科尔森(Colson)已经展示了，在汤加(Tonga)半岛，争议是如何被一个主导性的关系结构限制的。另外，在为了理解社会融合而探究关于冲突的社会学的潜力的时候，它也阐明在这样的争议过程中当事方寻找挖掘社会安排的办法。类似的，特纳(Turner, 1957)关于冲突和恩登布(Ndembu)人之间冲突的分析说明了在个人的战略性活动和他们受到限制的结构背景之间的地方性关系。他争辩到，争议的形式大部分是社会融合互相矛盾的原则之间的合作功能；这样，主要领导者的活动，成功和失败，在长期和短期来看，是通过这样的原则得到解释的。[①] 在这个时候，特纳把极大的重要性归结于规范性秩序和由结构性紧急状态决定的程序性结果的确认；事实上，他在他的著作《分裂和延续》(*Schism and Continuity*)一书第二版的前言中提到，在比较陈旧的结构功能主义传统和比较新的程序性方法之间，这个分析是“过渡性”的。然而，这的确标志了重点从机构到互动的转变。像科尔森一样，特纳没有直接研究“法律”的问题。事实上，纳德和英韦松(Nader and Yngvesson,

① 读者们可能好奇，我们把特纳和科尔森的人种志方面的研究放在与格鲁克曼关于法律的研究不同的范式类别里，尤其是他们的“曼彻斯特学派”所共同的智力联系。事实上，特纳(Turner, 1957: xxxii - xxxiii)已经清楚地强调他们所分享的假设，正如格鲁克曼在许多场合强调的那样。格鲁克曼在这些观点的历史性方面的立场所具有的两元性也被库珀(Kuper, 1973: 184)注意到：“(格鲁克曼)在这个阶段的主要研究与他所激发的研究是离题的。这是他关于卢齐法的研究。”毫无疑问，现代英国大部分的关于“程序”方法的研究都是格鲁克曼范式和一般的研究著作所激发和发展的。在法人类考古学的特定界限内，他自己的研究所表达的是一个更加狭窄的方法。这个超过了我们在这里所进行研究的范围，探究格鲁克曼智识年谱的这个方面，但是重要的是这个对完全和清晰了解法人类考古学的发展是重要的。

1973：890)认为他的研究只是一个两分法观点的确认，这个两分法是“法律程序和社会程序是不能共同存在”和他们列举了诸如贝利(Bailey，1960)和古利佛(Gulliver，1963)以及其他人著作的例子。[①]

这些相似的研究共享了一些特性，这些特性共同构成了这个范式的余下的因素。首先，正如我们已经注意到的，冲突被视为社会生活的地方性特征。其次，这暗示了这个冲突的社会学意味只是被一个方法所揭示，这个方法在扩展的社会程序的框架中对其进行了分析。对
14 一个争议的充分研究要求有对这个整体社会框架的描述——这个社会的本质，管理这个社会持续的努力，以及当事人之间关系的持续历史。更为现时的深度也是必要的，如果需要对冲突有更加包容的规律(或周期)有所提炼，正如特纳(Turner，1957)已经试图显示的那样。一旦争议不再被视为是离散的和被约束的病态事件，它们就不会从社区生活的持续发展中被清晰地割除，即使是出于启发式的目的。

第三，该相对更为宽泛的范围概念也体现出，关注的重点已不再是从法官(或判决)为出发点，而是对争议解决过程的特质和功能作出解读。因此，所谓的诉讼者的视角在描述性分析中得到了不断增强的强调。这个强调的合理性显然是充分的：因为对抗和争议仅仅代表了相关当事人交叉的介绍的一个阶段，这是他们各自的情况、目标、策略和行动，而这又决定了他们之间相互作用的性质。是否以及以何种方式使得争议进而演进为一个公共对抗经常是基于这些因素而被预测的。如果争议解决程序的形式和内容得到解释，注意力必然指向了争议者明显追求争吵的意图，他们如何得到支持，他们如何以战略努力影响事件的程序发展等。

① 罗伯茨(Roberts，1976：675)也罗列了这些例子，并且做了相似的评述，并且增加了伯纳德特(Berndt，1962)，杨(Young，1971)和科克(Koch，1974)的一些例子。

第四，明显的是，在另外的范式因素中，土著的规则不被视为一种“法律”的前提，这种前提性是有能力以一种直接的方式决定争议的结果。已经被认可的是，这些规则本身可能成为谈判的对象，有时候可能作为一种资源被更加有利地得到运用(Comaroff, 1978)。这个事实进而重复了自明的需要，考虑这些规则和范式的文化逻辑，无论这些规则以何种方式得到表述。这也说明了重新考虑第三方干预的可行性。这样，已有的努力是研究可能的第三方角色的明确范围，以及这些角色作为裁判和调节者是如何受到更大的限制的(比如，Gulliver, 1977)。

就程序范式而言，争议解决程序绝大部分被视为一个概念化的结 15
构体系，以便于竞争性的谈判、交易和妥协。当存在着特定的法律机构时，它们的运作已经作为这个框架里的一个因素而被分析。当然，这些活动被不同的作者们描述和理解的确切方式——无论是否应用博弈论、象征性交互作用论或者交易分析——反映了在一个对程序模式的探索性价值的分享承诺的框架里对更加广阔的方法论的忠诚，这个承诺在过去的20年里已经在社会科学领域得到了不断增加的认同(比较 Gulliver, 1979)。

这个范式也受到了两个方面的批评。可以预见的是，大多数的批评来自以规则为中心方法的支持者，因为对程序模式的承诺本身暗示着放弃程序方法的许多实质方面，或者相反；如果不是这个情况，两种方法论不会被说成两个对立的范式。① 一个大体的批评是更加宽泛的视角缺乏学术上的严格性，因为这个视角对研究的现象没有设置清晰

① 根据我们先前提到的在经济考古学中关于“形式主义—实质主义”可比性的争论，了解萨林斯(Sahlins, 1972: xii)的评论是有益的，其主要观点是“没有理由认为存在着‘答案介于两者之间’的学术结论”。

的概念或定义方面的限制(见 Moore,本书原文第 11—12 页),最后的结论是,法人类学的亚分支对社会行为的任何被划分界限的领域不再有分析上的统一性。相反,建立在法律不可约性原则(the notion of the irreducibility of law)基础上的以规则为中心的范式提供了舒适的界限,已经有的努力是主张实证和逻辑基础的价值。基于非洲的证据,哈姆内特(Hamnett, 1975: 107)在引用法勒斯的观点(Fallers, 1969)后这样表示:

> 一个延续的"法律性"的范围……可能被这样理解,并且实证的法律体系可以被置于它的一边……对法勒斯而言,事实上,法律是一个松散的可变量,可"多"可"少"。他在这方面通过重新把法律描述为一个特定的社会行为模型和从"社会控制"的理论荒漠里展示法律的方法……已经对法人类考古学作出了主要贡献。

为了避免程序范式的所谓的无定形态(amorphousness),哈姆内
16 特主张一个解决方法,把法律视为一个社会行为不特定的可变的因素。然而,我们的观点是,这个方法没有提供一个有说服力的把我们带出"理论荒漠"的路径。这个方法只是从新主张,暗示性的,以规则为中心的范式的类似的假设,并且重申了一个没有争议的认知,即其他体系同我们的体系有明显相似性的同时而有所不同。除此之外,这个方法没有为我们提供现成的分析方案,以解答上面提到的范式性的批评。这个方法也没有"重申"法律作为一个社会行为特定的模式或者展示了为什么这个方法是有价值的。

在我们看来,针对程序范式第二层次的批评是更为严厉的。这个批评包括了一个普遍的担心,针对的是战略性谈判会导致一个简单化的人的概念,马林诺夫斯基怀旧的观念是:

> 人是利己的，他只在有某种形式增加自我利益的时候会合作……当规则阻碍了自我实现的满足的时候，规则在可能或者方便的情况下则会被破坏(Kuper，1973：40)。

这个概念重点放弃了这样的主张，行为可能充分地通过遵守习惯规则而被理解，但是这个概念自己也有困难。正如哈姆内特(Hamnett，1975：7)提出的，马林诺夫斯基人种志方面的归纳著作：

> 特里布里恩德人，从一个被习惯规则所束缚的机器人，一下子变成了一个有着成本收益意识的功利主义、实证主义者。这第二种套路也未必比第一种套路更受欢迎。

在这个方面，争论可以继续下去，人类的动机现在归结为残忍的单因果关系的最大化原则，社会控制被视为一种战略互动的偶发现象。这个概念进而对社会秩序里的规范因素的误解和误判造成了影响：如果规则不限制和决定行为，仍然存在的问题是为什么它们还存在，并且有时候构成了精致的体系。此外，人们清楚地不会战略性的作为，以至于对已经被接受的规范和规则的任何强迫性因素的前置否认使得更加多的行为变得不清晰。17

这个观点可以进一步得到阐释。一旦程序和利用联系起来——无论这里的利用被看作是利益的普遍化或者本土价值的追求——这是一个小的步骤以视社会文化结构为“给定”的结构，并且它与争议的关系是没有问题的。任何人类实用主义的概念就是这样的，无论这个概念是否被披上了实质主义或形式主义分析的术语，都没有解决相同的问题：在这里存在着规则和程序的系统关系？个体行为和社会经验如何与它们发生的语境发生联系？如果争议的逻辑有待最后被理解，这些问题相当重要，只要过程和程序从整体的赋予它们意味的语境中割除，这些问题就不能被解答。就好像以规则为中心的范式有时候为了过程而强调结构和机制一样，程序的研究给予社会文化秩序不够充分的注意，是犯了相反方向的错误。

讽刺的是，假装这些苛评意图反对在程序范式中进行的所有研究。即使是那些对马林诺夫斯基提出的“操纵的人”的概念有很强同情的人一样也不会否认社会生活中的规范因素；很少的批判者们仍然会维持一个严格的法律决定主义的方法或者仅仅根据符合规范的角度看待生活。此外，一些人类学者们已经寻找，以不同的方式，将两个立场的主要关注整合起来（Moore，1978）。从这个意义上，这些批评可以被理解为是实用主义的。比如，作为另一个观点的基础而评估一个方法论的方式。然而，范式仍然存在，仍保持了其整体性；两者的视角和限制服务于澄清我们研究所针对的问题。

问题的定义

夏培拉已经对茨瓦纳社会控制的机制作了详细的描述，大部分是在《茨瓦纳法律和习惯手册》（*A Handbook of Tswana Law and*
18 *Custom*）一书中。夏培拉发现，同其他小规模社会的成员不同，茨瓦纳确实认可清晰的行为规则，他们频繁地谈论这些规则，在争议的场景中运用这些规则，并且同有利益关系的局外人自由地讨论这些规则。我们已经注意到，手册列举了以规则为中心的范式；这个范式有意限制为一个“规则”的记录（a recording of the “rules”）——一个从知情人面试中提取的纲要，本国文本的审视，以及案例历史的分析——而不是讨论争议过程或者在世的人的行为和动机。但是夏培拉呈现这些规则的方式暗示着这些规则和社会秩序以及其中的社会活动之间的关系的若干假设。这些规则被视为一个内部统一性的体系，根据这个体系，茨瓦纳人能够进行他们的日常生活并且解决打断这些日常生活的任何冲突。在规则和结果之间被提及的因果关系同以西方法律体系中更加保守的论述非常相似。

但是，我们自己的田野调查逼迫我们得出这样的结论，这些假设是不可能维系的，因为清楚可见的是，在我们研究规则的平行语境中，规则包括了一个松散建构的体系，而不是一个内部统一的法典，以至于茨瓦纳人并没有过分关注这些规则之间是否有冲突，并且几乎所有的行为或关系都是潜在地令人对竞争性的规范解读有所怀疑。此外，尽管这些规则在争论和决策中都被提及，已经得到证明的是，通过演绎性地把这些规则适用到任何特定案件的事实而预测结果是极度困难的。换言之，我们发现茨瓦纳人的争议过程不能简单地归纳为，或者解释成形式主义的模型或者衍生性的法律逻辑。这样的发现是有重要意义的，用法勒斯连续统一体（continuum）的术语理解，茨瓦纳人的现实接近“法律性”的一极，因此应该特别适合以法律为中心的分析。这个分析结果并不成立的事实带出了一个不能妥协的实证问题，对范式整体提出了质疑。这样，同上面提出的理论和逻辑批评不同，一个以规则为中心的方法对我们人种志方面的数据具有一定的破坏力。

同时，夏培拉正确地强调了一个重点。茨瓦纳人的确分享了 19
这样的观点，他们的规范集合统领了日常生活的规则性，因为这样的集合提供了一个框架，一个概念的背景，而在其中发生的是社会互动。然而，明显与此相冲突的是，茨瓦纳人视他们的社会宇宙是一个内在神秘的，高强度竞争的和高度个体的体系。行为经常被解释成由个人利益催动的，规则、级别和关系在实用的考量下是随时可以谈判的。在这些事实强调了在程序视角中检视争议的重要性的同时，因为程序范式有时候表现出来的政治同源性的面目而受到的批评也就展现无遗：茨瓦纳人也许有一种马林诺夫斯基观点中强调的在他们社会里的个体单元的观点，但是把他们所有的社会过程都归纳成为利益驱动交易的一个机械系列也是错误的（见第二章）。规则也许可以被谈判，事实上也的确被谈判，但是在茨瓦纳认为行为从来不是规则调整的观点是错误的。同样不可否认的是，规范集合对发生在争议过程中的争论和决定扮演了非常重要的地位。这样，我们有了一系列关于规则、程序和社会行为之间关系的问题：

——什么是茨瓦纳人意识形态中的冲突，根据这个定义，社会空间一度被特指为规则调整的而不是高度谈判的，可以命令的而不是模糊的，受到限制的而不是竞争的？

——为什么茨瓦纳人把争议过程和社会控制相互联系，并且同时被视为是争议的正确的语境，在这个语境中被现实激发的个人可能滥用规则以便打压对手？

——什么决定了争议的过程和动机，或者限制了那些涉入其中的当事人的行为呢？

——最后，我们如何达到一种关于规则和过程之间关系的理解，这种关系既不取决于残酷的交易也不依赖于简单的司法决定？

20 这些问题逼迫我们透过法人类学的正统界限，为了解答这个问题，分析茨瓦纳人争议的形式和内容还远远不够，尽管一开始的时候这样可能是重要的。有必要了解茨瓦纳意识形态本身的性质；因为后者能给予茨瓦纳经验的行为以意义，寻找争议过程的谋划、他们所处的社会图景和一个环面（fortorio）。在政治人类学中出现了一个新的趋势（比如，Cohen，1975；Cohen and Comaroff，1976）通过展示在建制和管理中政治互动主要包括的意味和价值，参照了文化上记录的种类，而表达一个更广意义上的观点。[①] 尽管与不同的和分析的顾虑有关，巴昆(Barkun, 1968: 92)已经争论说，法律也应当被视为一个“可以操纵自如的象征的体系(a system of manipulable symbols)”。在某种程度上，某种东西可以被说成是茨瓦纳人的争议程序。而其中的大部分包括或者针对与被同意的原则的事实的相对的解释，或者针对被同意的事实的规范评估的冲突。但是，无论是哪个，价值和意义是可以被谈判的，这个谈判是在被分享的象征类别和意识形态假设的基础上被预见的。正如我们将要显示的，后者本身仅仅因为它们与社会文化秩序的组成之间的关系变得在分析上更加全面。如果这个得到充分的解释，争议程序最后需要被放置在一个包容性秩序的逻辑之中。然而，那个定义了我们目前的目标。我们不是试图提供一个完整的人种志意义上的“茨瓦纳法律体系(Tswana legal system)”的描述。事实上，我们认为没有这样的“茨瓦纳法律体系”的东西，如果这个体系暗示了结构上的束缚，功能上的特定化或者茨瓦纳人生活一个维度的语义学揭示，而这种语义学揭示又与英美意义上的“法”所包括的类别有相同性。

我们在结束这章的时候，开始了一个人种志背景的简短概述。在
第二章，我们会分析社会文化秩序的本质特征，我们也试图揭示其构
成原则和存在形式之间的本地化关系。在第三章，我们讨论了本土规 21
范集合的性质和在争论和决定辞藻中的逻辑；第四章分析了争议过程
的程序和结构特性，试图分析在它们形式和内容之间关系的系统化差
别。在这个背景中，我们在以后的两章里分析了这类过程的两个实质

① 最近的趋势是根据意思构建和管理而看待政治和法律过程，这重申了根据考古学理论中更加一般意义上的观点，人被视为是“意思的制造者”，而学科本身被视为是语义学上的探究。

性的例子：一个是在婚姻和在夫妻之间地位的谈判中的例子（第五章），另外一个是财产转移和亲属关系的定义的例子（第六章）。在第七和第八章里，我们将分析的分支汇集起来，特别是关注了规则和结果之间的关系，以及更加广泛的是关注了争议过程的逻辑和社会文化秩序本身。结尾部分对理论适用作了小结和讨论。

人种志框架

一个逐渐形成的共识是类似的标签“茨瓦纳族”在社会学的角度看有误导性——已经建立起来的趋势是将这个多元的部落和社群视为一个统一或没有区别的分析语境，而这可能会模糊社会、政治和经济的差异性。这是一个要点。一开始就应当这样理解，当我们从两个相似组成的集团中获取大部分数据的时候，我们的描述性分析并不是意图成为在人种志一般化方面的一篇特定的文章。这样，当我们使用集合的术语“茨瓦纳”时，除非另有特别指出，严格指的是克加特拉（Kgatla）和巴罗隆布莱特史蒂（Barolong boo Ratshidi）。

克加特拉是一个部落，这个部落在博茨瓦纳的东中部占据着7 960平方公里。根据 1971 年的统计，这个部落的人口是 35 752 人。其中 13 000 人在首府莫丘迪（Mochudi）有永久性住所；其余的人口居住在外围比较小的村庄里或者是靠近他们农业耕地比较近的小村庄。从 1870 年起，当他们从德兰士瓦（Transvaal）向西迁徙的时候，这个地区就被他们占领和居住着。自克加特拉 1871 年建立起，那里就一直有
22 基督教的存在，即使在这之前，克加特拉和传教士、贸易商以及居住者已经有了广泛的联系。1932 年，首府村变成了一个区域中心，并且在博茨瓦纳 1966 年取得独立以后，它成为卡特伦（Kgatleng）区议会的行政中心。大多数的卡特伦已经迁移到区域之外；大多数的男子大部

分的时间是在海外受聘的，越来越多的女子现在离开这里到别处谋职。最近，为了教育人们都会迁徙。

克加特拉人主要是混合的农民；他们乐意把自己主要当作牲口的看护者；但是他们为了自己的生活也依靠干地的谷物种植。他们的领地在一块边缘的雨带地区——长期季节性雨量是480毫米。[①]——但是，与全国的雨量相比要湿润得多。在大多数的年份里，草地要比平均的好，可以期待的是高粱和玉米的好收成是每三年有一次。像一些茨瓦纳部落那样，许多家庭在村庄里保留一个宅地，在他们的土地外围有比较原始的居住地，一些（或者全部）家庭成员在耕种季节里留在那里。大部分人在其他地方也保留着牲口居住点。这些点特别有一个或更多的牲口围场和放牧人的临时的居住遮蓬，尽管有些家庭有时沿着牲口围栏造起更多的永久性的住宅。后一种实践在有些部落是被禁止的，通常的做法是由部落的年轻人、雇员或依靠的同族者建造。近几年政府的农村发展的政府政策是通过改良的技术和必要的资金增加生产以刺激成功的谷物现金销售的增加；然而，克加特拉人继续在相当程度上通过依靠游牧劳作补充他们的收入。[②]

直到最近巴罗隆布莱特史蒂也成为一个独立的部落，首府在南非的玛菲肯，领地在南非和博茨瓦纳边界上。1970年，为了应对政府的建议，在博茨瓦纳边境一边的部分形成了独立的部落，并且有了自己的首府。这个部落被大家叫作“巴罗隆(Barolong)”[③]，它处于南部地

---

① 雨季的季节性变化是相当可观的。比如，在1974—1975年739毫米，而1972—1973年才297毫米(博茨瓦纳共和国，数据摘要1975：3)。

② 博茨瓦纳共和国，农村收入分配统计1974—1975详细将农村收入和分布作了统计。科马洛夫(Comaroff，1981)讨论了博茨瓦纳政府关于农村发展的政策，并且展示了为什么这个政策已经导致了直接并且不同的经济转型方式。

③ 地区过去被称为“巴罗隆布农庄”。夏培拉(Schapera，1943b)和科马洛夫(Comaroff，1977，1981)介绍了起源和历史；两者也进一步记录了地区通常的居住、经济和政治安排的细节。

23 区，地域有 1 120 平方公里之大，人口大约是 11 000 人。尽管在行政中心叫好望村(Good Hope)的地方有一些小的居住地，大多数本地的单位是永久坐落在散布的“农场”上。在这里，博茨瓦纳罗朗(Rolong)与和茨瓦纳部落相互联系的特别的规律不同，后者是在中央化的村落和土地之间季节性地移动。

尽管他们只是保存少量的谷物，这个部落享有成功育种谷物的美誉。他们平均产量和人均产量远远超过这个国家任何其他本土部落；事实上，巴罗隆经常被称为“博茨瓦纳的谷仓”。① 这个社群在商业农业方面的成功在结构转型的复杂过程和一大群耕种者的出现方面有基础。(J. L. Comaroff, 1981)此外，这里的年均雨量稍微高于其他地方(500 毫米)也是有优势的，而且这个地区里跨过边境的农业服务中心比较近也是有利因素，此外比较容易进入当地市场也是有利的。结果是，这个地区的劳动人口目前的迁移比例要一定程度上低于临近的部落。事实上，最近几年因为生产声誉的散播又有一些人陆续返回。但是，巴罗隆有一个原始的社群结构；同卡特伦相比，它的社区服务、沟通和运输设施发展滞后。

在南非的特史蒂-罗朗(或者简称特史蒂)②大型父母部落的结构与克加特拉族的结构更加接近，与博茨瓦纳罗朗族的结构并不相似。它有一个人口众多的首府，大约有 25 000 人的居民，③有五个省，每个省有至少一千人以上居民的主要村落和比较小的卫星居住区。它的

① 这个社群过去不及现在这样有比较高的生产力。产出在 1960 年代开始增长，主要是由复杂的因素综合作用导致的。(科马洛夫，1977，1981)

② 沿袭既定的用法，为了避免困惑，我们在这里应当指南非的特史蒂-罗朗为罗朗，两者统称为罗朗。茨瓦纳人用的前缀和后缀在此一并说明：mo 指个体单数，比如，莫克加特拉(Mokgatla)是指一个克加特拉人，ba 是复数，Batswana 是指几个茨瓦纳人，se 指代语言，Serolong 是指罗朗语言，ng 将一个名词转换成地方，比如，卡特伦指代克加特拉地区。

③ 我们发现了南非的统计数据——主要是在黑人区的数据——总体上不是很可靠。结果是，这里引用的数据是基于田野调查而做的计算。

总面积是2 500平方公里，坐落在两块博普塔茨瓦纳(Bophuthatswana)“母国”的两块地上；它的总人口大约58 000人。

除去在19世纪早中期开始因为防御性的迁徙，特史蒂(Tshidi)大约至少从1760年(公历的1976年)统一的罗朗“国”分裂开始就居住在他们目前的领地。波尔(Boer)人在19世纪的领地扩张减少了这片土地的范围，在这两个部落间歇性的争斗过程中，现在(内部)的行政 24
和居住安排才有了现在的特定的状态。[①] 特史蒂人与传教士、贸易商、殖民统治的官员、定居者和冒险家也有长期交往的历史。他们不仅仅安置在往北的主要贸易、迁徙和传教路线上[从1900年前马弗京(Mafeking)边上的“白”城已经有了铁路中转站]，而且他们与英属贝专纳(Bechuanaland)，贝专纳保护国以及比较近的博普塔茨瓦纳[②]的首府比较近的关系早就让他们熟悉官方的不同形式。像克加特拉人一样，他们也是流动性比较高的部落，考虑到南非法律对黑人在这方面的法定限制；大多数部落的人会有一段时间不再是城市务工者，一大部分的人会季节性地在白人的土地上工作，许多在其他时候外出工作。

特史蒂的地形差不多是跨界的，除了耕地和草地的质量差外，很多地方有明显的侵蚀。这里是很好的经营牧场；但是，为了可持续的干地耕种谷物的目的，雨季是不可靠的，土地缺少自然肥料。作为谷物耕种者，特史蒂人比起博茨瓦纳人而言，并不是成功的，更大面积的土地根本没有收获，尽管所有的家庭都愿意储藏，在1969—1970年，人均牲畜少于一头，而且分配极其不均。这说明，财富显著不均，一些

① Molema(1966)和Matthews(1945)介绍了特史蒂人的历史。

② J. L. 科马洛夫(Comaroff, 1976)简单地介绍了南非茨瓦纳社群在介绍了“自己土地”的概念以后是如何转型的。更详细的介绍博普塔茨瓦纳，其构成，以及作为当地政府系统的运行，可以见杰普(Jeppe, 1974)和巴特勒(Butler, 1977)。

家庭几乎不能喂饱自己。尽管一些本地的雇佣也有，劳动迁徙率很高。到1970年，在首府的25岁以上的84%的男性和56%的女性在他们的有生之年已经有过至少一次连续9个月在外的经历。

典型的同茨瓦纳族相联系的政治行政安排与夏培拉所写的内容（比如 Schapera, 1938, 1940a, 1956）完全相似，那些与这里的讨论有关联的内容在合适的地方会在以后的章节里简述。然而，为了设置人种志的场景，一些基本的特性需要罗列出来。而其中最重要的可能是
25 在地方层面的政治和法律程序中首领制（Chiefship; bogosi）概念的核心。权位在男系亲属血统的部族统治中被传递下来，而且明显根据清晰定义的系谱原则；在许多情况下，这个权位的传递在中一直是王室们和他们的支持者之间持久紧张争斗的对象（Schapera, 1963a; J. L. Comaroff, 1978）。统治的血统集团在内部是有区别的，这种区别不是根据分个派系的运作原则为标准，而是以他们与高级现有成员，即首领的地理距离决定的（Kuper, 1975a;70;本书第二章）。在部落（群落、单位等）里的行政单位的许多首脑是这个群体的成员，他们的职位过去是由首领为了他们创设的，通过这个办法首领赏赐或者在他们的家族内招募忠诚的追随者。每个头领有多少的追随者和平民在每个部落之间都不同；在克加特拉的48个群落中大约有一半是由那些与克加特拉族首领有一些地缘联系的人掌控的，而在玛菲肯族（Mafikeng）内大概只有20%的人会说他们和首领有血缘联系。这个比例很大程度上依赖是否前一个首领把迁移部落划归自己的父系或者保留在土著的领导之下。①

① 夏培拉（1952）已经详细地描述了茨瓦纳部落的“异种”的种族构成。移民的群落组成了这些部落最主要的人口，而且经常适合现有的等级政治行政结构，或者是群落或子群落。对于领导的安排的主要政策也有不同。

在他们对首领表达充分的尊重和仪式化的优先时，茨瓦纳人在职位和在职位上的人是做清楚区分的。正式地讲，后者完全控制了（内部）政府的立法、行政和执行程序；但是作为一个人，他被视为不可靠的，并且信息员一般能够指出过去和现在在职位上的人所拥有的权力和合法性的区别。此外，他们的表现经常在公众当中被争论、评估和批评；事实上，在这些公开争论和他们在执业生涯期间行使的影响力和权力之间的变化之间有一个可以展示的联系（J. L. Comaroff, 1975）。归结于良好政府美好想法的重要性不断地被得到强化；对茨瓦纳人而言，除了其他的因素，这个包括了公正立法的制定，物质改善和发展的提高，以及争议解决机构的有效和公平运作。但是，首要的是，这暗示了通过协商和同意而对规则的承诺。

公众咨询和决策，无论是关于新的立法、行政还是主要是为了履 26
行职责，在三个方面发生的。首先，首领有顾问［巴戈克罗蒂(Bagakolodi)］，是他从自己近亲、婚姻家族里的年长者和那些权高位重的人里挑选的。他同这些人的关系是个人和非正式的，尽管在位者与他的作为议事会的顾问们碰面的频率不同，有时候只是临时地同他们见面。大多数的日常决定是在这个范围内作出的；然后决定被传达到每个族群的头领那里，这些头领再继续传递。大多数重要的事项在进一步决定之前在这个环节也会被事先通气。其次，所有的顾问和头领一起组成了一个议事会乐库特拉（lekgotla），这个机构阶段性地碰面，考虑政策和行政方面的事项。最后，有一个最大的平台，公共大会（pitso, phuthego），所有的男性都参加。任何影响到部落的主要问题必须在这样的集会上讨论。在乐库特拉和公众大会里，程序是比较随意的，首领做开场和闭幕演说，其他人在中间发言，发言的顺序不严格按照等级次序。理想的是，鼓励自由发言，主要的讨论在最后被宣布，反映主要意见的重点。理论上，所有的这些决定是有约束力的（据说

“一个首领的话是法律”——lentswe la kgosi ke molao)，但是，首领会发现几乎很难直接地执行一个没有多大认可的决定。如果他这样做，他很快就会丧失合法性。如果他强力推行，很有可能使他也会丢掉职位。过去，年龄团[莫非托(mephato)]执行需要大范围行动的决定。[①]这些团派在特史蒂族里不再有了；现在限制性的行动(一般是公众的行动)或者取决于非正式的在首领的法庭库特拉(kgotla)上招募。或者，比较正式的情况是，从国家机构，比如，地方或国家警察，从那里得到支持。

茨瓦纳人觉得他们的政治社群是一个逐渐包括居民和行政团体在内的等级体系：家庭、地方血统部落(或者，在一些地方，家庭团体)、群体和部门。[②] 在每一个层级的单位里都有血统单位——和其他
27 亲属和不相关的成员——以及良好定义的根据血统等级原则确立的权威角色。在这里，部落毫无疑问是最显而易见的和最重要的机构单元。在他的首府和其他大的村庄，这些部落通常是占据着一个连续的居住区域，经常在一个中央的聚集地区(库特拉)和牲口棚[莱萨卡(lesaka)]周围形成一个圆弧，并且它有一个被认可的争端解决机构，这个机构的运作是根据首领议事会相似的方法进行的。事实上，群落被描述为是一个本身固有的，比较低位阶秩序的部落整体一部分的同族体，这个同族体的首领被视为是一个微型的顶层职位。从行政和法律目的看，族群被视为是国家有效的组成部分。

---

① 见夏培拉(Schapera，1938，104)。男子和女子团体，在每五年左右启蒙以后，也可能为了防御和公共工作而被召集起来。

② 我们出于不同的目的而在第二和三章里讨论等级制度。“部门”是由一些相关的群落构成的，是由最高级的头领管辖的，但不是在所有的部落里面都有。即使它们存在，它们也已经不再显得在政治行政方面是重要的单元。即使是对克加特拉人而言，情况也是如此，部门组织在殖民地时期是通过建立“本地法院”的方式组织的，对应于在克加特拉人的原来的部落管辖权。

正如我们会在第四章里说明的那样，政治行政登记体系里面也包含了所有不同的争议解决机构。[①] 事实上，许多茨瓦纳人把这个看作是一个显著的特征，这个与观察者经常描述的完整持续的特性是一致的，即使这有些强迫性，但这也反映在他们相关概念的大量词汇中，反映在他们精致的“法律格言”集锦里(Shapera, 1966)，反映在他们在争议中进行长时间的事后调查的习性上。大量的智慧能量被投入到评估演说、争论、问题和判决对特定结果的力量、说服力、审美力、质量和效果上。此外，个人的荣辱在库特拉的演示中得到了体现(或迷失)，有时候个人的小名根据这个而获得的；比如，在玛菲肯，有人就有“辩护人”和“法官”，甚至是“白痴”这样的称呼。首领和头领的声誉也被茨瓦纳人紧密地同他们表现出来的辞藻和判决的聪慧联系起来。在评价官员时，智慧和公平的证据经常是放在第一位的。这样的素质不仅是他们本身评价，而且是被当作在位者和他们的体系的完整质量的象征。

茨瓦纳人对争议程序的兴趣不仅仅限于个人表现或者语言对抗的美学。这个兴趣也扩展到被他们视为规范他们日常生活的规则集合上(应当注意的是，根据无穷无尽的术语方面的争论，我们在这里通 28
篇使用“规则”(norm)指代规则的陈述，而这个规则被本土地视为与社会行为的治理相关；详见第三章)。正如我们已经注意到，这个集合在本地叫作 mekgwa le melao ya Setswana(比较 Barotse 的 mikwa 和 milao)，这个词汇被松散地翻译为“茨瓦纳法律和习惯”。[②] 组成这个

① 我们并不详细描述这些机构所遵循的正式程序；夏培拉已经非常详细地处理了这个问题，这个在以后几个章节所包括的案件也有清楚的说明。

② 严格地讲，这里的翻译应该是“茨瓦纳惯例和法律”，因为 mekgwa 一般指代的是惯例，而 melao 是指法律。Mekgwa le melao 在这里和 melao le mekgwa 是互换着使用的。第三章在详细讨论规范集合的同时，考虑了组成词汇的语义学。

体系的规则提供了可能在争议解决中的标准和准则，但是它们不构成一个分割的部分，同其他种类的规则和对应于西方法理学所认知的“法治”有截然不同的司法目的(见原文第 9 页)。[①] Mekgwa le melao，强调的是大范围的不加区别的规则，违反这些规则被视为有不同程度的严重性。这样，管制某人造访某人土地的正确行为的规则被描述为同那些规定某人的牲畜踩坏了某人庄稼的时候该如何做的规则一样，正好在这个规则集合当中。每个人，甚至是首领，被期待任何这些规则：“法律是盲目的，法律甚至会吃掉造法之人(Molao sefofu，olile otle oje mong waone)。”同时，茨瓦纳人完全了解规则可以被这样引证而同其他规则发生冲突，因为这些规则不构成一个内部协调的整体。正如我们会展示的那样，许多冲突的实质是诉讼者努力将有冲突的规范定义施加在他们之间的争议上。

正如在这里已经提到的，茨瓦纳人自由地并且别有风味地说着 mekgwa le melao。事实上，有可能从大多数的信息员那里抽取大量的实质性陈述的集合[②]以及对集合本身的性质冗长的解释。这个集合没有必要被视为是难懂的，一类特定种类人的特殊集合。此外，规则传递了日常生活所有方面的信息，并且被认为在其他方面也有所存在，在很大程度上在争议解决程序方面是自成体系的。在某种程度上，这个反映在这些规则被引用的方式和语境。规则除了在特殊情况下不必以法律(库特拉)的方式呈现，而这些特殊情况与战术性的争论的逻辑有关(见第三章)。事实上，这些规则被视为社会秩序的自我明

① 在几乎所有的西方法律制度的当代著作中，法律和结果的关系被视为是有问题的，但是，即使是最精炼的讨论(Levi，1949；Hart，1961；Dworkin，1967)，法律规则的不同特征要么被坚持，要么被想当然。

② 这是一个发表的地方志材料印证的事实。见夏培拉(Schapera，1938)，罗伯茨(Roberts，1972a)。

显的关联，暗示在茨瓦纳社会的机理当中。人们被假设是指导这些规则的，唯一的主张“莫利非(Molefe)的儿子已经弄大了我女儿的肚子”或者“莱索卡(Lesoka)的牲口毁了我的庄稼”就足以适用这些规则。也就是说，规则是和弄大未婚女子的肚子和牲口毁坏庄稼联系在一起的。规则的起源是多样化的。大多数是来自受到认可的行为长时间而确立的行为范式；一些是从一个首领处理争议的决定中形成的(Comaroff and Roberts，1977b)，另外一些是正式宣布的我们视为强行法的规则。这类新的立法通常在一个公众大会经过公众讨论，但是茨瓦纳人认识到，增加或者改变规范集合在社会范式改变的时候发生，而且在争议的场景中被表达出来。 29

这样，争议的过程代表了一个主要的平台，茨瓦纳人在自己日常生活的交流中认知他们社会的结构，认知他们规范集合的性质和内容，认知他们文化的特点。事实上，如果我们跟随布洛克(Bloch)最近的言论，重新拾起马林诺夫斯基的“长期对话”的方法以了解社会，这个过程至少在茨瓦纳人当中，会是一个逻辑的起点。因为在那里，“对话”是以最清晰的和最优表现的方式进行的，而不是通过观察者的引导展现的。正如茨瓦纳人在自己的宇宙中谈论他们自己的模式。如果不考虑这个系统性的语境，就没有一个完整的论述，因为由于这样的语境建立起来社会和语义学的参照物，它反映出来的意识形态和价值，以及这样的语境所针对的目标和解释。在我们回到争议程序之前，我们必须首先罗列出社会秩序的主要特点，在这之后，是 mekgwa le melao ya Setswana 所代表的规范意境。

30

第二章 社会文化秩序[①]

拉德克里夫-布朗一度注意到(Radcliffe-Brown, 1950: 69),茨瓦纳社会安排的某些特征使得他们“在非洲具有决定性不同”,以至于他们可能“几乎被视为是一个反常”。无论这是否是真的,要特定化这些社会文化系统的结构当然是有很多困难的。库珀(Kuper, 1975a: 71)最近讨论了一些困扰着这个主题的著作里的一些困惑,[②]认定了问题的一个来源(p. 72):

> 一方面,行政结构必然是清晰地从上面制定的。另一方面,所有的行政单位,事实上是所有的聚居群,是围绕着一个父系核心构建的,并可以一种父系的术语加以谈论。

---

① 本章的基础是一系列的讲座,题目是:“关于一个非洲部落的政治文化的三个研究”,是由科马洛夫于 1978 年 5 月访问芝加哥大学时做的演讲。我们感谢马歇尔·萨林斯(Marshall Sahlins),南茜·曼恩(Nancy Munn),特伦斯·特纳(Terence Turner)建设性的批评。

② 库珀注意到拉德克里夫-布朗的观察,提到了一些较广为人知的这方面的努力(Kuper, 1975a: 71)。夏迪克(Sheddick)关于南梭托人的反驳性评论也许是最佳的例子:血统是跟着父系系统的,同时是也是同源的。

> 梭托人(Sotho)-[茨瓦纳]的书写者们经常会(实际地)问什么是主要的,“世袭”或行政单位。

然而,我们认为这个问题在研究上较为次要,因为茨瓦纳社会的结构复杂性主要源自其婚姻制度和它同其他组织性原则的关系。① 茨瓦纳人倾向并实践着所有形式的堂表亲联盟,包括FBD类型的联盟。现在所谓的这种特殊类型的内部通婚制度,如同现在广为认可的一般,并不仅是难以描述的。它们也代表了一种对结构分析的主导模型非常难以克服的理论挑战。几位作者已经指出它们与遗传理论和联合理论(Barth, 1973; Bourdieu, 1977)的根本假设矛盾。没有必要在此处进入围绕此问题的方法论的讨论;涉及的问题已经得到了很好的预演——特别是在中东人种论中——而我们的讨论,在任何情况下,代表了一种对抗它们的实质性的和建设性的努力。虽然如此,此处应当做一个简单的介绍。

出于那些将会变得明显的原因,既有父系继承意识形态又有FBD(父亲兄弟的女儿)婚姻倾向的系统都典型地具有对个人主义的明显压制,以及对社会集合和关系构建的浓厚兴趣。社会领域总是高度流动的,它的定义通常非常复杂,存在着重复和模糊的链接,而行动者们为了自己的利益利用那些进行谈判和图谋。在这些情况下,一方面是奠定了社会文化秩序的结构原则,另一方面是日常生活所具有的丰富的谈判性,它们之间的关系在一个分析框架里是非常难以掌握的。并不是说这样的困难限于这类“同系交配”的系统;费尔斯(Firth, 1951)早期对“社会结构”和“社会组织”所做的归于典型和比较的努力只是

① 我们的意思不是暗示库珀本人没有意识到这点。相反,他在自己的文章里面投入了相当的关注在婚姻系统的结构性含义上。

在理论层面对体系性问题所进行的众多努力的其中之一(比较Murphy, 1971)。然而,在同系交配体系里,相较于人种志学者们,它就以一种异常明显和棘手的方式自我呈现出来。于是,整体上的方法论的个人主义,以及具体中的交易主义在这样的背景下(Barth, 1959, 1966)表现为便利的分析方法并非偶然。出于假定的手法,正如巴斯所做的那样,文化和结构是战略性互相作用的产物,这个方法保证了一种表面上能将日常交互过程的方方面面,和社会规则的模型和他们的规范性维度的模式联系起来的有说服力的方法。这个观点在几个方面已经受到了批评(比如,Kapferer, 1976; Asad, 1972),但是,这
32 个观点的吸引力得以保持,因为从方法论上个人主义的观点看待看似专属于个人主义的社会秩序表面上表现出来的看似正确性。因此这值得我们在一开始就强调为什么此类功利主义的模型不能说明这些社会文化体系的逻辑和在这类体系中发生的过程。

方法论上的个人主义方法通常有一个自成体系的价值秩序,对巴斯(Barth, 1962: 12)而言,"文化"是为了物质或社会利润的最大化而进行交易的结果。但是,正如萨林斯(Sahlins, 1965)已经有效辩称的那样,不同的交易模式[包括"否定型的互惠(negative reciprocity)",一个利益驱动交易的类比物(the analogue of interest-motivated transaction)]本身是文化构建价值体系的因素,就像是给予它们象征性的形式的意识形态那样。换言之,任何价值的秩序——"最大化"本身也许是其中之一——在交易过程被认定为有社会价值之前就必定在文化上已经存在,而远非作为交易的结果。这不是想要否认一些社会的成员们真将他们的世界视为是个人主义和竞争性的,而他们同胞的行为是由现实利益激发的。特定种类的价值也并非不可以在日常相互作用过程中被设计和修改。但是,这些过程不能被假想为产生了社会文化形式。恰恰相反的是:在任何人种志语境中的分析性的问

题是用于展示构成一个社会文化系统的原则，存在于其中的意识形态形式，和他们潜含的交易、互换模式之间的关系。于是我们在此重申，现实主义的个人主义，正是因为它可能是一些意识形态中的关键因素，所以不能解释结构或文化的逻辑。也从没有本土的意识形态或以此名义而发生的活动可以解释具有这些特征的系统。

本质上，我们也可以这样理解这样的论点：社会规律和结构模式是战略性互动而产生的结果。正如我们的分析将要显示的那样，这个观点混同了在特定历史时期社会场景所展示的表面形式和产生这些形式的结构原则。这个再一次说明，交易过程可能实现了特定社会形 33
式和关系；但是这些交易过程不产生这些形式和关系，因为它们的个体发生存在于社会文化原则本身的系统性特征之中。简言之，交易主义将社会文化分析的重点工程放错了地方，由恰需要去解释的东西，即在整个系统的逻辑里功利主义意识形态和交易过程的定位里得出一个解释性原则。这个非常重要：我们理解日常社会活动和关系模式的方式正依赖于此。

活生生的场景

在描述他们自己活着的场景中，茨瓦纳通常给予组成任何酋长领地的共居行政单位的阶位以优先考虑。这个阶位的组成层次之前已经被提及；简言之，在它最底层的是一夫多妻的家庭，[①]这些家庭经常

① 一夫多妻制的实践有了显著的减少，已经让位给连续的一夫一妻制。我们在其他地方也有所提及(Comaroff and Roberts，1977b)，并且已经指出这种转变对政治居住阶层体系(politicoresidential hierarchy)的设想没造成什么影响。

被描述为是主要的财产拥有集团。尽管事实上,这个家庭又被划分为物质和政治利益分离的家室。理论上,通常也反映在实践中,有着具有宗亲关系的头领的相邻家庭形成了一个在长者领导下的地方性的男性亲属的部群,这个长者应当是血缘上的年长尊者。与这些单位有母系亲属和姻亲关系的家庭族群也可能居住在附近,参与其中的事务。[①] 从内部看,这些部群是根据一系列的获归规则(以下会有讨论)定位的,根据这样的原则,非父系亲属者总是低于核心成员,而且参照他们结合的秩序决定他们的相对地位。

一般来说,两个或者更多的部群构成了一个社群,这是茨瓦纳社会里最重要的行政集合。另外,典型的是,一个社群占据了划定的居住区域并且包括了一个核心的部门(或者是男系亲属的部门),其中头领根据适用于更低序列的单位的相同的获归原则产生。最后,群落沿着类似的组织线路被分类为分部;即,每个部分包括了一些被排列的核心群落,这些群落的头领是父系亲属关系,在他们之中宗谱上的尊长是领袖。分部之间的大小有差别,在地域上是临近的;它们一起构成了整体的部落。理想的情况是,它们伴随着群落的扩大而发挥功
34 能,但是,今天它们中的一些现在作为政治一行政单位已经濒临破灭(Comaroff, 1976)。

这个等级结构的四个相关的特性必须在此加以强调。首先,不同层级上的单位是一致的,整体上复制了部落的形式。与它们内部构成相联系的原则在整个过程中都适用,就好像内在估算等级并依此委以

① 这个事实促使夏培拉(比如Schapera, 1938: 12f.; 1953: 40 f.)把这些单位称作"家庭集团(family group)"。把这些单位叫作"本地宗族部落"(local agnatic segments),我们并非在它们的构成上与他有所区别。我们只是试图强调这样的事实,它们的意识心态和核心成员来自父系原则。然而,它们确实不是嵌套在一个分割的父系系统(segmentary patrilineal system)里面的单位。

权威职位的规则。[①] 结果是，对任何职位或地位的继承最终都暗含着在一个特定家庭里尊长地位要求，在一个给定的部门里确立那个单位的主导，等等。这样，尽管行政结构与一个系属血缘体系不是紧密相关（见下述）的，在其中发生的集合和权威关系的模式在不同层级上是大致相似的。正如我们会见到的一般，这是重要的，因为政治过程和社会构造的结合在这个等级体系里除了最底层之外的所有层级都是被重复的。

其次，茨瓦纳人把这个等级体系的发挥作用与血缘关系的运作联系在一起。他们把家庭的分裂和普遍存在的氏族成员之间对财产和父亲过世以后地位的继承方面所具有的竞争倾向——或者至少是抵制合作的倾向——联系在一起（详见第六章）。这个分裂的过程继而会产生一个周期，独立单位的确立不可避免地导致一个地方血缘单位的产生，只要这些分裂单位继续相邻而居，而这又得到外界的人强烈的支持（即使并不总是成功）。类似的，当这个分裂单位越来越多，他们成员之间的敌对和竞争最后也以裂变结束，尽管由此产生的集团经常再度被包含在更高级别的集团之中。由于宗族核心的矛盾，分裂的过程在社群或部门的级别中也可能会重复发生。

第三，正如前述，尽管宗族关系和政治地缘安排未必能够有清楚的对应关系，它们之间的关系依然有着社会重要性。大多数生活在茨瓦纳部落里的个体属于一个血统集团，而这个集团的跨度通常分布超
越了社群或部门的范畴。（当然，相反的是，后者不会仅仅因为血缘意 35

① 应该注意的是，当一个移民的家庭定居在一个与它没有父系联系的部落居时，这个家庭自己也会逐渐地成为一个分部。随着时间的进一步推移，它会壮大成两个或者更多的这样的分部，并且演进成为一个独立的区崛起。这样，从程序的角度看，父系的意识形态最终也将会适用于这些单位的构成和合并。这个规律在理解政治行政结构的余下的特点时也是有关的。

识形态而被排他性地招募。)然而这些血缘集团并不是分割的家系,原因是:他们仅仅是根据与年长成员宗谱关系的远近而内部排序的;部门的创设和确定主要取决于共同居住、对行政位阶的融入以及也许短期的对外敌的政治同盟;①这些部门不是由结构性的对立原则或者一种集体利益的持久团结而产生;血统集团从来不会满足于或进行一致的行动,只有那些能够掌控部落的人能够成为片面或稀少的例外,而他们对于有效家属关系内的成员们来说也并不组成该关系主要部分。血统集团主要代表了一类人,也就是说,根据他们的逻辑限制所能认为的,男系等级规则所能延伸到的所有的人。然而,它的界限鲜需得到定义,在实践中也没有清晰地划定。此外,用日常术语表达,跨越了共同居住单位的血缘联系——也并未由其他种类的关系、合作企划或者政治联盟所覆盖——趋向于逐渐地式微。茨瓦纳人带着超然的中立看待远亲关系。结果是,那些被视为"紧密的"重要的血缘联系,通常在地方单位里聚集,除非是一些较少的、因共有利益可能被激活的外部联系。作为一种意识形态,这与宗族关系在这样的当地集团里才最有意义这样的事实是一致的;因为那里宗族关系指导着阶层和权威,并且因为它能发挥如此作用,它也仅能对恰好是居住在相同的政治行政单位里的一个血缘集团的成员们产生直接的结果。于是,宗族关系可以为这些单位之外的联盟提供基础,但是其他的亲族联系也可以提供这样的基础,就像在一个公会中的普通成员关系,村落之外的农业产权的接壤相连,等等;事实上,这些联系经常被认为是更重要的。

① 当分部一起行动的时候——最常是为了考虑争端或者为了诸如葬礼之类的场合作出安排——他们一般只是因为顾及居住的成员而这么做。一旦一个个体永远搬离,他就通常会被从群体的活动中排除,大家就会视这个人的事情为超过了这个部落(正式)利益领域。

第四，与此紧密相连的是，行政阶层体系提供了含有茨瓦纳人认为非常重要的物质和政治的价值的结构。这样，比如，土地的分配直到最近[1]是由社群的头领负责的，他从首领接到分配权，然后几乎是不受干涉地分割所有权。类似的，对争议的处理，对公共活动场所、管理 36
委员会、沟通的控制，与更高秩序单位的联合与在较低的秩序单位里级别的相传，代表集团的权利，以及有时候对人和财产管理权的确认——所有这些都在不同层级的权威职位的(潜在)管辖权范围内。清楚的是，相关单位越是包容，管辖权就越大，有关的地位可以获得的资源和权力也就越大。此外，正因为这些规定和价值坚实地置于这个位阶体系之中，是这个体系确定了对权力获得和控制的竞争通常发生的领域。这类竞争性的过程，正如我们已经提到的，是根据宗族的意识形态而确立的。然而在茨瓦纳人看来，反之亦然：行政结构代表了政治社会语境，而在其中血缘关系和对立是可以进行谈判的。如果它不能在一个包容的位阶体系中获得一定地位或者一系列的权威关系，那么，从表面上看来，作为宗族上的长者便没什么价值了。

社会关系和集合是根据血统的意识形态和等级规则在行政等级体系中得到构建的，血统的意识形态和等级规则也在茨瓦纳人的归属理论和成就中得到表述。这个理论，会更加明显，也说明了日常社会和政治程序与支持它们的组成秩序之间的联系。

茨瓦纳共享一个统一的等级规则的集合，从家宅内到酋长权，这些规则与整个等级体系里的地位的传承和继受有关联。事实上，如果字面上看待这些规则，茨瓦纳族似乎有一个完整的具有获得归属性的

---

① 从 1970 年起，博茨瓦纳的土地事宜已经由本地的土地委员会负责。作为结果，这个领域的正式的酋长权威已经式微，尽管一些首领在土地委员会里面运用着可观的权力。详见，Comaroff，1977，1981；Roberts，1981。

社会政治的制度，这些规则也通常表现为这个样子。[①] 然而，除却依据此设想的任何政治系统中所涉及的逻辑问题，[②]在阶层传递的过程中出现的“异常现象”的概率似乎出奇的高。因此，比如，特史蒂族皇室宗谱，正如它目前制定的那样，指出，80％的首领更替可以归类于这一类，而在较低位阶的地位中这个概率也没有低多少。过去已经发生了
37 这样的趋势，在解释这类与原来的归位原则的背离的时候，依赖功能性目的论(Gluckman，1955b：44f；Goody，1966)；但是，这导致了对茨瓦纳人之间归位的文化逻辑的理解失败，这种逻辑只能根据它与成功的意识形态的地方性共存加以解释。

获归与成就之间明显的冲突在许多社会里是明显的，在茨瓦纳社会中也表现得极为清晰。这样的表现有几种方式。最直接的是，明确的公共声明经常主张出生总是决定了地位，权威又总是取决于地位，合法的权力却通常取决于无法加以继承的个人的聪明和成就。这种内含的悖论又因为一个人由于“出生”而获得的任何职位只能在极其例外的情况下被取代这一事实而更加复杂化了，而“良好的政府”——一个对于有能力者能获得各级别的地位并保有相应的合适职权的一般隐喻——也许是茨瓦纳人日常生活里主导的理想状态。部分的矛盾是由关于权威的本土概念所再造的。茨瓦纳人视他们的地位等级，以首领处于其顶端，为对酋长领地的结构形式建立，但是他们严格地区分这些地位和地位拥有者之间的区别。前者是非常被看重的；它们的存在，归属性演变，以及使用特定财产的授权被认为是不可谈判的。

① 确实，格鲁克曼(Gluckman，1963：22)在他想要确定这样的规则通常是可以谈判的努力之下检视茨瓦纳的文字材料的时候，他感到有必要承认那些材料“并不就谁是主要继承人产生相同的疑问”。

② 科马洛夫 (Comaroff，1978)已经在争论“获归型政治系统”的概念是一个有矛盾性的术语的问题时提及过了这些问题。在同一篇文章里面，他对特史蒂人获归和成就理论提供了一个很长的分析，特别提及了继承的程序和围绕首领地位的竞争。

后者，相反是处于严格的审视之下的；他们是并不可靠的人可能从某一个时点到另一个时点间变强或者变弱，取决于他们的表现。

这些矛盾的解决方式，在茨瓦纳人的现实世界里，存在于惯例规范的性质本身，特别是它们与规范职权的规则之间的关系。主要的规定开始于直接的长子继承制原则、相对尊位和在有等级分差的家族内部根据年龄决定对任一地位获得的公式。直系继承总是处于优先的地位；一个人的儿子们要比他们父亲的其他小兄弟们在谱系上要优先，当他们比他们父亲早去世，他们的权利转到了他们自己的继位者。此外，对一个地位的正当获得是不能被去除的，除非是在极端情况
下。[①] 在此之外，还有次要的规则是要表面上保证每一个家族能够永 38
续，每一个职位都有人继承，对这些继承人身份的疑虑能够消除。这些规则首要指向的是结合和共存多妻的阶位，这个又决定了一个部落家族的最终地位。尽管在过去情况并非如此（Comaroff and Roberts，1977b），在今天婚姻的秩序被接受作为这方面的规则。其余的次级规定是关于替代父母的。比如，一个人死后没有儿子，他这边就会有一个寡妇和亡夫兄弟婚姻（收继婚）的安排；如果亡者之前根本没有结婚或者没有娶正妻（特史蒂），就必须为了他正当地建立起一个家族。尽管现在收继婚比较少见，这仍然是一个地位协商中的重要因素，这种协商不可避免地参考了前代和他们之间的血缘联系。另外，一些茨瓦纳人，特别是长妻们，坚持提到这条规则。当不遵守这条规则的情况被指出的时候，典型的回答是从来没有对执行这条规定的时限，且当方便的时候，就会作出合适的安排。需要加以指出的是，考虑到围绕婚姻状况的模糊性，有些结合会在事后被当作收继婚来解释，无论最

① 例如，重疾。所谓的无能，除非被视为是严重渎职或者尸位素餐的证据，通常不作为足够的依据，至少是从正式的方面看是这样的。

初他们这样的确立结合关系的背后是否出于这样的目的。同样的规则广泛地适用于随同的填房婚(男人迎娶他妻子或者亡妻的姐妹)的规则,正如以后第六章的数据会说明的那样,在关系的谈判和确定当中仍然被引用。最后,还有第三条规则,规范对未成年人的监护和摄政(详见第六章)。这些角色通常委托于一个年长近宗亲担当;在涉及一个职位时,摄政者应当是尊位位阶顺序上的下一位,而他本人又应该是足够成熟。他拥有这个职位的所有权利和特权,但是必须在有关的大会(assembly, pitso)作出决定的时候将其传给继位者。如果一个监护者或摄政者超过了他的职权,不当管理事务,或者在必要的时候拒绝交权,他就可能被撤除。

首要的规则似乎清晰地定义了对地位和职位的获得,整套规则提
39 供了可观的对阶层和尊卑的可利用与谈判空间。事实上,尽管正式的说明是相反的,仍然可以撤掉在职者,并且在没有违反继受意识形态或者这些意识形态内在逻辑的情况下重新定义血缘关系。此外,这个规则体系不仅仅是为了合理化相竞的地位诉求而被援引;这个规则体系也构成了一套程式,根据这个程式而可以赋予日常政治社会行为和事件的流动发生中的意思。下面的来自一个试图获取某一职务的活动中的例子,展示了这点和说明了其他的适用情况。[1]

H 向往着 D 占据的职位,H 希望撤销 D 的职位。这个过程是如何被合法化的?H 选择的路径是这样的:

H 争辩道,B,前任的在位者,有一个年长的哥哥(C),在未成年的时候就死了。因为他的年长,C 已经是 A 的继承人;因此,以 C 的名义

① 如同在第 42 页记录的个案一样,例子是一个发生在玛菲肯(Mafikeng)的个案;在科马洛夫 1974 年的著作里也有提及。从特史蒂人首领的历史提取而来的更加详细的数据,在其他地方(Comaroff, 1978)提及,他们对继承分析方法的援引也被考虑。

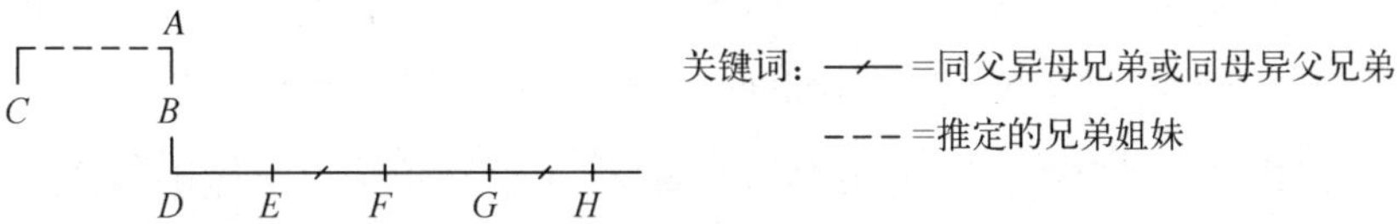

图 1

养育大的儿子应该有权拥有这个职位。因为 C 在结婚或者有孩子之前就已经过世，B，作为排在后面的人作为摄政者而获得了职位。但是，H 主张，B 已经认识到他为 C 立嗣的责任。因此他以 C 的名义同 H 的母亲结婚。作为她的长子，H 是她（法律上的）丈夫的继承人，因此是 A 的直系继承人。这样，血缘关系应该相应地做如下的修改：

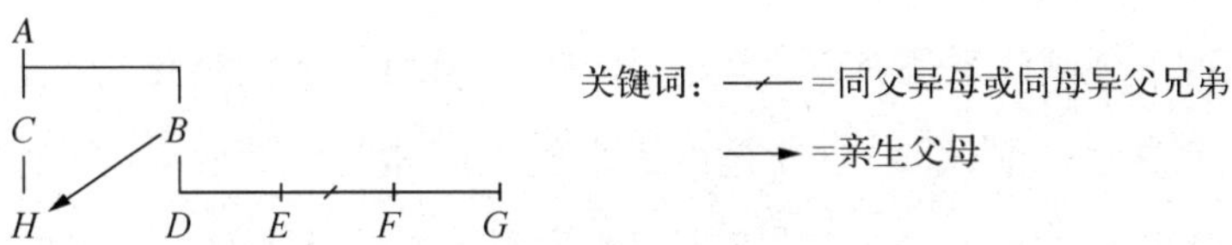

图 2

现在，根据长子继承的规则，H，如果他的主张被接受，应当成功地获得这个职位。

当他一开始这样的攻势的时候，H 秘密地组织支持他的团体，这些成员巧妙并且系统性地诋毁 D。事实上，他们获得了某些成功，这些成功促成了 B 进行一场公开的挑战。B 也的确这样做了。但是最后他没有成功，原因是他误判了支持者中的分裂。然而，两年后，他又
开始了新的努力，这次他成功了。重要的是，这一次 D 的地位减弱得 40
很厉害，一些早先为 D 争辩他具有更优先继承地位的人现在都放弃了他。同时应该注意的是，在该个案中，就像其他重新谈判地位的个案一样，相关单位中“官方”的血缘会改变以反映这样的结果。

尽管这是一个相对简单明确的例子，它展示了茨瓦纳人处理获归规则的现实逻辑的方式。更加显而易见的是，它展示了这些规则是如

何运用到等级和地位的战略性谈判中的。这样 H 运用了收继婚的规则使得他的主张合理化，然后根据监护和摄政的原则为撤销 D 的职位而争辩。这个最终成功了的努力的效果，是根据长子继承原则而建立他自己的尊位和权利，并且撤销一个在两年前曾经被认可为是职位的合法继承者的人。清楚的是，在这个过程中改变的是支持的分配。许多一开始否定 H 主张的人之后接受他的事实说明茨瓦纳人想当然的想法：关于获归的地位可以是一个个人成就的功能，而不是相反。这个个案涉及一个高级的职位，在低级职位的部门也会发生类似的个案，我们之后的证据会证明这一点。事实上，正如我们已经强调的，这样的程序被认为是群体生活中普遍存在的特点。

这个规则体系还有三条进一步的特性具有重要性。首先，它定义了一个竞争性的领域，主要是由一个血缘团体的成员构成的，而这些成员被融入一个单元，任何特殊的地位会依附于这个单元。① 在这个竞争性的领域，唯一通常不能进行谈判的联系是那些在同父同母的兄弟姐妹之间的纽带，他们是根据年龄排位的。② 这样，所出自的家室就成为不可再缩小的聚集和阶位的原子；任何血缘联系和地位的配置事实上是在一个历史节点上的各房之间关系的安排。第二，虽然血缘计算提供了战略性争辩的原则，它却显然不能决定其结果。第三，尽管把一个人从他正当的职位上撤离根据规定是被禁止的，但为了该职位的竞争却很少被排除，并且这样的竞争不局限于当职位无人占据的时

---

① 我们可以继而得出这样的结论，如果我们关注的单位在整体上是首领的领地（在竞争对手就首领职位开展竞争的情况下），这个领域可能潜在地包括全部的王族血统部落，尽管文中所提到的排除了有活着的更年长的同父母兄姐的男子的限制，在这里也适用。

② 因为年纪决定了家族内部的阶位且是（直到最近）公开地包含于与按照年代排序的集团的联合里，一个男人不能经常挑战他年长兄弟的高级地位。他唯一可以做到的方式仅仅是——而这个使他自己的信用受损——通过主张他的兄弟姐妹无刑事行为能力或者有精神病。当然，就下一代而言，一个年轻的弟弟也许会对他的 oBs 的地位有争议，可以通过对产生有关房室的结合的质疑的方式进行。

刻。但是，这样的事实暗示了存在着一个前面也曾提及的机制，这个 41
机制允许在不违反获归原则的情况下取代在位者。现在，就如例示，第三条规则允许一个摄政者或监护人被剔除。必然的结果推导是，如果能证明一个人是代表其他人而拥有职位，这个人便是可以被撤职的。这正是H想对D干的事情；这正是典型的获得任何地位合理化的方式。此外，在作出这些主张的时候，一个要求者必须主张他相比对手所具有的法律上的优越性。在他获得成功且相关的血缘原则也相应地被改变的时候，被击败的竞争对手会被公认为在两者之间低人一等。就规范逻辑而言——规则要根据这一逻辑来适用，或者事实被当作已经适用或者将要适用——这意味着他必然曾是一个监护人或者摄政者，并且应当交出他的职位。换言之，第三条规则承认这样的可能性，那些无能地或者不受欢迎地占据着某一职位的人可以在不违反关于获归的意识形态的情况下被取代。这也说明他们加速了宗亲关系的变化以合法化和反映当下的关系。①

主要规则也就包含了系统的获归基础，而次要规则排列了阶位和权力关系的谈判。第三条规则接着确保大多数的职位代表了一个可以成就的目标，并且，同时为战略性的活动提供获归的合法性。这样，整个规则体系构成了政治社会过程的系统化基础并赋予之形式。并且这样做的结果是，它构成了解决获归—成就悖论的基础。成功的政治社会管理，对现实构建所实施的控制以追求利益和价值，其必然涉及一个“成就”。但是，它的获归规则在此受到限定：成功获得职位的

---

① 这些事实解释了为什么80%的所有对特史蒂首领的继承都似乎是不规则的(见原文36页)；它会这样是现有职位占有者正当化其获归的必然结果，参考了规范而被解读为宗谱规则。一个将来的在任者也许会对他的地位加以合理化，并且重构宗谱，以使得之前职务拥有者中不同的一部分会被认可为酋长。所谓“非常规”的个案，于是，是一个特殊的方法论角度的表述，而这种方法误解了这个体系的逻辑。

人成了合法有权的继承人，而他母亲作为正妻的地位因此作为结果得到确认。结果是，对他们自己而言，茨瓦纳人似乎维护着一种获归有序社会框架下的表现导向的意识形态。作为政治决定的原则，在获归和成功之间的经典的分析两分法，也许不能继续说得通（Comaroff，
42 1978），但是，这些“原则”之间的辩证关系却处在政治社会过程的核心。

然而，这些规则有一个更加复杂的维度。这个维度是从这样的事实发展而来的，尽管对一个地位的主张者必须提供一个获归的合理说法，规则组的性质就是几乎总是有多种方式来表述这种合理性。结果是，他被迫在这些选项里作出选择。在某些情况下，这个选择是直接的：一个个体可以仅仅主张他是双亲合法的继承人——他这样做的决定也许是取决于后者的被认可的位阶——这样他就根据已经存在和确立了的血缘组合而对那个人的职位的转交提出了主张。然而，这个可能的选项并不总是被利用，因为在这个问题上可能有复杂的策略问题，对它们的解决可能有重大的社会影响。洛特拉莫（Lotlamoreng）的个案很好地说明了这点，他根据一个复杂的争论继承了特史蒂族的首领地位。

被普遍接受的是洛特拉莫是首领莫茨瓦（Montshiwa）生的。然而，他在主张对首领之位有权利的时候，洛特拉莫和他的支持者提供了一个复杂的合理理由。他法律上的父亲是可巴拉菲（Kebalepile），并且他们宣称（可巴拉菲）是莫茨瓦的长子。可巴拉菲先于莫茨瓦死掉，而且在洛特拉莫出生前两年去世，而洛特拉莫后来又宣称是他的儿子，理据是他根据收继婚的安排而归入了可巴拉菲那一房。这个争论被可巴拉菲的遗孀没有孩子的事实进一步复杂化了。但为了说明这点，他们坚持说洛特拉莫的母亲实际上是可巴拉菲长妻的代孕者。换言之，洛特拉莫的双亲都被解释为是他法定双亲的替代者。当然，

莫茨瓦是洛特拉莫的生父的事实意味着这个主张其实是将血缘上的生父变为社会上的祖父关系。(可能需要另外说明的是,一些线人断言说洛特拉莫法律上的双亲从来没有碰过头。)但是,为什么洛特拉莫为什么费这样的周折呢?

对他来说最简单的合法化的说法是,他的母亲实际上是莫茨瓦的(而不是可巴拉菲的)正妻——或者她也嫁给了莫茨瓦的无子嗣的姐姐的替代者(seantlo)。这个直接的争论显然是站得住脚的。但是,洛特拉莫主张与可巴拉菲有血缘关系有两个看得出的好处。首先,如果 43
他直接主张是从莫茨瓦那里继承下来,那他就把自己从养大贝塞勒(Besele)和塔瓦娜(Tawana)的族群分离开来,而每一个族群都有尚未成年的儿子。这个族群现在没有可期许的短期的支持,它以后可能成为一个强大的族群。如果他被降级到一个低等的地位(通过莫茨瓦而赋予洛特拉莫合理性的一个结果),它的成员们以后可能根据他们与贝塞勒的关系而主张首领之位。[①] 另一方面,通过主张自己是它的尊位成员,洛特拉莫也许不能保证去除随之而来的从这个方面的反对。但是,这的确将族群的利益同他自己的利益整合了起来。任何以后挑战他的外部势力将会威胁到族群整体的地位,这就鼓励整个族群支持他。相反,从莫茨瓦直接继承下来会使他作为他这一房唯一的成员颇

① 贝塞勒是倒数第三位在位的首领。他任何一个儿子都可以可想得到地通过主张他们是被贝塞勒以可巴拉菲——他的同父同母兄弟,并且在当时缺少一个公认的继承人——的名义养大的方式而获得酋长地位——如果他们可以如同洛特拉莫现在试图做的那样,确立说可巴拉菲曾经是莫茨瓦的继承人(也有其他可能性,但是这个很简便)。对贝塞勒的继承者们而言,巴迪里(Badirile)和巴克洛潘(Bakolopang)已经有了一个与被接受的宗谱非常不同的观点。根据这个,他们的母亲曾经是莫茨瓦(号称的)无子的正妻的替代者(seantlo);他们那一房就这样排在第一位,而可巴拉菲和贝塞勒已经占有了一个相对低级的职位。所以,这样洛特拉莫家族就被建构成一个出于一个排位更低的其他妻子的莫茨瓦(法律上)的儿子。洛特拉莫的主张是,这个应该被加上,是对巴克洛潘构成威胁的;这个宗谱结构也是。

44 为脆弱。另外，与可巴拉菲这一房的联系允许他影响到以后贝塞勒孩子们的婚姻；作为他们年长的 FBS，他也可以主张对这些孩子的财产有监护权。第二个优势在于洛特拉莫与博·麦格拉（boo Makgetla）的关系，博·麦格拉是一个非常有势力的族群，是从特史蒂的一个兄弟的后代传承过来的（见血缘关系图），这一族在几代中都是酋长一脉的联姻对象。尽管他的母亲是从这个族群里来的，贝塞勒也同这个族群里的女性结婚，并且她有了他们长子特雷尔（Tlale）。如果洛特拉莫主张同贝塞勒归属的是不同的族群，他就有将来失去马吉拉（Makgela）支持的风险，因为他和特雷尔共享了母系氏族的亲戚，没有什么可以阻止他们停止支持特雷尔而反对自己。这种竞争的结果不会影响年长的麦格拉族的男人；他们与当权者的关系仍然没有改变。但是，争论说他是可巴拉菲的儿子，并且和特雷尔一样传承同一族，洛特拉莫确保了麦格拉的利益和他自己的利益是一致的；因为，如果要说可巴拉菲不是莫茨瓦的继承人（而洛特拉莫不是首领），接着便可以说，贝塞勒，他年轻的同父同母兄弟也不是。这样，他们就很难支持特雷尔反对洛特拉莫。事实上，根据洛特拉莫的儿子，这个策略产生了它预设的优势，因为贝塞勒和博·麦格拉的后代，之后都证明了他们在洛特拉莫面临职务挑战的时候是忠诚和强大的。

除了说明规则的潜在资源外，以及为什么有技巧地利用这些资源的能力是那么受到推崇，这个案子还显示了社会政治过程和社会形式之间的关系。我们已经注意到，考虑到规则的逻辑，对任何地位的获得都涉及对一个现有血缘关系的确认或改变。这取决于特定主张的语境和构建。比如，在没有对抗的转移周期里发生的阶位转移倾向于现存的模式维持不变，而成功地从当权者手里夺走职位的努力则会造成它们的改变；任何一种方式，都说明在血缘联系的盘算和高低级职位的谈判之间有一种直接的联系。此外，如洛特拉莫的案子说明的，

洛特拉莫血缘关系图

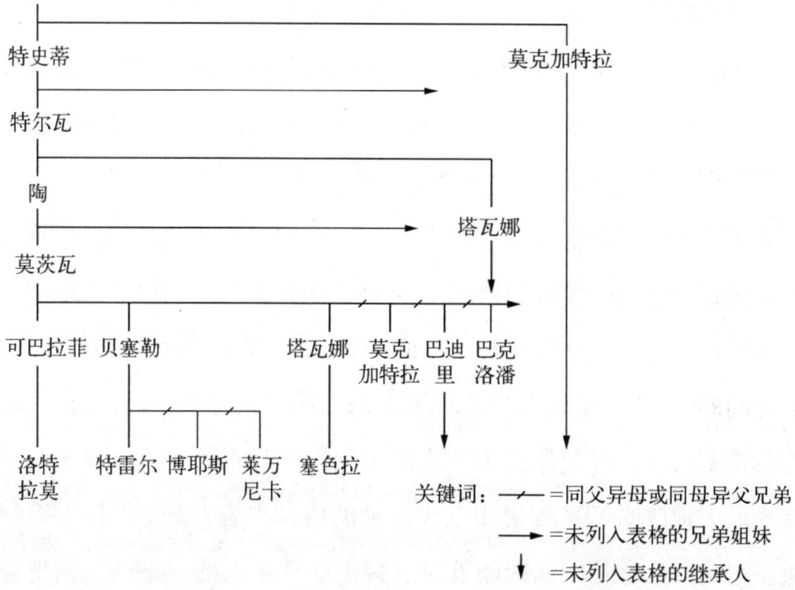

图 3

这样的盘算不仅仅是抽象的归类练习。相反，它们提供了在一个继承团体的相关领域里关系和联盟据以实际构成的智慧。这样，洛特拉莫 45 通过改变血缘关系而在他周围创造一套联系的努力，意图在相关亲属方面有实质的效果。但是，即使在这些安排血缘关系的活动背后没有明显的战略动机，血缘重组的事实本身可能就有一个类似的结果。比如，就像我们在案例二十五里面见到的那样，争议者之一，莱索卡在有关的争议之前的几年就占据了一份聘礼。他这么做，并不是特意想操纵利用一个关系网。然而，他的行为暗含了一个地位的假设，而这接着又谋划出一系列联系和组合，导致了如不曾预料便将是可怕的结果。当这些对他来说变得明显以后，莱索卡试图公开重新定义其中的社会关系。但是，当他谋划的结果走上了不可改变的路径，最后他深陷其中。于是，简言之，社会聚集和联盟，也即是继承集团所展现出来的部落组合和其中的关系的模式——根据规范性规则的逻辑[①]辩证地含在社会政治过程中。

更加笼统地说，似乎清楚的是规则体系包括了同时发生的会随之产生继承性的组合和其中的社会聚集的可变因素。这些因素在社会政治过程中得到实现，而在这些过程中，阶位和地位的谈判在地域单位的等级系统里面组合了关系。由此引出的是，当获归规则是根据血缘而进行表述的时候，它们所构成的社会团体实际是按照尊亲继承关系的团体。[②] 也就是说，它们部门的形式，当一代人中的成员们定义他们之间的关系时，是从特定的参考点向上或者向外流动的。再一次，洛特拉莫的主张对此作出了恰当的说明：对他的版本的血缘主张的接受极大地改变了家族集团三代以来的内部组合排列（见本书第15页注①），并且它是以他跟随着对直接围绕他本人的一系列人的地位的构建而进行的一系列的步骤加以实现。规则的这些特点一定程度
46 上解释了为什么茨瓦纳人的继承制度一方面允许部落单位的重新再安排并允许以房作为结构中基本单元的重新排列，另一方面可能还没有从内部被感知为一种持久的形式。后者——持久的认知——体现在体系的同步性里；而前者——单位之间关系的谈判——则是存在于它在日常生活中适用的实用逻辑中。

到此，我们已经通过不去参考激发系统的构成要素或产生其表面模式的结构要素而使我们的分析去背景化了。包括获归和成就原则的本地理论也许对这个结构提供了至关重要的分析关键，但是它不能自己解释经验场域的可谈判性，或者它本质上的语义学形态。为了面

① 这种依赖性应当被强调：血缘内部集团的组成以他们自己的方式开始形成，或者被加以谈判，并因此调动针对地位的竞争。这类证据在科马洛夫1973年的著作中有所提及。
② 我们希望对马歇尔·萨林斯表达敬意，他帮助我们澄清了这点。

对这些问题，有必要进一步研究并超越茨瓦纳社会政治理论的构成和继承的意识形态往后看。

构成性秩序

我们通过第五章和第六章对夫妻与财产关系的讨论，将会证明清楚的是茨瓦纳人会严格区分男系亲属和母系亲属之间的规范性内容。两者的对立通过不同形式被表达出来，就好像是处于对手—冲突和支持—联盟的价值之间的一种——一方面是物质和政治上的对立而另一方面是道德和社会上的倡导。超越了家族的界限，本质上敌对的男系世界是个人管理、竞争活动和权力关系谈判的场域。相反，母系氏族则代表着在仪式、象征和结构上不断得到确认的一个不可谈判的道德整体。“一个男人和他母亲的兄弟从不交手”，茨瓦纳人说；他们之间也不进行针对彼此的神秘的行动。

同时，只有有限的社会联系才会非此即彼地属于父系或母系类别。对所有类型的家族婚姻的偏好，和尤其是相同父系血统族群的成员之间婚姻频率排除了他们其他的社会联系。此外，茨瓦纳人似乎会否认家族关系应当是清晰和单线的；因为，在他们看来，家族有效的单 47
元，洛斯卡(losika)，是一个双边的基石，其本土定义假设所有的结合都是在堂表亲之间发生的。当然这并不是真实的情况，但重要的是，分类关系的混淆在文化上如此这般地印记下来。换言之，父系和母系之间的对立也许包含了在茨瓦纳的文化里重要的社会价值以及价值冲突，但是，婚姻系统确保了只有少数存在的关系可能或者应该排他性在社会方面出现在某一个场景里。“支持”和“对立”之间的对立，无论其在一个特定社会里的实质形式如何(通常是“我们—他们”之间的两分法的某些变种形式)，当然是非常一般的形式。

确实，它的普遍性经常被假设或主张，尽管以不同的理论的包装起来。然而在茨瓦纳人的场景里，它的文化表达似乎不会清晰或明显地反映在社会意义上，至少不会反映在永久存在的团体组织过程中，或是将人们归类分组的明确委派中。但是，我们要表明，这个事实提供了一个重要的探究组成茨瓦纳社会文化系统基础的构成性秩序的视角。

家族作为文化的范例

为了对此加以说明，有必要从概念和语义两个方面对茨瓦纳人的家族概念做以简要的审视，因为这个单元，正如我们早前显示的，似乎代表了一个“结构的原子”，这个原子的不可缩减性对社会政治过程以及其中包含的关系的建构与变化来说至关重要。需要记住的是，与对地位的获取途径联系在一起获归规则，像那些规范继承的规则一样，排除了在这些族群里的相对地位的谈判本身；收继婚和填房婚惯例明确存在以确保它们的长存；彼此之间的关系与另一个相比，血缘秩序特别包含了它们的安排，作为无差别的实存。此外，家族是基本的财
48 产拥有集团，并且它的内部单位为了转交周期的存在而被得到强调。这个统一性也被作为术语而被记得；从提及和称谓的归类术语看，一个兄弟姐妹和半兄弟姐妹或者一个同性或者相对年长的父系平辈的侄子是没有区别的，但是对“一房所出的所有孩子”有一个特别的标签，这个术语赛特萨洛(setsalo)是从特萨拉(tsala)演变而来的，一般被翻译为“朋友”(Brown, 1931: 325)或者“盟友”。最后，尽管我们关注的每个部落之间有细小的差别，一个人唯一无差别地不能通婚的人是他或她自己这房的成员和这些成员孩子、兄弟姐妹家族和父母家族

的成员。[①] 在特史蒂人之间，父亲的遗孀和半兄弟姐妹，传统上，是可以作为伴侣的。异族通婚的范围包括仅仅是一个个体出生单位和产生这个单位并由之产生的单位。在他自己本辈，他或她的那房是基本的提供妻子或者接收妻子的群落，这一点的重要性随着我们讨论的继续会变得更加清晰。

然而，在这个发展周期的稍晚阶段，家族最终会分裂。确实，如果它是一个“结构的原子”，它必须再生和说明更加高秩序的单位。再一次，产生这个的程序在一个层面上得到文化上的承认：当兄弟们年长并且有孩子时，他们被期望分开，因为权利移交的周期结束，而他们之间的利益也有了分化。当原生家族的(男性)成员建立起他们自己的家庭的时候出生的那一房便分裂乃是约定俗成的智慧。重要的是，这也就成了父系冲突的起源，并且，更常见的是政治地域等级的内部分化。[②] 同时，在相反方向的是，兄弟—姐妹之间的联系则超越了，并且外在于原来群落的分解和彼此之间存在着一种地方性的竞争关系的新群落代的产生。现在，父亲们应该把他们的孩子“像牛群排队”那样分配成多对兄弟姐妹，这是一种已经建立起来的且被重视的文化传统，而这种联系将终生维持。兄弟有义务代表他的姐妹，并且照料她的生活，收她的聘礼，并且在必要的时候应当用于帮助她。据说，他也

① 夏培拉(Shapera，1949：104f)注意到在茨瓦纳人之间“极少”的婚姻禁忌，表示在罗朗和克加特拉人之中男人和他们同父异母或同母异父的兄弟的女儿是不被允许联姻的。然后，关于这个禁止也有一些模糊的地带，因为一个包括了一些克加特拉家族的1970年在玛菲肯进行的调查中，信息提供者对有关问题的回应是有分歧的。应当增加的是那些把自己看作是虔诚的基督徒的人倾向于回答说这些婚姻是被禁止的，并且他们举了没有孩子的里子来“证明”它们是招致邪恶的。然而，其他人对这个问题不是统一观点的。一些人提供了关于半血兄弟姐妹之间以及男人和同父异母/同母异父兄弟的孩子之间的婚姻的更为幸运的例子。

② 正如我们已经注意到的，获归规则强调一房之内的政治团结，反对在同辈里的类似关系。然而这与本土的观点并不矛盾，兄弟(一房之内的)纽带逐渐发展到一个潜在的冲突的关系，特别是在与下一代的关系中(见第六章)。

49 可以把这个用在确保他自己的结合上；事实上，很少有这么做的，但是，这样的说法本身是一个象征性地表述着他们利益相合和他们社会、道德互补的表述。理想的情况是，这个人成为一个对他姐妹的儿子而言"特别"的母亲的兄弟：他会保护他们免受父系亲属的损害，会参与涉及他们事务的任何讨论。简言之，关系亲密的兄弟姐妹联系和母子联系是相融的，并长存于母亲的兄弟姐妹的孩子关系当中。

换言之，茨瓦纳人关于房的概念包含了一套主要的社会价值和基本结构形式，以及他们再生和呈现的原则。就主要的社会价值而言，有敌意的男系亲属之间领域的源头是兄弟之间的关系，这个关系开始于社会和物质的一致，之后随着生育过程的展开就发生了转变，此时他们建立了离散和对立的单位。然后这个关系就在潜在的对立统一的父亲—儿子的纽带[①]之中代代相传到特别是与利益分歧、对抗和竞争联系的联系中：那些半兄弟之间的，父亲兄弟和他们兄弟的儿子的，父系平辈的堂亲戚们。这是绝大部分的争议、巫术诅咒，个人之间的冲突所来自且的确时时发生的领域(Shapera, 1963a)。有一个虽然并不是最常用的，但是专门用来统指父系亲属的术语，是科特拉。另外一个替代的说法是 ward(或者，更加精确一点，是指"在家宅以上、酋长部落以下的政治和地域单位")和"中央会议场所(central meeting place)"——也就是，竞争性政治活动和争议程序的主要场域。相反，支持型的母系场域明显的没有这样的敌对和冲突。它在互补性的兄弟——姐妹联系中的起源也折射在母系关系里，连接了母亲的兄弟和他们姐妹的孩子，这个关系最终延伸到母系的表亲之间。这两个领域的差别再次通过术语表达了出来：对男子而言，男系亲属是以比他本

① 那是矛盾的，因为一个父亲对任何一房的投入可以由他与其他房的关系所破坏(见第六章)。

人尊长或者卑幼来提及的，这个不仅说明了阶位的相对性，也说明了关系的最终可谈判性。相反，姐妹、母亲的兄弟和表亲被标签为是平 50
等的和不分等级的。[①] 此外，正如我们也会说明的，渗入到各自领域的婚姻的社会文化概念也呼应了这种价值对立：MBD（母亲的兄弟的女儿）结合意味着长存的联盟；而 FBD（父亲的兄弟的女儿）的则说明了通过把一个（真实或潜在的）对手改变为一个支持的委托人的方法而来转变宗族的努力。

于是，对立的领域之间的分离在其他场合也被象征性地标示就不令人惊奇了。比如，男系亲属的领域是和公共空间相联系的，比如，家里的开放的前院（lolwapa）和其背后的政治地域单位的共同点；相反，属于一个有联系的姐妹、母亲或母亲的兄弟的不可入侵的后院（segotlo）则象征着隐私、避难和支持。[②] 前者代表了（男性）政治竞争的领域和神秘的威胁；而后者则是（女性组织的）相互保护的地方和道德团结。此外，分类混乱的危险也被小心翼翼地避免。这样，再举一例，第五章里将要讨论的是，如果在一个处于瓦解危险下的结合的聘礼还没有被移交，一个母亲的兄弟很少会认领他姐妹的孩子，因为这样做，可以把兄弟—姐妹之间的关系转变为一种类似于夫妻之间的联系，当姐妹的孩子同兄弟的孩子处于相同的位置的时候，姐妹—以她作为母亲的身份就会被认为应当会为了保护自己孩子的利益而和兄弟的孩子发生争斗。在这个情况下，问题并不在于母亲的兄弟姐妹的关系与类似父系宗族关系在现实中的混同，因为文化上存在调和这个

① 空间的限制排除了对茨瓦纳亲族术语的完整分析，尽管这样的分析是重要的。对这些术语简单的分析，可以参范・沃姆罗（van Warmelo，1931），夏培拉（Schapera，1953）和库珀（Kuper，1975a）。

② 传统上，有一个确立的程序，根据这个程序一个因重罪而在酋长的法庭里内被判有罪的男人——包括实施巫术和杀人——可以试图逃脱科特拉（kgotla），并且达到首领母亲（“人民的母亲”）的后院（segotlo）。如果他成功的话，他会得到庇护，并且据说，赦免。

的已经建立的模式。然而在象征意义上，违反联系的兄弟姐妹的关系，就是违反了秩序价值本身，这是一个更加根本和严重的问题。

家族和其再生产的社会文化逻辑有着更多的方面。为了对此加以检视，对刚才说明的关系用图表表示是有帮助的。[①]

一个家庭的范式

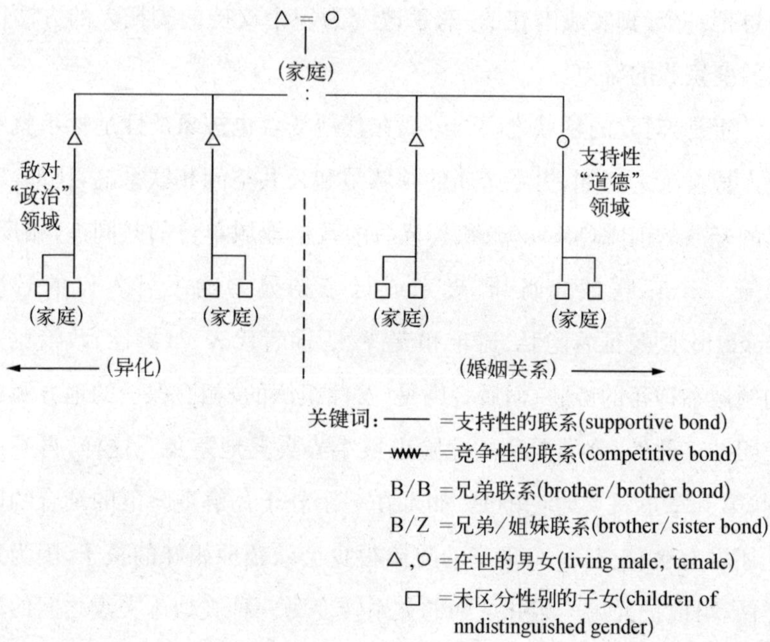

图 4

首先，从图表中清楚可见的是孩子和他的母系亲属和父系亲属之
51 间的纽带是分别建立在 M(母亲)和 MB(母亲的兄弟)之间的[Z(姐妹)=B(兄弟)]和 F(父亲)与 FB(父亲的兄弟)之间的(B=B)，也就是说，基于尊亲属这一代同房内同胞血缘联系。同时清楚的是，血统将那些同胞之间的关系转变为对立的关系。换句话说，在此暗含了与这

① 我们使用标准的家族缩写，根据这个缩写每个关系都由第一个字母代表(比如，B 代表了兄弟；S 代表儿子；C 代表孩子，等等)；一个姐妹由 Z 代表。

些基本关系相关的价值传递的血统理论,同时也是结构构成和价值再造的原则。这个原则有一个重要的推演结果:由于血缘传递价值,而价值又被认为是地域之间的不同,所以血脉必须必要地同时再生产场域和他们的财物。这正是在现实中的情况:它产生了一个双边的空间。正如我们已经注意到的,洛斯卡,家族的有效网络,就是这样的双边空间;当婚姻被介绍到这个平衡关系中之后,它就转变为一种储蓄。我们很快就会对此加以细解。在这个节点上,应该强调的是血统(a)从家族的内部结构中产生了对立的成分,(b) 将不同辈的房室联系起来,以及(c) 正式地组成了一个双边的空间。也许,这开始解释了为什 52
么血缘的意识形态在一个血缘集团并不团结且世袭原则不是长久聚合的基础的社会里具有概念的重要性;除了其他之外,这个意识形态代表了社会再造的文化逻辑被体验的方式。

其次,并且同这个相联系的是,获归规则(原书第 37 页之后)的内容——实际上是血缘原则的意识形态的具体化——也同样与“房”的概念是紧密联系的。在这些规则中,次要的规则解释了这样的训诫:“房室永不能死掉”。为什么会这个样子到现在应该是清楚的,不需要再多加解释。此外,这类被描述为是次要规则的指示是重要的,因为这样就强调了这样的事实,房屋连续的世代是这个体系中社会再造的必要条件。第三代的规则更进了一步。再造的循环,在重要的意义上,是根据利益的关系论断的。在早期阶段,兄弟姐妹的团结是得到强调的,并且他们的利益趋向统一。之后,他们的利益又分化:那些与 B/Z(兄弟/姐妹)一系有联系的开始并入,并且成为互补关系,而那些涉及兄弟的最终成为反对一派。这个过程在监护规则中可见一斑。直到房室到达这个它将要分裂的时间点前,它的社会和物质利益融化并且归属于(外部)监护人的角色上。但是,当这个关键的时间点到来的时候,它的占有者必须放弃那个位子或者被撤掉,这样再造的周期就可以顺其轨道发展。[1] 最后，主要的规范决定了由房子内部纽带产生的领域。正如我们已经强调的，母系领地在内部是不加区分的，由道德团结和利益的互补性体现出其特点。相反，父系领地是有区别的；在这里大多数的社会政治和物质资源参照等级而得到安排和分配。主要规则给予这种对立以形式。一方面，他们保持母系领地团结与不分等。在其中，关系就这样被视为在质量上是类似的；他们是有特权的，不可谈判的。另一方面，这些规则是男系亲属作区分的基础，
53 因为它们将从B/B(兄弟/兄弟)和F/S(父亲/儿子)关系中产生出的联系进行分层。扩展开来，它们也包含了房室并入更高层级聚集所依据的原则——如前所述，这些原则在政治过程中已经给予实际的表述。

然而，这里的分析尚不完整。比如，也有其他的社会，房是基本的结构单位，分享着相似的利益和关系模式，然而并未被包含在一个包容性的集团团体内。此外，它们被包含在这样的集团里不需要排除男系亲属之间针对阶位的可谈判性或者归于母系集团的道德团结。于是，茨瓦纳人社会文化秩序的突出特点并不是单单在房子的概念里体现。我们认为，它存在于这个概念和婚姻制度的细节特质之间。我们接下去要讨论的是这个关系的实质性。

婚姻制度

婚姻制度要重提的是，在茨瓦纳人之间，异族结婚的禁止范围包

① 监护权是给父亲的，这个原则的转化也是适用的。正如我们在第六章里会指出的那样，有一个已经确立的原则是，他应当确保他的财产转让是完整的，只留一小部分在他生前没有分配好的。换言之，家族的利益也应该是在发展周期的较晚的阶段被转让给它的成员。

括了自己那房和他父母，他子女以及他的兄弟姐妹的子女的房室所出，比如，那些直接包括在生殖周期里的。① 超出这个范围而建立的结合发生在内含在房的概念里的价值和期待有关联的明确关系的方面。重复而言，父系关系＝对手/敌对；母系关系＝支持/特权；远亲关系（父系和母系关系之外的关系）＝中立（见第五章）。姻亲关系本身也暗示了一个权衡：它是以简单的合作为特征的："供妻子方"和"取妻子方"是平等的（Kuper，1975a：73）原因此后将会证明；目前，用术语表达，足以强调的是，婚姻交换必须被置于一个敌对关系的域，或者现存的联盟的域，或者超出这个范围的中立的世界。

根据夏培拉（Schapera，1950，1957b，1963b）的说法，所有茨瓦纳人对婚姻的偏向顺序是一致的：MBD（母亲兄弟的女儿）→FBD（父亲兄弟的女儿）→FZD（父亲姐妹的女儿）→MZD（母亲姐妹的女儿），这是一个普通人经常跟随的顺序。年长的王族，在另一方面，更可能同所有分类的近亲属结婚，他们似乎会更多地选择FBDs（父亲兄弟的女儿们）而不是MBDs（母亲兄弟的女儿们）。夏培拉对此作了解释说父 54
系平行的堂亲之间的联姻把敌对的父系关系转换为平等主义的姻亲关系以此使这种关系中立化；相反，母系表亲之间的联姻所提供的则是获得职位与影响上较不强有力的男子。依此解释，假设一旦相关的关系被确立，与姻亲有关的价值就得以实现。但是这又引起了三个问题。第一，在FBD结合的关系里，与WF（妻子的父亲）和WB（妻子的兄弟）有关关系的父系成分——以及它所内含的利益分化——并不会随着与姻亲关系的重叠而简单地消失。于是，婚姻事实上能如何改变

① 在此进行针对异族通婚的一般理论讨论未必合适，但是这个看上去似乎是重要的——并且是有建设性的——异族通婚禁止的范围恰恰对应了社会范围，而在这个社会范围内部再生产着基本结构和价值。在这个领域界限内的婚姻当然会混淆社会文化系统所基于的组成分类和反对。

现存关系的内容？其次，因为先前发生的FBD联姻保证了洛斯卡内部的人首先是男系和女系血缘上相连的，任何特定的“男系亲属”联姻必然发生在一群恰已经由这种结合表面上所意图要创制的类型的关系所联系起来的人之间。并且，第三，茨瓦纳人经常坚持说个人并不一定要根据规范期待而行为。但是，夏培拉的观察本质上是正确的。我们认为，这一切中所蕴藏的对此悖论的解决开始于选择的结构中。①

尽管人种志的研究试图根据堂表兄弟姐妹关系排列婚姻偏好，提供信息的线人可以根据这样的标准娴熟地回应这样的问题，自发的解释则表明这种亲戚关系的微积分计算并不事先设置选项；而是在事件之后赋予它意义。在茨瓦纳人的日常生活里，事实上通常不可能仅仅根据表兄弟姐妹关系选择夫妻，因为正如我们所知道的那样（见原文31页以下），血统集团内部的婚姻最显著的意义是它所产生的多重联系；在这些体系里面，很少有人能够同一个近亲属有单一的血统联系，并且事实上，正如已经建立起来的洛斯卡这个概念所暗示的那样，茨瓦纳人并不认为他们必须要能够这样做（我们已经强调过，关系种类的混同是深刻在文化中的）。这就留下了一个我们必须绕回去的难题，为什么茨瓦纳人认为堂表亲属关系是一种理性偏好的有意义模式。

55 选择的结构，正如它在茨瓦纳人的世界里所展现的那样，包含了三个主要的类别，每一个类别对应一系列已经建立起来的价值。一个个体可以决定从(a) 那些被认为是父系亲属的人中；(b) 那些被分类为母系亲属的人中；(c) 那些远亲或没有关联的人中选出配偶。要说

① 这个对婚姻制度的分析的几个角度在科马洛夫和科马洛夫1981年的著作中有所提及。然而，选择的结构是用稍微有差异的术语加以描述的，因为这里的讨论针对的是其他问题，但是关键的原则仍然是一样的。

清楚这个选择的规律的适用，就有必要简单地描述茨瓦纳人他们自己是如何看待他们面临的选项的方式。

广义地说，三种选择的类别根据它们所可能产生的姻亲关系中的潜在的风险和回报而被概念化了。同没有亲属关系的人或者远亲联姻在这个方面被看作相对不那么复杂；也就是说，它们一般不会产生大的风险或收益。它们可能产生与姻亲有规范性联系的可期待利益：在男人和妻子的直接亲属之间平等的一个相互有利的合伙关系。如果它们不是这样，则它们可能不对任何人构成大量成本的瓦解，或者它们会长久存在，如果双方停止在夫妻生活和婚姻关系中追求他们的利益的话（见下文）。①

当一个男人同一个只和他有婚姻或母系关联的女性联姻，并因此从一个支持性的集团里获得了伙伴时，他加强了一组现有的联系。在这种情况中，没有价值冲突产生，因为新的纽带已经强化了具有相同内容的已经建立起来的纽带。事实上，这也通常是在这些选择后面的目的：已经有的联盟关系得到了试验，也已经被知晓，因此也值得在下一代得到延续。但是，这样也会牵涉到一定程度的风险，因为一个不成功的结合可能会制造一种紧张关系，违反了这个领域的道德团结，并损害有优势的关系。对此的一个必然的结果是，一个从这样渠道获得婚姻对象的个人受到的限制是将来他不能打退堂鼓。这类联姻因此也许会缩小将来的谋划空间，尽管如此，它的优势被预期为相对安全。

同一个有多重联系的伴侣结婚——如果这个人是从敌对的父系氏

① 这清楚的是一个以男性为中心的婚姻和姻亲概念。然而，它反映了土生土长的原则，而这个原则是我们现在担心的：男子娶（nyala），而女子是嫁（nyalwa），这个观点在这个水平上被大多数的任一性别的茨瓦纳人所确认。这不是说女人不能积极地从事管理她们作为当事人的婚姻和姻亲的关系，这仅仅意味着这样的努力是通过这里描述的文化范式而被合理化和描述的。

族里来的，但又同样是母系氏族的人——会造成一个本质上的冲突。[①]
56 内部的线人承认，一个这样的联姻包括了更多的复杂性和社会管理方面的大量的技巧。与之有关的主要风险和潜在回报从这样的事实中得来，这样的联姻清楚地说明了给妻子的一方和要妻子的一方之间的竞争(父系)生涯，他们中的一方可以热衷于“吞”掉对方的努力，每一方都在试图减少另一方的保护关系。创造一种夫妻生活的纽带本身不是解决任何一方的问题，男人在这里被带入一种关系之中，而这种关系给他介入他们姻亲事务的机会。在这个关系中，妻子和孩子的参与也许是至关重要的，因为他们可能被任何一方用以对另外一方的行为施加影响。简言之，父系关系链接的、敌对的姻亲双方的关系经常具有微妙和长期建立社会和物质恩惠的努力的特色。这方面的成功被认为是代表了一种实质上的回报，但是所涉及的危险相应也是很大的。把其他事置于一旁，这一类的联姻经常被证明是难以不经付出昂贵代价而退出的。然而从分析的角度看，它具有价值冲突本身的进一步复杂性。

暗含在多元纽带中的冲突被认为是不可能在行为语境中得到维系的(见第五章)，因为一个不是中立外部人的人不是盟友就是一个潜在的对手。以范畴规则看，如我们预期的那样，领域的疆界并未混淆。然而，因为社会联系被贴上了标签——正如它们根据体系的逻辑而必定那样——一定有一些外在的标准，根据这些标准可以有效地管理模糊性和冲突性。这是一个经验的观察，此外，即使姻亲的规则被互惠

---

① 鉴于父系婚姻整体的频繁性以及由此引起的社会暗义，一个 FBD 要那么单一几乎是闻所未闻；几乎在所有的这类个案中(我们本人并不知道有任何例外)，伴侣之间的关系是多元的。此外，信息提供者们似乎确认这一点，也可以根据洛斯卡的概念而被期待(当然，相同的对母系婚姻来说未必要是真实的；这可能在没有任何一种关系的伴侣之间而轻易地发生。)

地使用(见下文),同族规则也被提及和援引适用,特别是在公共语境当中。于是,多元的纽带是如何被减少和加以标签化的呢?最明显的规则存在于亲属关系的紧密性之中,但是这个可证明地不被适用(见Cohen and Comaroff, 1976);确实,要看出它如何存在于这样一个流动性非常大的社会空间之中是很难的。答案存在于妻子给予者和妻子接受者的关系的内容之中,以及内容得以规定的方式。这样,当一
个妻子的接受者享有了明确的社会政治从属地位或者超高的地位时, 57
也就是说,当关系的状态相当不足以减少对立——妻子给予者就会被视为是MB,他的女儿是MBD,而她的兄弟是MBS(母亲兄弟的儿子),因为这个纽带的关系是互补性的而不是竞争性的。相反,当各方更加平等,并且更加具有竞争性地排列时,父系的组成部分就会占据优势。最后,在这样的语境下,行动者避免施加任何可能的构造,主张(通常是暂时的)平等或维持模糊性,婚姻的联系就会在术语方面得到了强调。[①]

围绕着婚姻和姻亲关系的定义不是由"客观"的宗谱的标准确立的。事实上,这在一个所谓的这类同族交配的体系里的,就大多数男系亲属的联姻这是不可能的。这里用的标签代表了一套持续的刻度标记——从一系列根本的价值秩序引申出来的他们的参照系——根据这样的秩序,潜在模糊的日常政治关系可以有意义地得到构建。同时,这个规则提供了一种媒介,通过这个媒介这些关系的管理可以进行下去。比如,当纽带的一方想主张他的上位或者认可他的下位或者仅仅希望表示纽带具有支持性的补充关系,他会试图强调他的姻亲关系是他的博马洛美[bomalome, MBs(母亲的兄弟们)]。如果权力关系明显不平等,并且/或者不具有竞争性,一个互补的关系是得到相互

① 当是和一个来自两个范畴之外的中立领域的妇女结婚的时候,这也同样如此。

认可的，这样的定位可能会被所有相关方认可。对一个这样做的伴侣来说，这能将通过一个有影响力的姻亲而合法化他对一定的影响力的获取；对一个想显示他的高级地位的人来说，主张给予妻子的人是一个母系亲属的主张暗示了后者不再是他的高级父系血亲核心圈的成员了，也不再有资格同他们为了地位竞争。当然，妻子的给予者也许会奋力通过强调父系的关系以及因此相应他们在那个圈子中的相对平等与投入来抵制这样的解释。事实上，社会政治程序通常是由试图这样解释关联的敌对努力显示出来的，并且茨瓦纳人倾向于对标识行为的细微差别高度敏感，并且表现出强烈的兴趣。

58 接着，所有的这些方面都说明了在其他地方已书面记录的茨瓦纳人的婚姻倾向。我们再次聚焦 MBD 和 FBD 的联姻，因为其他形式的姻亲大部分是剩余的。[①] 要记住的是，无论王族还是平民都被报道说表达了对 MBD 有更大的偏好，但是在选择的发生分布上有差别（见原文第 53 页）。我们认为，正如夏培拉（Schapera，1957b，1963b）本人暗示的，重要的分析区别主要不在王族与平民之间，而在政治显赫的和非显赫的之间，也就是在(a) 那些家族和/或部族拥有职务或者在一个寻找该职务的位置中；与(b) 那些对其来说对权力的有效介入较为遥远的人。尽管这两类人的成员可能在对提问的回答中陈述了相同的偏好顺序，他们事实上对他们的选择的合理化方式是不同的。政治上不显赫的人在支持和联盟的领域内看待联姻，伴侣们已被认可为非父系的亲属，作为一个非常有吸引力的前景。这方面的回报被合理地保障，并且当给予妻子的一方是强权的一派时，就会有可能提供相对

① 在被提问的时候，信息提供者们会说，FZD（父亲姐妹的女儿）和 MZD（母亲姐妹的女儿）的婚姻是第三或第四优选，但是这再一次显示伴侣鲜少是因为她们处在这些和娶妻者的关系中二被选中。一般而言，这样的联系，当它存在于一对夫妻之间，是一个多元纽带中的（不被强调的）部分。

有影响力的保护关系。但是——这可能是重要的，也许是经常的情况——当这些人的确与有多重联系的女子发生婚姻纽带，最常得到强调的确实是母系的成分，因为来自人口中较没有权势部分的获取妻子一方是经常处在明确劣势或者非竞争性的补充关系中的。这就清楚地解释了为什么政治上不强势的——平民中的多数正好属于这一类——倾向于MBD婚姻。这个倾向正如它所表达的选择的“客观”规律一样清楚地表明了权力关系。

相反，政治上显赫的确实更多的是同那些定义为父系亲属的人结婚，因为政治上有雄心的和权力的人最有准备选择高风险的选项，选择与他们有多重联系的伴侣成亲。这个暗示了他们愿意花力气把对手中性化，改变关系的架构，通过强调这个纽带的母系成分而主张婚姻关系的非竞争性。这个策略最明显的形式是娶一个FBD，寻找把她转化为MBD的可能性，通过“吃掉”她的父亲，并且/或者她的兄弟。[①] 59
于是，有所记载的政治上强势的人对MBD婚姻的偏好，指向的更多是对姻亲关系的成功管理中的理想型，而不是选择的抽象问题。也不奇怪，FBD联姻被注意到实际上更加经常地发生在有影响的人之间，因为这些人以较高的风险卷入的是有较高赌注的父系竞争的关系当中，和那些尽管他们进行战略上的努力，仍不能轻浅地分解成为明确的上位和下位间互补关系的关系。他们之间大部分的夫妻和婚姻纽带是以父系血缘关系的条件表示的，反映了围绕着权力关系的普遍模糊性。简单地讲，去“吃掉”一个有势力的妻子给予者并把他重新放到一个母系的域内是不容易的，尽管这些有的时候都会发生。

这两个分类——政治上显赫和政治上弱势的——当然代表了理

① 由此可得出，当这个发生的时候，只要伴生的关系状态持续，在下一代中的一个婚姻会被构建为一个母系的婚姻（见下文）。

想的类型；个人事实上可以自一方移动到另一方，或者从一方被移动到另一方；此外，从行为者的角度看，是通过随同其他事物一起的一个成功的婚姻生涯规划，他可以努力地增加他的显赫度(见第五章)。

早先提到的悖论现在可以解决，正如堂表亲和婚姻选择合理化之间的联系问题那样。不是婚姻的事实本身产生了联盟或者转变了关系。而是，联姻产生了一种背景，而在这种背景里可以对婚姻关系进行谈判，并且形成生涯规划。也就是说，他们在本土观念中由对个体利益的追求而角色化了的社会政治过程中产生的——在这个过程中关系标签的分配是解释“活动状态”的媒介。在这个方面，茨瓦纳人的观察符合恒久的理性：行为并非由想要与规范性的期待保持一致的简单愿望所驱使。然而，在规范性的期待和现存的纽带的内容之间有着明显的联系。原因是明显的。这些规范性期待——它们事实上是一套有序的价值，以血缘的分类术语转喻地代表出来的——当它们展开时，呈现了如何有意义地建构互动过程的方式。规则和关系的实质之间的关系，换言之，是索引性的，并且是本土化的，而非激发动机
60 的。当茨瓦纳人说一个 MB 和他的 ZS 从来不争吵的时候，他们所表达的既不是隐喻也不是统计方面的判断；他们仅仅是在暗示，当互动的内容与和母系领域相联系的价值一致的时候，会被以适当的标签化进行编类和转译。[1] 堂表亲关系是事实之后的重构，或者准确地讲，是对事实的重构，这已一样的清楚，无须多加解释。

① 在系统性的层面上，当然，这是我们主要关注的相关分类。但是，紧密的宗族联系的管理也来自相同的原则。这样，比如，一个特史蒂首领和他的有着多重联系的(“真的”)MB之一有一个温暖的，相互支持的关系，并与另一个则有竞争的关系。他在任何可能的语境中将第一个男人指称为马龙(malome，MB)，将第二个指称为让维(rrangwane，FyB)。亲属关系纽带本身的紧密型不必然地限制他们定义的可谈判性。与之相反：两人之间关系越亲密，也就更像是一个多元的关系，这样潜在地激发了以我们描述的方式进行的谈判。

让我们回到在社会文化体系当中这种婚姻范式的暗含意义。正如我们已经看到的，选择的重要分类是由父系和母系领域，以及超越它们的中立世界构成的。然而，就这种同族结婚制度的逻辑而言，所偏好的父系和母系形式的共存，或者更加准确地说是合并，是尤其重要的，因为它们各自都有其社会后果。当它单独发生的时候，那么在这个语境里发生的母系表亲之间的婚姻会暗示着整合和等级制度，因为它会必然产生由血缘定义的妻子给予集团的出现，与妻子取得集团形成互补关系（Fox，1967：208－212）。父系平行堂亲间的婚姻则相反，模糊化了集团的边界因为它产生近亲之间的所有类型的类别联系，并且这样做增强了（相对）平等主体之间竞争性的和个体主义的关系。[①] 这个事实又继而表示了在茨瓦纳人社会里面两个冲突的趋势的存在：一方面是在等级制度和平等之间的冲突，另一个是集体主义和个体主义的冲突。

婚姻程序的现象现在又一次成为相关的主题。父系联姻的意义，正如在本土观念中的那样，存在于将敌对关系转换为互补的母系关系。这个转变可能，从社会政治学的角度看，体现为一种使别人从属或去接受从属和其好处的战略性的努力。但是它也意味着以一种不平等主体间的联合来取代相对平等主体之间的互动。当这种联盟跨越代际长存，它暗示了被分类为博马洛美（MBs）的集团的出现，他们与妻子获得者们之间的父系联系点是被视为较远的。一个关于此的例子，由在特史蒂人中间的博·麦格拉人提供，这条血缘线由一个男

① 从父系平行堂亲结合而引出的关系的冲突和混淆也许一定程度上解释了，为什么联合和家系理论在FBD婚姻关系上保持了值得注意的沉默（见 Bourdieu，1977）。在这里，亲戚关系和姻亲关系并不是僵化地对立或者割裂的，尽管福特斯主张（1962：2）这种二分法必然存在于“每个社会体系”中。简言之，妻子给予方和妻子索取方两个集团，作为联合的单位，之间的界限基本上是模糊的。

61 人建立，尽管他是第一个当权者，现在已经被视为是该酋长国的创立命名者的弟弟。麦格拉和特史蒂族的后裔在几代当中互换妇女。然而，在延长的社会政治过程中，前者变得从属于他们酋长那边的（父系）姻亲，而后者一直以博马洛美的身份出现。逐渐地，他们被认定是一个享有造王者和首领联盟的补充性角色的群体，他们至今仍然拥有这样的地位。但是这个趋向于集体化和等级化的趋势同时由父系婚姻的偶发出现而得到相应的平衡，这些分解了群体和类别，并且重新定义了那些否则可能强化成为联盟单位的人之间的联系。

除了博·麦格拉的单一例子，等级体系的产生和持久发生的整合也因此恰是在其发展的过程中必须面对的。在意识形态层面，这个事实展示了本土的观点，即姻亲关系暗示了平等，尽管一些姻亲之间的关系无疑是不平等的；因为分层的联盟单位的组织会经常破裂，社会领域被视为包括了个体的集合和在一个基本上是流动的空间里经常会互相对立的不永久整合。在系统论的层面，这意味着根本上的价值对立，以及它在父系和母系两个领域中的表述，永远也不会被最终消除，至少是在“同族”婚姻以目前方式持续存在的话。这种对立可能在特定的情况下得到解决（一些人可能在婚姻的过程中成功地把父系关系变成了母系关系），并且当这个发生的时候，它再次肯定了在选择结构中表达的已经证明的政治价值。但是，作为一个系统里的冲突，两种婚姻规律的共存仍然再生产着基本的结构和社会价值，并且以此激励了互动并且给互动提供了意义。

这个冲突——它在系统论层面上的不可避免的再造与它在日常生活中实际解决的可能性——并非仅仅解释了婚姻在茨瓦纳人的社
62 会文化秩序中的关联性；它也在秩序和对个人主义以及遍布于群体生活的现实主义之间提供了一个重要的联系。

文化、意识形态和社会管理

我们对婚姻体系以及这个体系所引出的系统的和经验性的冲突再次提出了我们自始至终强调的主题。从个人的角度看，紧密血缘婚姻产生的多重联系的主要特点是对它们所产生的社会和文化类别的混淆；它们属性上是模糊的和有冲突的，并且不能整齐划一地放在一个或者其他价值的领域里。当这个在理论上可能持续这类关系，在实践中却不能，因为社会政治程序包括了活动者各自生涯的交互，并且如果它想有任何的社会或者政治的通行认可则需要解码(coding)。但是解码的原则——它们本身是从价值秩序的语义学中产生的——被包括在这样一组转喻的标签当中：它们的应用包含了除了在例外情况下的对一切情况下矛盾的减弱。并不存在确立了的对“多元联系亲属”的日常用法；在洛斯卡之内和之外，一个人必须被解释为是某一样存在。此外，在根据获归规则而决定的父系领域，等级和地位的(以及关于权力关系的)持续而不可避免的谈判取决于亲属之间确切的区别；事实上，以下的讨论会更加清楚。这样的区分是茨瓦纳人之间社会政治活动的一个重要特点。

于是，社会互动暗示着重要的关系必须被有意义地解释，即使解释的行为仅仅意味着现有定义的永存(见下文)。必然的结果就是一个个体没有选择，而只能在大部分的重要的联系积聚之处设计自己的世界，特别在他或她洛斯卡内部的纽带。如果他不积极地这么做的话，他的世界也会被设计完成，因为在这个领域内的不作为或者重复性的行为不会被看作带有更少的结果性，不会被认为更不是一个设计。想要避免成为一个管理者是不可能的，无论是故意或者是无意 63
的，因为几乎所有的行为被其他人假设成为是有战略目的并且寻求利益的。这就能比较容易地理解为什么社群生活被视为和秘密的阴谋诡计如影随形的,为什么神秘的邪恶被视为是也许可悲的、普遍存在的人的追求,以及为什么社会整合——其表面规律正在经历经常转型(见原文第44—46页)——被视为是一个临时性的一致利益的机制。这些观念表达了一个在以其构成确保现实是流动和错综复杂的系统的语境下的实用个人主义的意识形态。此外,很清楚的是,婚姻和姻亲、地位以及财产关系的谈判在其构建的持续过程中代表了主要的实质性因素。

凡斯纳(Vansina, 1964)提到了三个非常独立的布尚(Bushong)族的思想者,其中一位已经得出了没有现实,以及所有的经验是变化的这样的结论。对茨瓦纳人而言,后者的观察描述了他们社会文化秩序的地方性特点。然而,这个秩序同时产生了明确的价值和个体在日常语言中可能向往的理想型。特别是,有些父系成员可能被转变为母系亲属的事实,而另一些可能被降低到一个服从的位置,以及这所引发的一切,给管理工作带来了意义,也使之变得更为复杂。换言之,这些价值提供了茨瓦纳人的社会政治世界所能据以有意运作的依据。它根本上的冲突可以在系统的层面上得到再生产,但是,如果他们在经验上是无解的,社会生活就没有意义或者连贯性,实用个人主义的意识形态就变得没有什么意义。

我们已经找到了一些回答本章开头难题的路径,因为我们已经展示了居于其内的域的重大模糊和伴随的对个人主义与社会管理的强调如何在总体上推动了系统的组成秩序中的冲突的产物。但是我们还没有为对限制的观念作出令人满意的解释,这个问题对充分了解规则和秩序之间的关系特别重要。

职业生涯、限制和结构性再生 64

在第五和六章中，我们将要展示出茨瓦纳人的生命周期是由一个在个体的生涯规划中逐渐在其身上增加的限制所标志的。尽管事实是一个人从被安置到一系列由其他人谈判好的联系中而开始他的成年人的生活，社会存在的性质就是他必须对这些联系有所行为，无论他是否积极地、有意识地进行。因为，一旦他被卷入到婚姻过程和财产以及地位的演进过程中，模糊性也就会被带入到他的关系网络中，他也就被卷入到他们的建构和定义当中。我们在后文中将会提到的数据显示了这样的模糊性——这个模糊性是一个婚姻类型联合以及地位传承的地方性的属性——允许茨瓦纳人在社会政治互动中有努力的空间；此外，一些人试图尽可能长地维持这个属性。然而，我们也应当看到，人是很容易失去这方面主动性的，而积累性地和不可说服地陷进他们管理活动的后果，比如，莫利非（Molefe）（案例八和九）以及莱索卡（案例二十五）。事实上，对关系和资源的逐渐操纵以及因此控制社会领域的努力，具有将活动者自己更加紧密地困在那个领域的效果，以及相应的，去除了它内部的模糊性和减少了它的谈判性，至少是对他自己的地位而言。通过试图在自己周围建立起一套联系，他也能对其他人之间的联系进行谋划，并且作为结果，发起他可能会很容易便失去了控制的活动过程。莱索卡的预言（案例二十五）例证了这个问题：他行为的必然结果是把一套非常复杂的关系整合在一起，这样就将之前不利于他的分散的部门联合了起来。结果是，他的管理活动之前所依赖的定义明确性的缺失被消除了。尽管莱索卡自己直到后来才意识到他失去了主动性，许多茨瓦纳人似乎认识到生命周期的特征是这类社会管理的潜在可能的逐渐减少。这样，比如，在规划生

65 涯特史蒂人里有一个趋势,在他们的婚姻生涯上,先与无亲属关系的伴侣建立起早期的联盟,之后与亲属建立这样的关系;这是一个规律,反映了一个逐渐增加的愿承担风险的准备心态,以及认识到与父系亲属的联合——越来越难以不付出巨额代价而重新定义——通常包括了对模糊性的战略操纵的现实限制的增加。

大多数茨瓦纳人在某一点上总要面对涉及维护和消除模糊性的微妙平衡,尽管在这些微妙之处被如何理解并且得以成功谈判的程度上有很大的差异。正如我们在前面已经显示的,政治属地的位阶代表了所有战略活动的框架,因为在这个当中有这种活动所依据的明确的政治价值。结果是,社会管理的许多目的,从任何人的角度看,就在于把自己放置在这个阶层体系的某个地方。并且,当避免所有方面的地位定义可以促生一个有利位置的成功获得的时候,接下来的是一旦这个地位被确立,并且或者将没有进一步的努力用以对此加以改善,模糊性就必须被消除。这并不意味着此后不可以对相关的关系进行重新谈判,但是它确实会变得更加困难;这是为什么一些有雄心的男人在对职位提出诉求之前会等待。① 就如失败也许暗示着将陷于不幸的前景,成功最终会通过定义一个人在社会政治领域的相对位置而表达出来;两者的特性都是减少选择。职业生涯周期就这样以不同的速度走向这个结局。个人就他们何时最终关闭所有选项的选择上是因人而异的——如果他们仍然对作出决定保持了足够的主动性——因为

① 在这里需要做一个限制。当这类主张获得成功的时候,一个个人可以于是继续寻找更加高的职位,通过重新界定阶位的关系;但是,如果他选择这么做的时候,他会通过在一个渐进的顺序中解释相对的地位来进行。他的首要努力是主张他在一个部门中的高级性,这样他就能主张自己是其中的尊长,并且建立一套周围着他的紧密相关的关系。一旦他获得了这个地位,他会进而继续强调他自己的部门对比其他单位的高级性;通过这样做,他试图去定义由第一个所延伸开来的一个更广泛范围内的联系;以此类推。于是,这个过程是一个从更加广阔的社会政治联系的领域中逐渐去除模糊性的过程。

环境因素经常扮演了一个重要的角色。然而，一般而言，似乎是他们被认为，如果可能的话，在他们觉得他们的婚姻和财产关系作为社会投资已经是达到了目的的时候这样做。这一点可能因为他们没有能够谈判得到成功的联盟关系并已经接受了事实，或者他们被其他人"吞了"，或者他们已经谋划到了如此一个强大的位置以至于他们无须怀疑现存联系的价值而得以实现，无论具体的动机是什么，这一点经 66
常被两个有象征意义的行为所标示：聘礼的转让和财产的最终分配。

即使一个人可以直到死还维持这样的模糊性，这样，便有一个明显的在他老年的时候一次全部清除的倾向。这个倾向显示了社会组织的谈判所具有的某些系统性的限制。正如特史蒂族的一个信息提供者 Rre－S 讲述他自己的生涯的时候说的：

> 我是饱经世故的人，我有过三个女人［巴萨蒂(basadi)］。我刚刚离开了第一个(一个之前没有关联的伴侣)，她带走了女儿。我支付了默克维拉(mokwele)，[①]并且我们住在一起。但是没有布加迪(bogadi)［聘礼］。当她的父亲带我去科特拉的时候，我说我们没有结婚，她只是妾。她的父亲说我们已经结婚了，但是首领听了我的意见，我就只付了引诱的罚款。第二个女人(是一个远房的父系亲戚)，她在我们有了一个儿子以后死掉了，同样在我支付布加迪(彩礼)以前。第三个女人(是一个有多种关系的伴侣)仍然和我在一起。但是，到了我要为两者都付布加迪的时间了。我的所有的孩子也都成为饱经世故的男子。我自己也有了一段人生。我可退休了，而他们必须知道他们从哪里来，他们属于哪里。后面一代会继续这样。所以我必须支付布加迪彩礼。

① 在成功结束一个为安排婚姻而进行的谈判时会明示交付的一个礼物(见第五章)。

> 将要有个宴席，我会杀了牲畜。每个人将会知道我的两房，我是一个受到尊重的老人，我的孩子们来自这个部落。[①]

同一个信息提供者在另一个场景添加说："如果孩子们不能知道他们是从哪里来的，所有事就完蛋了；这样就没有民族/国家(Morafe)了。"

这些陈述暗指了一种个人生涯周期和结构形式的再造之间的关系的概念。首要的是，它们暗示了父母关系的最终定义被视为他们后裔的独立生涯起点的必要条件。这个不意味着孩子不能在一个回溯的努力中重新定义先代的地位关系；相反，他们之后可能在这方面很积极，就像其他人那样。虽然如此，茨瓦纳人的观点是，为了参与到就阶层和关系进行的谈判，"他们必须知道他们从哪里来"。他们家族(房)的地位和结构定位——以及，因此产生他们的结合关系与他们所
67 涉及的财产关系——提供了一个必要的基线，这是在社会领域的一个分离的点。正如茨瓦纳人看待事物那样，一个个体不能开始定义联盟和反对的力量，或者为了一个位置而竞争，除非存在一整套有序的联系来据以开始。确实，否则的话对社会空间进行谈判的宗谱模型就会缺少一个参照系；不可能转化一些首先就不存在的事情。正如原文所述，"如果孩子们不能知道他们是从哪里来的，所有事就完蛋了；这样就没有民族/国家了。"

婚姻的程序特点与财产和地位的转移紧密地同生涯和结构的结合紧密联系。这个由茨瓦纳人之间聘礼的安排可以显示出来。布加迪，它的转交通常是延后到发展周期的后期，是整个社会空间里一系

---

① 这里的内容是根据科马洛夫1980的作品复制过来的。那篇文章包含了比这里所可能进行的要更加详细的对姻亲关系的分析。

列的关键联系的重要象征物(见第五章)。因为,正如我们将要展示的,日常结合的定义在本质上是模糊的,它们的期限是可以谈判的,这个趋势已经深刻于在它们的形成的逻辑和对它们分类的语义学之中。一个结合,如果持续下去,最终会在模糊性被去除的时候成为一个婚姻,它的社会政治内容就被决定了。在这个当口,通过聘礼的移交,它就减损为结构。婚姻给付履行的转让,于是,标志了在社会领域中的一个联盟的稳固,将其放置在一系列将来可能由其后代重新进行谈判的形式关系和地位之间。它也标志着涉及一代的成员的社会政治过程得到评估而社会管理的主动权转交到下一代的那一刻。对于个体来说,一个个体生涯可由为了一个母亲的聘礼转让开始,而由为了一个妻子的聘礼递交而结束。这个反映在特史蒂人中的孩子可能对他们母亲的复习亲戚呈交布加迪,如果出于某些原因,他们的父亲(或者监护人)没有能够在他们到中年的时候做到这点。当然有时候人口因素会发生作用影响到这些事件的确切时间,但是一般的规律是清楚的。

聘礼转让的周期规律对应了更替的过程,而这又在一个男人进入
他的第一段联姻时有效地开始,并且在他死的时候或者在他死前不久 68
结束。[①] 此外,根据结构的常态,这两个周期和房室的再产生有亲密的关系;因为,当他们到结束的时候,单位的分割也就将发生。在这个阶段,B/Z 纽带会从出生的集团中分离出来,进而成为一组新的婚姻联结的起点,而 B/B 纽带就逐渐地演化到父系竞争对手的地步。这也是兄弟姐妹开始规划设计他们自己的夫妻生涯并开启再一遍的更替过程的时刻。因而家族再造和生涯的管理是互相独立的,因为每个都使

① 在葬礼仪式上,最重要公共活动之一就是塔托洛(tatolo),它在埋葬之后举行,在这个仪式上死者的谱系会被宣读。这通常会吸引非常大的兴趣和密切关注,因为在这里他的一生得到了概括,他的关系领域的状况会以适当的言辞被清楚说明。

得另一个变得有可能，并且置于其最终的限制。在这个方面，构建的秩序和居于其中的社会空间存在于一个地方性的关系中，由相同的矛盾冲突激发并获得形式，这就是整个制度的核心。

由此，茨瓦纳人的社会文化秩序包括了两个分析维度截然不同的层次。

第一个层次是建构秩序，它被包含在一组价值对立和结构因素的体系当中。这些在家族的概念和它的内部关系中已经有了起点。我们已经试图展示婚姻和血缘关系如何是这个秩序的重要部分，并且试图揭示这个体系里面的根本矛盾，它的语义学基础和再造的原则。

第二个层次，我们已经将其描述为居于其内的（可经历的）空间，由社会和政治联系的巨大的流动性所标示。这是一个变化的、神秘的和管理的世界，在其中人们重复地根据一组由分类标签所代表的常态指向对象谈判他们的关系。这样，从内部看，这个世界弥漫着一种实用个人主义的意识形态。然而，居于其内的空间的特点是由基本组成秩序所形成的，在其中后者建立起来清晰的社会政治价值，而意识形态和以此为名所进行的活动得以据此表达。它也给予了竞争过程和它们的必然结果社会整合所进行组织与合理化所基于的逻辑形式。

正如这种公式所建议的那样，表面的社会安排——并且它们可能
69 会有广泛的形式——代表了在任何时间点上的对基本组成秩序的历史实现。然而，系统的两个组成层次之间的关系是本地化的，因为居于其中的空间中的过程，可能在某些特定的情况下，改变包含于其中的基本秩序和价值。进一步研究这样的转化的过程或者思考这种方法的更加广阔的理论意义超出了本书研究的范围（见本书结论部分）。本章所呈现的社会文化秩序的分析，其主要意图是为了给理解争议程序的逻辑提供一个基础。我们进而研究在茨瓦纳人看来给予了日常社会生活形式的规范逻辑。

第三章　规范集合 70

在第一章中我们介绍了 mekgwa le melao ya Setswana，即茨瓦纳人认定为维持他们日常生活的秩序并在纷争的场合中提供论述依据的规范体系。现在我们来讨论这些规范的性质和它们在纠纷处理程序中被加以援引的逻辑。

描述性特征

概括性特征

mekgwa le melao 有两个特征是直观而显著的。第一个是用以表达这些规则的语言的色彩和性质。如夏培拉已经反复展示的(特别在 Schapera，1966)，茨瓦纳人非常喜欢谈及他们的规则，并且总是使用一种富含谚语和隐喻的措辞方式来进行谈论。第二个就是，相较起组成一个连贯的且内部协调一致的体系，mekgwa le melao 是由一系列序列松散且未分化的规范集合构成的，这些规范的实质性内容在性质、价值、具体性上有着巨大的差别。这反映在与词条本身的语义有关的那些本土观念中。mekgwa 和 melao 这两个词吸引了一定数量的作者们的注意，其中一些作者认为茨瓦纳人本身对它们有着清晰的区分。因此卡萨利(Casalis，1861：228)和艾伦伯格(Ellenberger)[①]提出说 melao 专指一个酋长在他的科特拉所制定的法律，而 mekgwa 是传统上的习惯法。从纯粹关于形式的叙述的层面看，这似乎是真的。资料提供者有时会陈述说一个酋长只可以宣告一个 molao，而不能宣告 mekgwa；并且相反的，一个和酋长立法无关的习惯法总是 mekgwa，而
71 不可能是 molao。事实上，罗朗族倾向于强调在区分中内含的世俗维度：mekgwa 的渊源来自古代，而 melao 是在人们可忆期间内获得认可和社会认同的。但正如夏培拉(Schapera，1938：36；1943a：4)所提出的和我们的数据所证实的：

> 这两个词在茨瓦纳人通常的使用中并没有被明显地区分：行为的同一个规则可能在一个场合下被称为 molao，在另一个场合下被称为 mokgwa。

夏培拉继续指明，如果被追问，一个摩茨瓦纳(Motswana)人也许会说一个人可以因为违背一个 molao 而被法庭处罚，但是违反 mekgwa 则不会。但是这里需要强调的是，这个观察结论从来未由资料提供者自主提出过。只是当遇到实地考察工作者对精准定义的主动寻求时，这两种分类才(经常是犹豫不决地)被进行了区分。此外，在说明不支持区分的例子时，茨瓦纳人或认同说后者在实践中并不发挥作用，或者他们直接重新划分了被违背的规范。在任何一种情况下，都没人看上去认为这是一个特别重要的问题，而一些资料提供者

---

① 载于一份递交给贝专纳(Bechuanaland)保护区管理局的未经公布的报告。引自夏培拉(Schapera，1943a：4)。

明确表示了它是来自西方的误解。更进一步说，本土的纠纷解决机构从来都不曾基于 mekgwa 和 melao 之间的区别具有实际重要性的假设运作，无论这种假设是不言明的或是言明的。

规范集合未分化的性质也体现在茨瓦纳人谈到那些被认为组成这一集合的组成类别的概念的方式上。夏培拉（Schapera，1938：34）列出如下：

> popego 或者 maitseo（礼仪，礼节，礼貌的习惯），letso 或者 moetlo（习惯，传统习俗），tlwaelo（习惯性实践），moila（禁忌），和 tshwanno 或者 tshwanelo（义务，责任）。

这些分类并不是排他的或有界的，而茨瓦纳人很少试图依据它们去区分实质性的规范。此外，它们并未被清晰地确定为是一个体系，这一点，当资料提供者被问到关于 mekgwa le melao 的组成要素时，他们通常会如此认定。这个列表，纯粹是一个观察者对本国方言用语的目录编制，而非具有真正达意能力的分类表现。简言之，依照规范的 72
内容、来源或者其他标准来对它们进行分类对多数茨瓦纳人来说没有什么重要性；这种区分在规范集合所规制的日常生活中被认为是基本上无关紧要的。就像一个罗朗的资料提供者说的：

Mekgwa le melao 是不同的。它们来自许多事物。有些只是我们的传统，它们来自很久很久以前。我们对那些并不十分了解。有些变成了 mekgwa 是因为人们一直在做某一样特定的事，而我们预计他们会继续下去一直做这些事情。有些来自科特拉；它们是酋长作出的。有些就是来自我们生活的方式：我们住在哪里，我们从谁那里继承，我们如何结婚或者种植我们的谷物，我们对别人的义务。但是它们从哪里来并不重要。反正它们现在都是 mekgwa le melao。

这个说法也强调了规范集合的另一个概括性特征：从茨瓦纳人的观念来说它既包括了一系列的理想型，也包括了由日常生活中的行为规则中衍生出的预期。

实质性特征

作为一种被认为是有些虚无的集合，mekgwa le melao 包含了一系列的在它们的具体性和归于它们的价值上有着广泛差异的规范。即便对于在纠纷处理程序中最频繁被援引的规范来说，也是如此。因此 mekgwa le melao 包括确切的实质性规定（例如，最小的儿子应该继承他母亲的宅地），更概括性的规范（例如，lentswe la moswi ga le tlolwe，“死人的话不能被违背”），和广泛的、抽象的类上的理想的原则（例如，父系亲属应该和谐相处）。但是这些具体性的程度并未由茨瓦纳人自己明确划分。并不存在可以依据这个标准而来排列规范的本土语言标签；无论它在暗含的连续统一体中是什么定位，一项特定的规范可以简单地被当作一个内在未分化的集合中的某一项。

格鲁克曼（Gluckman，1955a）和摩尔（Moore，1969），与其他人一起，在其他非洲社会的规范秩序中注意到了这个特征。确实，格鲁克曼主张，是在巴罗策（Barotse）法律规范中不同的具体性程度的存在促
73 进了他们的法官在实际案件中运用它们的确切性。如案例一所指出的，茨瓦纳人也可能，在某些情况下，通过一个对更概括性的规范进行缩小限定的过程来抽象出确切的实质性规范。

案例一：头人的“贡礼”

1969 年在马菲肯的罗朗酋长的科特拉听审的案件中，酋长对一个头人以索要礼物来换取土地分配的行为处以罚金。在此之前并没有具体的或明确的规则管制官员的这种行为。但是头人的这个可以与

普通行为明显区分开来的行为，可以依据两条相当不同的规范预期进行理解和衡量：① 有权力的头人总是从他们的政治行政单位的成员那里获取贡礼，并且可以合法地如此要求；同时② 每个公民都有被分配到充足的居住、农业、牧业用地以满足他的需要的权利。纠纷中的当事方并没有就案例的事实有所异议；他们之间的争议点围绕着头人是否可以在土地分配时正当地提出对贡礼的要求这个问题。没有明确的禁令禁止这种行为，但也没有先例能说明这是被认可的实践。简言之，规范集合里完全不包含一项涵盖这种偶然事件的实质性规范。被告辩称他是在他的权利范围内行动，因为这是根据更概括性的允许头人获取贡礼的规范得来的。另一方面，原告通过对公民有无偿获得土地分配的资格这一更宽泛的 mokgwa 的缩小限定上对此进行了反驳。他主张头人事实上是在试图将土地出卖，而不是分配，给他。在酋长的判决中，他同样通过从宽泛的规范到实质性规范的缩小限定的方法分析了头人的行为。他援引了酋长和头人“不应该像这样出卖[莱奇萨(rekisa)]土地，因为这不利于罗朗”的抽象观念。确切的禁令在逻辑上由更加宽泛的规范得出。

集合中具体性程度不同的规范的共存很明显给茨瓦纳的纠纷解决机构提供了处理案件时一定程度上的策略运用的空间，虽然从概括性规范到实质性规则的缩小限定在茨瓦纳法律程序中没有像格鲁克
曼认为在巴罗策的是那么无所不能的原则。但是同样重要的是规范 74
集合的未分化性质也同样被认为给争讼方创设了一个策略性资源，因为不同的 mekgwa le melao，如我们已推断的，可以相互矛盾着的方式被援引，并由此赋予对现实的相冲突的法律解释以合法性。这样的规范冲突可能存在于两个层面上：情境性的和逻辑性的。

情境性冲突发生于两个或者两组规范，它们并不一定逻辑上不连贯或不相容，被援引以对一组共同认可的事实进行对立的法律解

释时。[①] 虽然有可能这种类型的辩论涉及的是对一方所提出的某一个特定规范的有效性的争议，这并不是通常的情况。更普遍的是，诉讼当事人认同所援引的规范在理论上的有效性——或者至少并不否定它——但是试图主张一项规范相比起另一项规范的情境优先性。通常，这种交锋中的作为争议点的相互冲突的规范是属于不同的具体性程度的。这可以由下列例子阐明：

如同在第二章中强调的，茨瓦纳人将“父亲的兄弟”和他“兄弟的儿子”之间的关系视为是一种本土性的对抗的与不和睦的关系，这个现象也反映在法庭记录中。这种本土性的对抗体现在父系近亲属之间对财产和地位的控制权的竞争之上(同见第六章)；而这在当一个叔伯主张对他侄子的监护地位时变得尤为强烈。如果当那些孩子们的父亲死亡的时候他们还未成年，他们的叔伯就有监管他兄弟的孩子们的财产与事务的权利和义务。但是，如我们的叙述会说明的，茨瓦纳人认为监护人常常出于他们自己的利益管理这些财产，而这又会对他们兄弟的孩子们造成不利。通常来说，当最年长的侄子成年的时候，他开始争取对财产的控制权，辩称他作为父亲的户主地位的继承者来这么做的权利。他的叔伯经常会以宣称继承人还太年幼来回绝。在这么做的过程中，他利用了规制未成年向法律上的成年的转变的规范中确切性的缺乏。茨瓦纳人并不对这两种状态做严格的区分：传统上，步入社会只是转变的一部分；婚姻类关系的建立也并不是表明某一个个体明确地成为一个(成年)男人/丈夫[蒙纳(monna)]的关键点。因此有一个阶段，在其间一个男人是否具有成年人的地位受到互

① 当然，许多争议都涉及争议中的事实认定方面的矛盾。但是，这类事实争议往往发生于规则范式已定的框架下。在茨瓦纳人中，通常是就事实或是规范的其中之一产生争论，鲜少同时涉及两者(参见后文案例)。

相抵牾的解释。一名监护人可以，并且经常，利用这个模糊性来对抗 75
他的侄子为获得家庭财产控制所进行的努力。当继承人主张他的权利时，如规制财产转移的实质性规范所规定的那样，他的叔伯则会主张与成年有关的更概括性的规范；而两者都力求实现他们的规范主张的情境性优先性。

于是，情境性冲突，来自日常生活的政治，而非来自所涉及的具体规范的固有内容。后者既不是内在冲突的也不是必然互补的；它们只是被并列地包含在 mekgwa le melao 内部。因此，与监护权、法律上的成年和财产转移有关的规范，只是由于在纠纷处理程序中出现的策略的和实际的偶发事件才会相互发生冲突。因此，茨瓦纳人觉得没有必要去解释它们在规范集合下的共存，但是他们的确观察到了情境性冲突的可能性与 mekgwa le melao 中的实质性规则在概括性/具体性上有着如此大差别这一事实有关。然而他们并不认为这个代表了他们的司法逻辑中存在着缺陷，或者认为这证明了抽象推导是正确的。这只不是社会文化秩序的一个理所当然的特征而已。

逻辑性冲突，在另一方面，则意味着不同规范在内容中的固有矛盾，以致其中一项的实质内容看似否定了其他项的有效性。需要强调的是，茨瓦纳的资料提供者，当他们在回答提问而详述出这些规范的详细种类时，很少试图去为冲突着的规范的并存提供注释性解释，他们也从来不将 mekgwa le melao 的内在逻辑作为一系列抽象的主张来表述。无论如何，在适用的层面上——比如，在纠纷处理程序的背景下——解决实质性上不连贯的方法就显示出来了（参见 Geertz, 1973: 24）。为了说明这个，我们要考虑到一个与财产关系相关的规范悖论，这会与在第六章中要讨论的移交问题直接相关。

克加特拉提出了一项规范，一个人的主要财产应当在他活着的时候进行分配，表面上这是为了减少当他去世时他的后代之间的冲突。

但是他们也主张长子必须继承在父亲死亡时候仍保留着的未参与分配的剩余遗产[博斯瓦(boswa)]中的主要部分,以用于他来照顾父系
76 亲属族群还活着的成员。现在,如果第一个规范被适用,在剩余遗产的"主要部分"中涉及的家畜就会很少——可能只有两三头——而且肯定不足以实现所声明的将救助延伸到族群的义务。

然而,长子应当获得剩余遗产的主要部分"这样他就可以照顾他父系亲属族群的成员"这一观点,并不仅仅是一个共有资源管理上的简单注释。纠纷解决过程和关于它们的评论,表明这条规范性陈述包含着关于继承的性质、财产的转移、克加特拉社会的结构(Roberts and Comaroff, 1979)的一系列详细复杂的观念。简单来说,权利移交过程中唯一强调长子优先权的阶段——也就是他父亲死去的时候——也是他继承新兴的父系亲属族群的领导地位的时间点。他拥有的剩余遗产的主要部分,是这种过渡被公开认可的合法性象征。

此外,要重申的是,根据本土理论,克加特拉社会是按照建立在父系亲属核心上的包含性渐进的政治行政(共同居住)族群的位阶来组织的。低位阶单位的壮大和复杂化创生并赋予了高位阶单位以形态。克加特拉表示,为了维持这个结构,父系亲属族群在它的建立者过世之后仍然保持团结统一是非常重要的。如果组成它的家庭分散了,高位阶单位的父系亲属根基会消失。在本土观念中,这是造成混乱的威胁,因为结构形式的根本性原则(即依据父系亲属和住处的连接)被损害了。

然而,当它的建立者过世时,一个族群的团结统一是最脆弱的。对家族财产的拥有和管理的共同利益不再能保证它的团结,而尊亲属至高的控制权也在缺位中,这种想法往往表现在年幼的兄弟姐妹想要摆脱他们兄长的权威的愿望中。这第二个因素是特别关键的,因为克加特拉认为一个族群的延续,与它在结构位阶中的定位,是依据对族

群首领地位的忠诚来衡量的。

于是，作为合法性的象征，剩余遗产是与对代际平稳过渡的公共关注联系在一起的，这对部族的延续和基于此的社会秩序的存续力有利。需要强调的是，继承人额外获得的部分并不是像他其他的继承所得一样是无权利负担的私有财产。它具有公有的属性，因为涉及的牲畜是专门为了单位成员使用的。但是牲畜，并不能实际地满足群体的物质需要。事实上，它们甚至不代表一个具体的实体，因为分配给继 77
承人额外的份额从来没有在实体上被隔离出来而他获得的牲畜也没有进行实际的识别，它们只是继承到的畜群中的不可分割的一部分。但是克加特拉具体地看待这些牲畜；是这些额外部分的未被指明的牲畜，而非长子所继承的全部遗产，应该被用于部族的福利。换言之，族群的共同利益并不存在于一群现实的牲畜而在于它们作为继承物存在这一理念中。这一"象征性的牲群"是族群利益集中于的唯一的共享财产，而它也恰好在结构循环中分裂的威胁最具有紧迫性的时刻得到强调。于是我们可以开始解释与死亡时权利义务转移有关的两种表面上相互矛盾的规范的共存。克加特拉强调说波斯瓦，即死亡时移交的剩余遗产，应当尽可能少，以使得在部族最脆弱的阶段中纠纷尽可能被保持在最小。而且，他们坚持认为继承人必须以这样一种方式获得优先权，以维护族群在这个阶段的团结。依此看来，这些规范是完全相一致的；但它们的一致性来源于克加特拉对他们对于继承人必须用他的更大的比例的财产来"照顾"部族的期许并非是在就字论字这一事实。"照顾"并不必然意味着实体的保障；而是意指着他有保护部族团结并且使它的共同利益长存的义务。拥有他所被赋予的权威，他成为单位的莫迪萨（"牧羊人"）。茨瓦纳的这种语言用法强调了对牲畜的管理和对人的管理的类比性。

这个例子显露了三个要点。第一，当作为实质性规范来提出的时候，规范显得逻辑上不相容，因为从表面价值上看，其中一项的字面适用排除了其他项的字面实现。而且，并不存在抽象上的对这种逻辑不一致的明确关注；资料提供者并未解释甚至提及。第二，矛盾是由默认地将一种或者两种规范从字面上到象征性上的提升来解决的。因此“照顾”（在实体的层面上）变成了“对族群团结一致的保护”。这种对一个规范在语义学上的转换允许另一个之前不一致的规范变成了可适用的，因为现在它意指着现实的另一层面。换句话说，可以通过将一个实质性的规则变成一个隐喻式或象征式规则的过程，将一组处于相同秩序的不相容的规范重新定位到不同的概括性和价值层面上，
78 从而获得对规范性冲突的解决。第三，这种转换并不发生在抽象解释的背景下。它只通过行为的方式来进行表达，当规范在辩论中被援引或者当实际的纠纷被讨论和评估的时候。

规范集合不区分性的本质——它对内在周密性、组织性和必要一致性的缺乏——对茨瓦纳人理解和适用 mekgwa le melao 是至关重要的，这种性质为以下提供了基础：① 对现实中的冲突着的法律释义的合法化，依据此体现了情境性冲突；② 在日常事件的变化上置以秩序，纠纷不过是日常事件中的一类；和③将一个实质性规则转换为象征性规则的过程，通过这个方法规范间的逻辑一致性可以得到调和。当然，规范集合本身的未分化本质依赖于规范对广泛差异的具体性程度的包含，也依赖于可归于它们的价值并不是，且并不能是先决不变的这个（内在的）假定。

Mekgwa le melao 包括了关于礼仪和良好教养的规则；理想型的规范，这些可能享有象征性的认同，但是在实践中极少被实现甚至是被追求；享有广泛社会认可的规范，它们通常得到遵守，并通常被认为是义务性的；以及酋长和他的顾问们可能要花费极大努力来实施的立法性指令（Schapera，1943a，1970）。一项特定规范的本土价值是很

难在真空中衡量的，除非从最宽泛的意义上。因为这些价值在人群中很少是普适的而且会随着时间波动变化，它们被看作是可商量的；的确，纠纷处理程序有时主要致力于围绕这个相互冲突的规范的问题的争论。

茨瓦纳人自身表明了他们赋予单个 mekgwa le melao 的价值具有巨大的差异。但是，在宽泛的表述背后（“这个 mekgwa 是重要的”；“我们说我们应该这么做，但它实际并不是那么重要”），他们也并不让实质性规范经受到这方面的抽象的或推理上的审视研究。如果有任 79
何能从资料提供者的陈述中抽象出来的关于规范价值的民间理论，那似乎只基于两种实用主义规则：(a) 除了一小核心部分的不可磋商的价值，多数规范的具体价值只有依据它们被援引的场景才能被有意义地确定；和(b) 这个价值只能在与相一致或相矛盾的规范的关系中获得。换言之，当 mekgwa le melao 包含了文化系统的显要要素时，它们个体的意义和相对的价值主要是在社会、政治行为的环境中得到申明、衡量和实现的。当然，茨瓦纳人施于他们的规范集合上的实用主义的和情境性的强调是与在第二章中描述的社会文化秩序的性质相一致的；这是我们所生活在其中的领域的变幻莫测的特质和遍及其中的个人主义的意识形态的必然结果。但这绝不能被用来说明 mekgwa le melao 对行为没有决定性影响或者说明它们并不给发生在社会领域中的那些进程提供常规。如同我们会发现的，规范判断是一个高度复杂的问题。

规范转化

Mekgwa le melao 的集合在茨瓦纳人看来并不是永远固定着或是不变的。相反，它一直被认为处于一个形成和转化的常态过程中。这个过程主要和三种事件有关：① 纠纷解决过程，② 立法性声明，和 ③ 社会关系模式的变化。

纠纷解决过程

茨瓦纳人很容易就能想到特定争讼的结果可能会有改变整个规范集合的能力这一可能。确实，有时候有些判决会得到赞同就是因为它们是被期许以一种必要或者令人可欲的方式来修改 mekgwa le melao；我们同样有文档记录的案例史，在其中某一个特定的判决被认
80 为带来了不受欢迎的改变(Roberts and Comaroff, 1979)。在这个方面，茨瓦纳人似乎分享了我们自己的法律体系中暗含的关于规范和纠纷之间的相互关系的观点；那就是，规则通常是在司法判决中得到定位的，而结果就是革新的判决导致新规则的创建。简言之，他们将酋长的判决和他们社会的规范之间的关系，等同视之于我们的判决结果和英国法的规则之间的关系。

同时，茨瓦纳人并未对科特拉宣布的判决和社会变化间的联系表达出一致的态度。革新性的判决经常基于它们不过是反映了可观察到的事实上的变化而被合理化。早先我们曾经顺带地提到了一个在这方面有意义的例子：

在他担任克加特拉酋长职务(他于 1963 年接任)的早年，林奇威二世(Linchwe Ⅱ)留下了一系列的判决，据此未分配的剩余财产(波斯瓦)要在死者的孩子们间平均分配。这刻意忽视了长子为了“照顾”父系亲属族群的成员必须要获得剩余遗产的主要部分的规范。但酋长基于他只不过是确认了克加特拉生活中的一种新趋势的理由将之合法化了，因为近期以来长子们呈现出一种自行“吞并”可继承的牧群的倾向而对他们的族群没有任何关怀。在这种情况下坚持这种不合理的规范就显得无意义、确然不公。要强调的是，林奇威(Linchwe)的判决并不是对特定案例中特定的长子行为的回应，而是针对长子的整

体。酋长对法律和社会变化的看法——法律被认为要在一定时间的滞后之后“赶上”变化——与通常认为在西方社会中发生的相似(Rose，1956：52)。

但是一部分克加特拉表达了一种和林奇威不同的观点。他们辩称这些判决会引发他所宣称他观察到的情况本身。那就是，在纠纷解决背景下引入的新规范被认为会在社会体系中产生(不可欲的)变化。[①] 事实上，许多人公开谴责酋长——他那时是一个缺乏经验的任职者——不能理解已经建立了的 mokgwa 的更广泛的重要性。如我们已经解释了的，克加特拉认为在这个 mokgwa 和他们据以理解他们社会如何组织的原则之间存在着紧密的联系。简言之，他们的反对基 81
于关于他们社会秩序的延续的一系列复杂观念。即便在今天，当林奇威的革新性规范被广泛适用已经得到公认，仍然有观念宣称它违背了规范他们领域的最基本的要素之一。

除去规范集合可以较容易地改变的假设，林奇威和他的批评者之间的矛盾的看法分享了另一共通点。两种看法都基于这一观念，即纠纷处理程序提供了这样一种背景，在其中社会模式中的明显趋势和变化被带入与规范性秩序的关系中，但是例子显示两种关于因果关系和判决的冲突着的观念都属于茨瓦纳人理论的范围内；一种将规范改变归因于社会改变，另一种反转了这种先决性。两种都明显是过度简单化了；比如，尽管有观念认为革新性判决导致变化，有时候发生的却是酋长所作出的判决，远非被认为是一项新规则的有效引入，而是普遍被认为“不是法律”。看上去对这种革新性判决的不同反应，取决于可能与规范本身的内容关系不大的因素；它们看上去很大程度上是一段

---

① 大多数释评者认为，在西方社会中，法律创新产生社会变革的能力是非常有限的(Aubert，1966：99)。

特定历史时期的一个特定酋长的合法性的作用。茨瓦纳当权者的表现要经历经常性的公众评价，而这个磋商的过程决定了他们所能实现的被认可权利的范围(J. L. Comaroff, 1975)。因此一个有着实质性合法性的酋长很可能使得他的司法判决被作为立法性声明。另一方面，一个拥有有限有效权威的不受欢迎的在职者，可能会发现他的判决被当作他特殊癖好的表达；在这些情况下，它们会成为 melao 被接受或者甚至得到执行都是前景渺茫。在实践中，于是，司法判决和集合变换之间的关系也许主要基于外在于它们两者的考量。酋长合法性的因素并不令人惊奇地同样影响着通过立法性声明的规范引入。

82 **立法性声明**

在酋长的判决之外，立法性声明为对 mekgwa le melao 的明确修改或增补提供了唯一的前提(Schapera, 1943a, 1969, 1970)。理论上，只有一个酋长可以作出这种声明，虽然他并不必然需要是它们的创作者。但是，在现实中，一位有权势的头人(特别如果他住得离首都较远)可能偶尔引入一些与他管辖下的群落有关的具体规则。

在任何立法性声明被作出之前，提案必须首先经过酋长和他的顾问们的非正式商讨。如果得到主体的赞同，提案会在头人会议(lekgotla)上经历答辩。一旦在这个层面上得到认可，它终于将在公共集会(pitso，phuthego)上得到考量。用正式的说法来说，酋长可以在会议的结束宣布他所想宣布的任何决定，而那将获得 molao 的地位直到被修改或者作废。但是，除非它反映了公众意见，否则它事实上将很难有得到执行的机会，而酋长可能遭受批评和合法性的减损作为结果。立法创新的质和量被认为是酋长成功的重要标志，而过去受欢迎的任职者的 melao 很容易就得到回顾(见 Schapera, 1943a)。

尽管酋长声明显然是 melao 的显著来源，一项新被宣布的规则能否被实际纳入集合的可能性并不仅仅取决于它在立法过程中的角色，因为任职者所具有的行政权威的程度也是很重要的。这由特史蒂酋长可巴拉菲(Kebalepile)的案例来举例证明，他在1969年于他在马菲肯的科特拉宣布了三项新的melao。可巴拉菲当时正在经历他职业中的一个关键阶段且因为统治不当而被猛烈且反复地非难。这三条规范从来没有得到执行，而当1975年的时候，特史蒂人被再度问起关于它们的时候，资料提供者否认任何这样的melao曾经被制定过。

茨瓦纳人并不对规范的变化本身保守。在仪式性技巧的氛围下(J. L. Comaroff，1974)，他们展现出了显著地对革新的宽容。如我们所见到的，特定的修改也许要遭受批判性审查和辩驳，而引入它们的正当程序是谨慎戒备着的。但是为了它自身而改变却鲜有阻力。此 83
外，mekgea le melao的未分化的特质促进了规范的引入与转变；看上去几乎没有可感知到的必要去为了消除作为整体的集合中的矛盾、模糊或者繁冗而来测试或审视研究一个新的规范。

社会关系模式中的变化

因为茨瓦纳人将相当一部分的mekgwa le melao理解为内含于他们社会领域的组织之中，他们认识到规范集合可能随着新生的社会模式一致地逐渐地变化。这在林奇威的革新性判决的例子中得到了体现。当有些规范可能是司法判决和立法性声明的结果时，有很大比例的规范也许仅仅是作为行为规律的结果而产生的。当然，这些新生的规律也许自身是在更广泛的政治经济条件下更根本性的改变的表述。

在这个性质下发生的规范变化的必然结果就是在一个酋长国中规范集合并不会被普适地理解和得到承认。茨瓦纳人有时候说得好像mekgwa le melao是普遍共享的，但是既然他们的社会的组成群体是在不均衡地改变着的(J. L. Comaroff，1976)，便会有在其中特定的规范和它与现在情况的关联都会被赋予不同解释的政治法律舞台。虽然我们并不将不同的结构性集合看作不相关联的规范秩序的集合(参见 Pospisil, 1958a, 1971),但在经验性观察中的事实是,特定的规范在一些单位被认为是过时的而被无视,但在其他的单位则不是。而且,一项在特定的区被认为过时的规范可能在酋长的科特拉仍然行之有效。mekgwa le melao 在一个单位中的变化并不必然引起在它的相
84 邻者中的连锁反应或者指向任何形式的统一化的倾向;大体上茨瓦纳人最终对多样化的可能性和他们对规范的变化一样宽容。[①]

纠纷解决中对规范的援引

从我们的叙述和第五章、第六章中记录的案例来看,很明显 mekgwa le melao 在茨瓦纳纠纷处理过程中扮演着重要的作用。纠纷当事人根据对它们的引证来组织自己的发言,扮演调解或者判决角色的第三方也同样如此。规范集合为此背景下阐述的争论提供了形式是可以理解的。相关信息的选择与安排必须来源于某组参考性的原

① 这种对于 Mekgwa le melao 的描述并不只是对于"习惯法"的比较研究有影响,而更普遍的是,对近来就非洲思想制度——而规范秩序显然是其必不可少的组成部分——的性质的争论有所影响。不久前,沃斯利(Worsley, 1957, 1970 重印本: 300)注意到了特别是在结构功能主义分析中的强调非西方文化中信仰和意识形态的统一的倾向。尽管有一些作者(例如,Lukes, 1970; Hollis, 1970; Gellner, 1970)致力于强调这种行为的危害性,但尤其随着理智主义地位的复兴,尤其常见于在霍尔顿(Horton)的著作中,这种喜好对非西方制度在经验层面寻求逻辑一致性的偏好继续占据着主流地位。J. L. 科马洛夫就特史蒂(Tshidi)宇宙学以及对于厄运的管理考量了该问题的复杂性。从一方面来说,正如她所展示出来的,艺术家对于他们生活宇宙的日常生活体验充满了矛盾和模糊不清;的确,(所引)信仰的全体集合有着明显的反系统特质。然而,从另一方面来说,这种反系统的特质自身就是以某种显性的语义结构为基础的。这并不是一个全然新颖的观察结论,而她进而提出,对于"思想体系"分析中的一个核心问题是解释说明该结构和日常生活经验之间的关系。这当然,和我们在第二章中就茨瓦纳人社会文化秩序的组成层面和长期生活经验层面结合的主张是相同的。

则；并且，因为 mekgwa le melao 是本土化地用以规制社会互动和争讼的过程，对茨瓦纳人来说它们代表了这些原则显而易见的渊源。但是，同样明确的是，在规则和判决结果之间的关系是复杂的——这一点当在承认争讼很少是依据规范的规定性适用单独来判决时变得不证自明。我们将在第七章中论及规范性判决的逻辑。在这里我们寻求着回答一个涉及规范性秩序的性质的更为首要也更为限定的问题，一个法人类学者长久以来一直要面对，却在我们看来，从未得到满意答复的问题。[①] 基于实质性规则很少以简单、机械的方式决定判决结果，什么构成了它们的适用与援引的逻辑基础呢？要处理这个问题，必要的是更仔细地观察，通过对 mekgwa le melao 的引用，争论主张是如何组织和通过修辞阐述的方式。

在展现一个案例时，茨瓦纳的争讼者们通常试图达到一个我们称之为“辩论范式”的东西，那是一个依据一个或多个非明引或者明引的规范参考来组织相关的事件和行为的连贯图景。任何此类“辩论范式”最终落实于一个特定案例的要求，并且不是固定或先决的。它的复杂和整合程度取决于若干因素，比如当事人的演说才能，他对对方的策略的预期算计，和他自己的策略意图。而且，它的构建可能因同 85
一争讼在不同机构前的听审而有所区别，因为对立的两方的理解、预期和策略会变化或者变得逐渐完善。要提到的重要的一点是，原告，他总是先发言，通过围绕对规范公开明确或非公开明确的引用组织事实来建立范式。被告，在回答的时候，可以接受这些被引规范以及范

① 在别处(J. L. Comaroff and Roberts，1977a)，我们考虑了既存著作中所提供给我们的答案。我们力图展示，所有这些答案都是基于外在于法律争论程序——例如，争议解决机构的结构——的因素所作出的，并且这些答案无一经得起经验审查。然而，我们谨慎地不排除外在因素有最终被证明为是重要的之可能性，但是如我们在此主张的，我们认为的：为了比较研究的目的，法律争论的内在形式给我们提供了一种可以十分有益地和结构性思考结合在一起(或归于其中)的解释。

式本身；如果他这样做，他会在范式内部对案例的情况进行辩论。或者，他也可以通过引入不同的规范依据而提出一个不同的范式，在这种情况下他可能根本就不对事实进行质疑。在高层面前，在那里解决的模式将变成一个判决，对此负责的第三方（一个头人或者酋长）可以在被共识的范式内作出他的判决，在对立的两者之间作出选择，或者对纠纷下的问题再适用一个新的范式。

茨瓦纳纠纷处理程序的一个值得一提的特点也明显地被一些其他的非洲社会所共享（见例，Fallers，1969，讨论了索戈）：虽然辩论的范式都无差别地通过对 mekgwa le melao 的引用构建，但争讼方很少直接诉诸规范集合，包括公开明确地直陈规则。即便当一个公开明确地对规范的援引被作出时，它通常是非直接的（例如，“我想请问……是否是正当的”）而不是直接的[“法律（molao）规定……”]。通常，争讼方和案例中涉及的其他人只是以将他们的语言组织成一种彼此心照不宣地明白地对相互都理解的规范的引用的方式，来讲述发生了什么。因此，事实被组织的方式告知了听者范式所依据建立的规则。这些辩论的特征在案例二、三中已经非常明显。

对于 mekgwa le melao 的性质的直接提及一般都是由在科特拉观审案例的元老或者听取争讼的头人或者酋长作出的。具有显著意义的是，当涉及对于规则的讨论时，茨瓦纳人使用一种与他们讨论到日
86 常时间或者活着的人的行为时候明显不同的语言模式。这种模式与科马洛夫在他处（J. L. Comaroff，1975）定义为对立于在政治性发言中的“评价性”语言规则的“形式性”语言规则相一致。它在其他的事物间，是以它风格上的形式主义和对比喻的依赖以及它的客观化的与官方式的特点，这以对共享价值的至高合法性的引证为标志（“我们的习俗是……”；“茨瓦纳人一直认为……”）。相反的是，“评价性”语言规则的标志是更少的正式形式和对习惯性表达法和成语的最小依赖；

它是对主张明确的表达，在此信息清楚明白地来自陈述者（“我表示……”）并以明白无误的第一人单数的措辞传达他的意见。因此，在一个涉及比如说婚姻的纠纷中，围绕各方行为和相关的“案例事实”的辩论会以评价性的方式进行，但是任何关于涉及婚姻关系的 mekgwa le melao 的讨论，如果发生的话，会启用形式性语言模式。

两种语言模式的并存对茨瓦纳人的修辞形式有着重要的含义。然而最直接的是，通过将关于规则的论述同关于事实和行为的辩论区分开来，它从关于特定权利和义务的公众磋商中区分并隔离出了 mekgwa le melao 的权威性阐述。这并不是说茨瓦纳人不能（或者不）轻易地评估、辩论和改变他们的 melao；我们已经展示了他们可以。它也不意味着发言者在任何情况下都不试图为了修辞的效果联系两种语言模式下所说的话（见 J. L. Comaroff, 1975）。但它确实意味着，在科特拉的日常语境下，人们可能会不需质疑共享规范集合的整体性而就某个特定纠纷中的争议点的情况相互对抗，并有时会剧烈地相争。因此一定程度的“隔离”可以保持在规范集合和试图为了影响纠纷处理程序而给事件添加解释的叙述之间。①

案例二和三②示例了辩论范式如何构建并用以进一步阐明 mekgwa le melao 在纠纷处理程序中扮演的角色的方式。

---

① 被触犯的“规则”在涉及它们的争议重的抽离程度，由这一事实释明：科特拉的人很少关注话语中涉及直接阐述规则的部分，但是当话语进而转到案件涉及人员的行为时，他们开始仔细听取。茨瓦纳主要法庭中留存记录的一个显著特点是正式形式表述的话语部分很少被记录下来。最初这使得我们感到疑惑，因为很明显在听取争议时两种形式都是经常被使用到的。当我们和书记员讨论这问题时，他们会直白地说，“是的，当然，某某说了一些关于婚姻的话，但是我们从来不会记录下这些话”。这暗示着，规则本身并没有争议性。

② 在这里转载的文本是莫丘迪的一位法庭书记员在赛茨瓦那的原文当代抄稿的翻译版本。由于篇幅的原因，我们不得不对文本进行编辑，但是，我们已经试图最大限度地保留完整版本了。

87 ## 案例二：麦托红(Mmatlhong)的土地

麦托红[①]从她的母亲库兹(Kwetse)[见所附宗谱]处继承了一片可耕地，而库兹是在她结婚的时候通过塞洛特瓦纳(serotwana)[②]的方式从她父亲那里得到了它。没有人能够记得这片土地曾被耕种过，而到了1960年，它已经被灌木和成熟的树木所覆盖[③]。在这片土地上有一块一年四季蓄水的盘状洼地。库兹从来没有使用过这块土地，但是允许她的兄弟泰瑞(Thari)从这块洼地里面汲水。和她的母亲一样，麦托红从来没有耕种过这块土地。她嫁到了另外一个区并获得了她的丈夫提供的一块耕地。在塞洛特瓦纳死后，里奥科(Leoke)[他的ZSS(姐妹儿子的儿子)和麦托红的MZSS(母亲姐妹的儿子的儿子)]被允许从洼地里汲水。

若干年后，蒙戈瑞希(Mogorosi)，麦托红的MZDS(母亲姐妹的女儿的儿子)，用一头牲畜来交换她的田地。她同意了，且这场交易有数人见证。但是在所有的在交易过程中的对土地的所做的访问中，似乎从来没有清晰地说明洼地是否属于其中。在那时，里奥科正好离家且不知道这个协议。也没有任何库兹的男性父系亲属见证了这些事件，虽然他们在事后被告知此事。

在他获得土地之后，蒙戈瑞希把其他人排除在它之外，并禁止他们从树上砍树皮。同时，里奥科回来了。在听说他的孩子们被告知不得砍树皮之后，他带着一个对双方都不是近亲的人去拜访了蒙戈瑞希。接下来所发生的争端将在后文中叙述，但它已经严重到促使两人将这报告到他们的宗亲处。双方都选择了库兹所出生的父系亲属族

---

① 该争端发生时，麦托红大约八十岁，是库卡(Kuka)老年团(形成于1901年)中的一员。

② 塞洛特瓦纳是一个权利转让的模型，类似于嫁妆，由克加特拉实行。将在第六章中详细讨论它。

③ 基于克加特拉直到1871年才抵达他们的现有领土，这片土地不大可能曾被耕种过。

群的年长成员。费洛马(Pholoma)[见宗谱]接受了里奥科的咨询,通过去见麦托红和蒙戈瑞希发起了调解的非正式的努力。他请求后者允许里奥科汲水,而麦托红将土地的边界指给里奥科看。在这个情况下被指出的是洼地处于这些边界之内。里奥科以进入土地并且砍下树作为回应;颇为公开明确的,他想要挑战蒙戈瑞希对土地的权利。

一段时间之后,在蒙戈瑞希的要求下,库兹父系亲属族群的成员召集了一次探讨此次纠纷的会议。拉德特拉迪(Raditladi)长老,询问

里奥科与蒙戈瑞希的宗谱

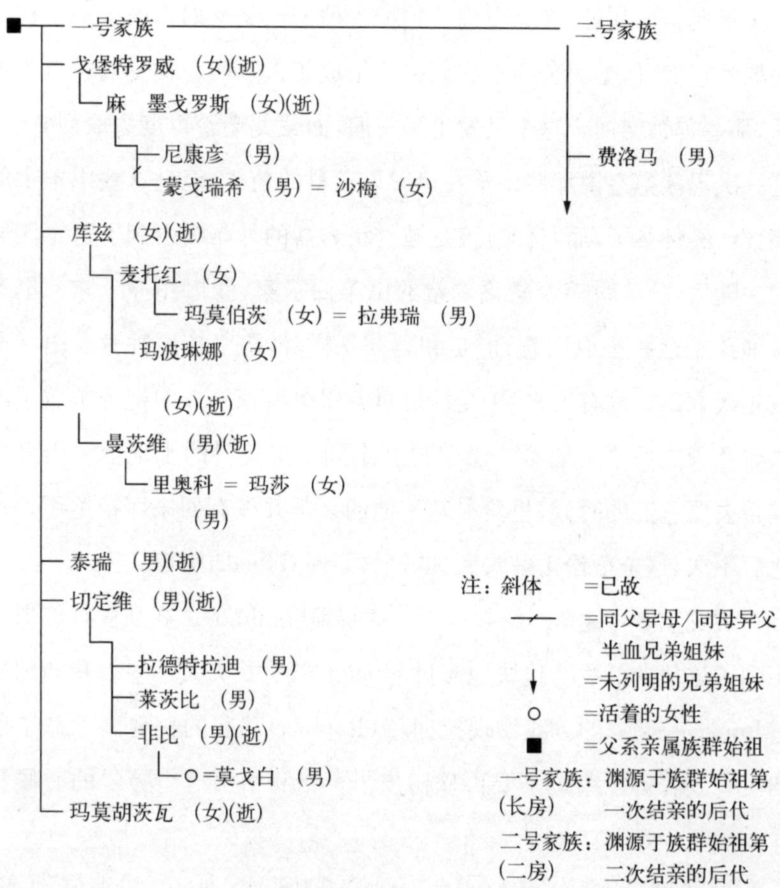

88

图 5

了蒙戈瑞希有关交易的事项。这些似乎得到了认可，虽然拉德特拉迪表示遗憾他并没有男性亲属见证了这个。那些出现在会议的人强调说，虽然很清楚蒙戈瑞希拥有对土地的权利，两个男人应该共同和平地使用洼地。但是这个并没有令他们中的任何一个满意，他们的妻子玛莎(Masa)和沙梅(Shamme)在科特拉相互辱骂殴打。

89 这使得族群的成员相信在这个层级的解决是不可能的，拉德特拉迪将此事汇报给了区的头人。[①]

在对解决纠纷的更多尝试被作出之前，有一些蒙戈瑞希的山羊跑到了里奥科的住处，在那里玛莎扣押了他们。蒙戈瑞希派了一个孩子去取回它们，但是玛莎要求它们由一个成年人取回。蒙戈瑞希自己去了，那些羊被交回。这个又发生了一遍，而蒙戈瑞希再度去取回它们。这一次玛莎抱怨说那些山羊在追着里奥科的公羊；但是这些山羊中的多数已经怀孕了，而它们应该是被一块岩盐的外露吸引到了这个区域的。随后，公羊跟随着蒙戈瑞希的山羊回了家，沙梅扣押了它。里奥科的孩子之一去取回它，但是和玛莎一样，沙梅坚持说牲畜要由一个成年人取回。没有人来，于是沙梅对着里奥科家的方向把公羊放了出去。几天之后蒙戈瑞希的山羊再度走到了里奥科的土地上。当蒙戈瑞希去要它们的时候，里奥科基于他的公羊并没有回来而拒绝了。这之后不久，这个争讼由区头人泰塔尼(Thai Tlhadi)听审。

蒙戈瑞希：这个纠纷起源于一块耕地(tshimo)。我从麦托红那里买到了这块地。我为这块地支付(dueletse)了一头大红牛。我和穆塞(Mmusi)一起去的。我发现拉弗瑞(Raphiri)从我的耕地上面砍了些树皮。我告诉拉弗瑞不要再砍树皮了。当我给出这个警告的时候我

① 虽然本案中的主要演员居住在首府内的不同区，他们在 11 月和 6 月间占据着临近他们土地的相互毗邻地点。

和玛莫特拉拉(Mmamotalala)在一起。有一天我发现里奥科的儿子们又在砍树皮了,我告诉他们不要从我的地里砍树皮。我叫他们去告诉他们的父亲我禁止他们在我的田地里砍树。

后来,里奥科和默克盖基尔(Mokgakgele)一起来找我。里奥科问我为什么禁止他的孩子们砍灌木。我告诉里奥科:“我买下了这块土地,而我需要这些树来围拢这块地。”里奥科对我说我所在讲的土地是拉德特拉迪的土地。我对里奥科说了“男人”(蒙纳)[1]。里奥科说:“不要对我说‘男人’。你应该对我的儿子说‘男人’,不是对我!”

我对着他咒骂:我说了“睾丸(testicles)”。他回复说“你母亲的生殖器(mmago mpapa)”[2]我试图抓住他的腿,但是他很快走开了。我试着要拿根棍子,但是默克盖基尔和我妻子阻止了我。我再度对着里奥科咒骂。里奥科回应了并说我是个不知道自己爸爸是谁的私生子。他接着说我是曼茨维(Mantswe)(里奥科的父亲)的私生子。我告诉里奥科说我第二天会打得他屁滚尿流。第二天我找了但是没找到里奥科。在同一天,里奥科的妻子来找我。当她问起争吵的时候,我拒绝回答她。

当这块土地被交给我的时候,下列人员在场:穆塞,西格尔 90
(Segale),麦托红,玛莫伯茨(Mmamokgosi),玛莫特拉拉和沙梅。拉德特拉迪说他多希望莫迪萨那(Modisana)家也出席了。[3] 当拉德特拉迪和我的人都在场的时候,里奥科的妻子用手指戳了我妻子的头。玛莎挑战沙梅跟着她到外面去打一架。沙梅拒绝了。玛莎然后就抓了

---

① 蒙纳(“男人”之意)通常被用于指向一个比说话者年轻或年龄相仿的男人。

② 这两句下流话几乎构成一种固定的顺序的辱骂,;然而,除非这两句话是同一个年龄团里的年幼成员相互使用,它们会被严肃对待并经常导致斗殴。

③ 这令人想起了拉德特拉迪在分支会议中的发言;莫迪萨那代表着拉德特拉迪的父系分支。前文提及的穆塞和玛莫特拉拉,是库兹嫁入的区中的成员(其他的所有人都包含在了族谱中)。

沙梅的脸，她流血了。西伯佩洛(Sebopelo)和玛莫特拉拉开了她们。

(有一天)尼康彦(Nkonyane)告诉我，我的山羊在里奥科的圈禁内。我的确在那里看到了它们。我的妻子派了一个孩子去拿它们，但是他们把她打发走了；他们说他们要一个成年人。我去了那里并且找到了里奥科的妻子玛莎。玛莎说我的山羊在打扰她的公羊；它们追着它跑。他们让我拿回了它们，我把它们赶着走了。我的山羊被动物舔舐的岩盐所吸引，又回到了那里。我去了第二次，而他们允许我拿回它们。我对玛莎说我的山羊们怀孕了，它们并不需要公羊。

有一天里奥科的公羊和我的山羊一起回来了。我为了防止它搅扰我的山羊就把它绑了起来，因为我的山羊已经怀孕了。里奥科的儿子来取回它。沙梅把他送回去告诉他妈妈叫她自己来拿。她不肯来。沙梅给它松了绑并把它赶向了他的主人家。我的山羊第三次被扣留。我由蒂茨维(Ditswe)陪着去要它们。当我到那里的时候，里奥科问起我关于他的公羊。里奥科说如果他找不到他的公羊，他就不会让我拿回我的山羊。里奥科说我应该告诉莱茨比(Letsebe)和拉德特拉迪。里奥科所扣押的山羊在数量上有六只。

里奥科说他看得出我想让我们打架。他还说我们中一个会死。里奥科扣押的山羊还在他那里。

里奥科：在圣诞月中我去了德兰士瓦省。当我回来的时候我发现我的儿子们在来伯恩(Leboeng)砍灌木。孩子们说蒙戈瑞希不许他们砍灌木。他们说蒙戈瑞希去了我家并叫他们在我回来的时候告诉我他想在他那里见我。当我回来的时候，孩子告诉了我。我等了四天，希望蒙戈瑞希会来和我谈谈；但是他没有来。在第五天我去了他那里。我和默克盖基尔一起去的，这样他就可以做我和蒙戈瑞希之间发生了什么的证人。当我到了那里，我说："孩子们说你禁止他们砍灌木。”他承认他阻止了他们。他同样也阻止了拉弗瑞和莫戈白(Mogobye)。[1] 我对他说他阻止他们是错误的。他说这是一块耕地(tshimo)而他将要耕种它。我告诉他说如果他因为已经耕作了这块地再阻止他们才是可以理解的。[2] 他说那块地是一块可耕地。我告诉他说那块地属于拉德特拉迪的人民。

我对他说这块地从我出生前就从来没有被耕种过。他对我说： 91
“儿子，等你说完了告诉我。”我警告他说我并不是来和他打架的，而是来问他我应该到哪里砍灌木。他站了起来找棍子。默克盖基尔制止了他。当我离开的时候，他咒骂了我。他说：“你父亲的睾丸(rrago marete)，你 Mokgalagadi * 。”我对他说他所咒骂的人实际上是他父亲。他对我说：“你母亲的生殖器。”我叫他对他自己的母亲说。他威胁说如果他在其他地方见到我一个人他会打得我拉肚子。我来到科特拉并且询问他说他会在我们所相遇的任何地方袭击我这样的话是否正当。[4] 我去了并且在蒙戈瑞希禁止孩子们砍树枝的地方砍了树。我把灌木拿走了并且保存了它一周然后把它用掉了。我回去砍下了另一棵然后把那棵留了两周，然后用掉了它。

蒙戈瑞希事实上并没有看到我的孩子们砍树。当他们在砍树的时候，蒙戈瑞希在牲畜区那里。那是圣诞月。在二月，麦托红把土地卖给了蒙戈瑞希并且获得了那头牛。当蒙戈瑞希买这块地的时候，我不在；穆塞告诉了我发生了什么。麦托红也告诉了我她把土地划分给

---

① 拉弗瑞和麦托红的女儿结婚了。他曾经接受过蒙戈瑞希警告的事实是后者主张的重要证据，因为，根据土地传递所依据的塞洛特瓦纳的安排，土地将会在麦托红去世时被拉弗瑞的妻子所继承。因此，如果拉弗瑞认为财产的转移没有发生，那么他将就反驳蒙戈瑞希直接利益相关。莫戈白是拉德特拉迪的兄弟非比(Phopi)女儿的丈夫。

② 茨瓦纳人对清除过的耕地和未开垦的林地有清楚的划分，后者通常情况下是酋长所有之下的大家共用。这种区分在最终的判决中成为至关重要的考量因素。

* 译者注：博茨瓦纳 Bakgalagadi 人的一个分支，是被鄙视的人群。

④ 这指的是男性亲属间的早期会议。当时各方作出了和解的最初努力。

了蒙戈瑞希。第二日我去给我的牲畜取水然后发现通向我的洼地的入口被移开了。我问了麦托红这是为什么,我说这个盘形洼地是我的,由玛莫胡茨瓦(Mmamohutsiwa)分配给我的,在那里塞洛特瓦纳以前挖过地。

(里奥科接着继续说一些发生在父系亲属族群会议之前的事件的细节。他结束了这一段,说:)拉德特拉迪问蒙戈瑞希他要不要立案(tsbeko)。蒙戈瑞希说:"是的,我要立案。"拉德特拉迪问他他的父亲尼康彦[1]在哪里。蒙戈瑞希回答说里奥科的妻子在烦扰他的妻子。

(里奥科解释说他又再度离开了;他然后继续:)我从欧迪(Oodi)回来,然后发现我的公羊不在羊群中。我听说它在伺候蒙戈瑞希的山羊。蒙戈瑞希抓住了它并把它绑了起来。当他把它放开的时候,它跑开了。蒙戈瑞希的山羊来到了我这里,我就把它们扣押起来。我问他为什么在我妻子派人去拿它(公羊)的时候他不肯放走它。我叫他去找拉德特拉迪和莱茨比这样他就可以在他们在场的情况下拿回山羊。我问了我的妻子她有没有不肯放还蒙戈瑞希的山羊过。我也问了蒙戈瑞希同样的问题,他回答说从来没有发生过。此后尼康彦来了并且说他是为了山羊而来。我告诉他说他们在我扣押之下。他问我它们造成了什么损害。我说我没有在我的山羊所应该在的地方找到它。他问我蒙戈瑞希有没有从我这里借走它。我说没有,然后他说"一只
92 公羊,像一头公牛,是没有围栏的。"我对他说他可以拿走山羊。尼康彦问我是否愿意等他们先去寻找我的公羊。他们分开了,把山羊和我留在一起。蒙戈瑞希对尼康彦说:"我告诉过你我们中的一个(蒙戈瑞

[1] 尼康彦是蒙戈瑞希仍在世的最为年长的同胞兄弟。他是蒙戈瑞希同父异母的兄弟,但是,是出生在一个地位更为重要的妻房之中的。正因如此,他成功继承了父亲作为父族领袖的地位。

希或者里奥科）得搬到其他地方去否则他就得死。”

（在回答问题的时候，蒙戈瑞希承认了是他开始了对骂，但是补充说，“我不应该被提到我的睾丸被侮辱。”里奥科承认了他对蒙戈瑞希的母亲的辱骂是错误的，而且他不应该说对方是私生子。）

泰塔尼（在判决中）：里奥科，我们非常仔细地听取了你和蒙戈瑞希的案件。你对蒙戈瑞希使用了非常下流可憎的语言。因此科特拉认定你有罪。你要接受背部的四下抽打。蒙戈瑞希，你要接受两下抽打。

[在这之后，听审在麦托红、她的妹妹玛波琳娜（Mmapolena）和她的长子西格尔的证言陈述下继续。所有人都以一种实事求是的风格报告了围绕土地交易的事件，它包含了洼地的边界划分，和就这些事对拉德特拉迪的弟弟莱茨比的汇报。西格尔补充说土地已经有些年头未经耕作，而里奥科一直在没有权利的情况下取水。里奥科插话说他由玛莫胡茨瓦，库兹的妹妹，允许使用洼地。麦托红回答说被砍伐的树是在她有权利转让的那块土地之中的。里奥科与蒙戈瑞希然后进行了交互发言；后者辩称他只是禁止了孩子们从他的土地里砍树；前者回答说他砍树“是为了看看蒙戈瑞希会做些什么。”泰塔尼作出了第二份判决，在其中他简要陈述说土地属于麦托红而她把财产移交给了蒙戈瑞希。洼地处于土地之内，而他有权决定允许或不允许里奥科去取水。里奥科于是提起了山羊的问题。]

里奥科：我的公羊还是没有找到。

蒙戈瑞希：我得知茂斯吉（Mothagi）和我的妻子沙梅看到过它。（茂斯吉确认他和沙梅在里奥科的其他山羊的陪伴下看到了这只牲畜。）

里奥科：这只山羊现在和我的其他的山羊一起出现。当它去蒙 93
戈瑞希那里的时候，它和大多数公羊一样，是被母山羊所吸引。它在那里被抓住和拴住。我被告知去拿回它。在那之后,蒙戈瑞希的山羊到了我的地儿,而我决定如同他扣押我的公羊那样扣押它们。蒙戈瑞希来要求取回山羊,但是我没有把它们给回去,因为我的公羊迷路了。我只是在这个案件已经递交给了科特拉之后才见到了我的公羊。

(随即是里奥科和蒙戈瑞希之间的一系列交互发言。两者都重申了已经主张的关于山羊的事实,前者承认他还扣押着这六只牲畜。两者都指责对方没有正当警告而把这个事情闹到了科特拉。)

泰塔尼(在判决中):里奥科,我们仔细地听取了你和蒙戈瑞希间的辩论。你导致了科特拉要处理不必要的问题。你和蒙戈瑞希争斗并扣押了他的山羊。科特拉命令,从今日起,你和蒙戈瑞希要和平相处。蒙戈瑞希,你可以要回你的山羊。你,里奥科,科特拉命令你赔付总共 R6(大约 7 美金),这是科特拉给你的罚金。

(肉体上的惩罚很快就得到执行。在接受了他的第四下抽打之后,里奥科很快起身。但是这个被认为是不敬的象征,于是就又增加执行了一下抽打。里奥科对此以及听审整体上的结果不满,于是他将他的抱怨带到了酋长的科特拉。在那里的听审如下进行:)

蒙戈瑞希:我来控诉里奥科。里奥科和默克盖基尔到我的家来。他说我因为砍树赶走了他的孩子们。我告诉他那是真的。他们在我从麦托红那里买来的耕地里砍树。这块地有段时间没有被耕种了。我告诉他我赶走的不仅是他们。里奥科回答说这块地属于拉德特拉迪的人民,不属于麦托红。我回答说它是我从拥有者麦托红那里买来的。里奥科说如果我是不允许他们在之前已经耕作过的土地里砍树,他是能够理解的,但是却不能是并没有被耕种的地。那个时候,在对话中,他叫了我“儿子”。我警告他不要叫我“儿子”并且咒骂了他。他咒骂了我的母亲，我告诉他我第二天要痛打他一顿。我站起来想要打他并且抓了一根棍子。默克盖基尔和我的妻子制止了我。他站在外 94
面，辱骂我，并称呼我为一个私生子，说我是他父亲生的。（他接下来重复了关于山羊的争论，并且总结：）里奥科和我并没有打架。里奥科输了山羊的案子。我被允许取回山羊。所以我对里奥科没有诉讼理由了；我和他已经彻底和解了。

里奥科：我到这里提出这个上诉是因为我对我的科特拉的判决不满。他有案由，我就被命令要受四下抽打。在第四次抽打完了之后我站了起来，科特拉的人抓住我并且鞭打和侮辱了我。这就是为什么我上诉的原因。我被非法地鞭打了。当我和蒙戈瑞希争吵的时候，他还没有清理那块他说他买来的地。他说他买了它的主张只是一个借口。当蒙戈瑞希主张那块耕地是他的时候我不同意，因为他并没有如他说的那样交付了那头牛。

（在对提问的回答中，蒙戈瑞希重申了他对土地和盘形洼地的权利。里奥科阐述了他的主张说他认为那片土地并不包括洼地。他还主张交易发生在二月，在他的孩子们被赶走之后。蒙戈瑞希回答说里奥科在交易的时候并不在场；交易发生得更早，当他还在约翰内斯堡的时候。）

里奥科：我去了法庭并汇报了我和蒙戈瑞希的争议，我问法庭一个人对你说他会打得你拉肚子是否正当。

（剩下的讨论整个都是关于交易的细节。麦托红和玛波琳娜重复了他们在早先听审时候所给出的证据，而前者强调了她转让土地的权利。里奥科再度声明他从玛莫胡茨瓦处获得了洼地。没有新的证据被引入，本次辩论就是区法庭所听审到的几乎一字不差的重复。最终，判决作出。）

酋长：麦托红，我仔细调查了里奥科和蒙戈瑞希的案件。根据茨瓦纳法律，你可以出售一块耕地，但不是一块土地。土地属于酋长。你出卖酋长的土地触犯了法律。我在此命令你退还给蒙戈瑞希他的牲畜，蒙戈瑞希必须从你那里拿回牲畜。里奥科，你会得到洼地。那是你的，不要因为任何人而为此担心。区科特拉对你施加的罚金就维持它们的现状。你必须执行这些，因为当你被认定有罪的时候你与科特拉争吵了。

95 在区法庭听审的开头，蒙戈瑞希——作为原告，有先说的权利——以展开一个与一系列非明引规范有关的争辩范式开始。他首先确定说所争议的是一块耕地，他用对规制交易的实质性规范的心照不宣的引用来陈述获得土地的条件。他进一步指出，他警告了侵犯他对土地的权利的人，而且他可以指名一个可以证明这个的证人。换言之，他强调了就他而言纠纷主要是关于对土地本身的权利。他然后详述了和里奥科的冲突，这个冲突，在他的观念中，是由对他权利的侵犯所引起的。他承认他首先引起了交互辱骂，但是他暗示说这并不是一个独立的问题：那是他对他被不公对待的反应。在以这种方式组织他的陈述中，蒙戈瑞希预期的是里奥科的是冲突而不是对耕地的权利才是案件核心的主张。不过，就冲突本身而论，蒙戈瑞希试图通过指出里奥科造成了辱骂的升级而且被告的妻子袭击了他的妻子来抵消他最先开始咒骂这一事实。最终，他提起了山羊的事情，主张说里奥科无正当理由地扣押了他的牲畜。再次他精确地，尽管非明确地引用了与侵犯物权有关的规则。

简单来说，蒙戈瑞希的辩论不包含对规范的公开明确的引用，但是它的确直接基于一系列与对土地和牲畜的支配有关的规范假设。是根据这些他组织了他所举证的事实。他和里奥科的行为都被理解为源自对他权利的侵犯。他首要的主张，是为了对他对麦托红的土地的权利的认可以及对他的山羊的归还。他并没有要求科特拉对他和里奥科的关系作出判决；如同他在酋长的科特拉的开场白中表示的，他认为，当财产纠纷解决的时候，就没有什么更为根本性的争议问题了。

作为回复，里奥科以异议蒙戈瑞希对耕地的权利开始。他主张麦托红对土地没有转让的权利，因为它属于拉德特拉迪的后代群体。但是他的主张后面的逻辑是朝向一个不同方向的。事实上，他并没有质 96
疑对方提出的规制交易的规范。而是，他主张说当他在十二月返家的时候（此处的日期是重要的），他发现蒙戈瑞希已经告诉了他的孩子和其他人不要砍灌木。后来里奥科强调说麦托红和蒙戈瑞希之间的交易发生在二月。他同样补充说直到第一次冲突为止那块地还不是一块被耕作的田地，而只不过是一块灌木丛生之地。换言之，他并不是以质疑蒙戈瑞希所提出的规范来开始的，而是异议他对事实的解读。里奥科也并不是杂乱无章地展开相关论述：他试图构建一副蒙戈瑞希言语上和行为上好斗的画像。然后紧接着他主张的中心陈述："我来在科特拉询问他说他要攻击我是否是正当的。"这里，虽然对规范的引用是间接表述的，就所引用的规则可以不经对案件的具体背景和事实的引用而被理解这一意义上却是明确的。[①] 因此里奥科以一种能够达到并且构造一个对立的辩论范式的方法来组织他的证据。具有重要意义的是，他通过明确引用相关规范来强调这个；他希望对诉讼过程建立掌控以便确保蒙戈瑞希的暴力会成为核心争议点。他的辩论的余下部分重新确认了这点。蒙戈瑞希在他实际获得土

① 以解释清楚我们对于术语的应用，我们重申，对"明确引用"我们指的是一段不必联系具体案件的事实或者背景就应该能够被理解的规范陈述；一个"暗示引用"则是一种其中的事实列举仅能够依据一条公认（而未明确声明的）才能得以理解的方式。此外，明确的援引在句式和措辞上可能是直接的（"法律规定……"），也可能是间接的（例如，"我想问……是否是正当的"）。

地之前就把孩子们赶走了，而在那时候里奥科仍然相信它属于拉德特拉迪的父系亲属。（毕竟他由玛莫胡茨瓦获得了对洼地的使用。）最终，在对蒙戈瑞希引发了纠纷的主张和对围绕扣押山羊的事件的描述中，里奥科试图加强原告作为一个冒犯他人、干涉财产的粗暴人的形象。

在他的判决中，泰塔尼仔细地区分了三个不同的争议点。他首先审理了交互辱骂的问题并判决里奥科相对地比蒙戈瑞希更有罪。他的判决并没有包含对规范的明确援引，而是简短且切中要害的。然后他听取了关于土地交易的更多证据，再次在没有解释他的理由的情况
97 下，把它（和洼地）判给了蒙戈瑞希。最终，他听取了关于山羊的论述。里奥科承认他的公羊回来了，但是他强调说这不是核心问题；无论如何，在案件被呈报给区头人的时候它并没有回来。看上去支持他认为是他的整体争论的必备部分的陈述他提起这件事的方式，在知晓这公羊已经不再失踪后。但是泰塔尼把这个问题解释为一个关于牲畜占有的直接纠纷，对里奥科处以了罚金。头人将三个争议点区分的判决不能令被告满意，他将它们辩论为是一个单一的主张。但是，如我们将要指出的，这是茨瓦纳机构面对多重纠纷时候的可选选择之一。

在酋长的科特拉听审中，蒙戈瑞希再度选择主张他对土地的合法取得。在建立他的主张的规范基础时，也许怀着对里奥科会再度主张在纠纷发生时候那块地还不是一块被耕作了的土地这一预期，他解释说这块地的确很久没有被耕作了，他示意说他是带着耕作的意图去买的。他接下来描述了围绕交互辱骂和对山羊的扣押的事实并以他对里奥科不再具有诉讼理由结束。里奥科的陈述，比他早先的听上去较不可信，看上去针对的是他所接受的“非法的”额外抽打。他同样重复了他关于交易本身的主张并且开始构建一个与他之前所述相似的案由。在回答问题之后，他立刻重复了他关于规制使用暴力的威胁的规

范的明确阐述。

这次听审中的判决具有重大意义。酋长通过确认泰塔尼的判决驳回了里奥科集中在蒙戈瑞希宣称要使用暴力上的辩论。在集中处理对土地的权利时——他将争讼缩小到这个问题上——他将评论致与蒙戈瑞希的诉求。他以陈述规制对土地转让的规范开始，这个规范使蒙戈瑞希关于有效交易的主张归于无效，他命令他拿回牛。因此，在判决该案中，酋长在首要关注中选用了原告的辩论范式。他明确引用了一个冲突的规范，并作出不利于他的判决。作为结果，里奥科使用洼地的权利被重新建立。

98

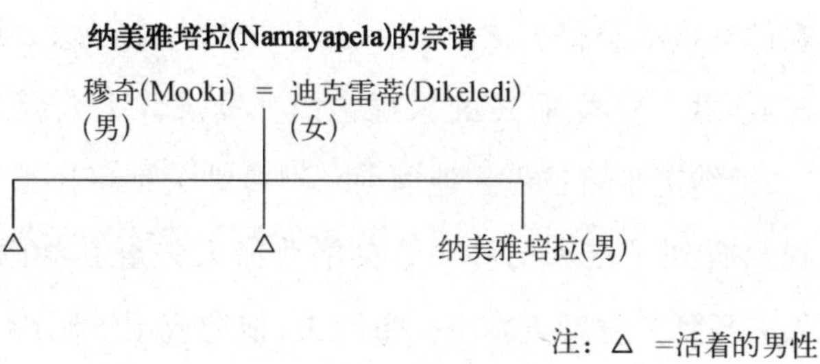

图 6

案例三：纳美雅培拉(Namayapela)，令人烦恼的儿子

这个案子如许多一样，产生于跨代的财产转移(见第六章)。穆奇(Mooki)是莫丘迪(Mochudi)的马奈麦克古斯(Manamakgothe)区的一个又病又老的成员，他的母亲曾经是头人莫洛普(Molope)所属的父系亲属族群的成员。纳美雅培拉是穆奇的较年幼的儿子之一(见家谱)。有几年中他和他的父亲之间处在尖锐的紧张关系中。因为他其他的孩子们都在外地做流动劳动力而不在身边，穆奇害怕，等他死的时候，纳美雅培拉会抢得并挥霍掉他们对他的遗产的份额。他因此试

图为纳美雅培拉安排一份生前的分配，但是后者拒绝接受。本案由酋长的科特拉听取。

穆奇：我带着控诉来此。我的儿子纳美雅培拉给我带来了许多麻烦。他已经令人烦恼很久了。最近我告诉我的区的头人莫洛普，我想要给纳美雅培拉他对我财产的份额。这样做的目的是为了摆脱他，因为我害怕如果我现在不将他的份额给他，他会在我遗产的分割中欺骗我其他的恭顺的孩子们。但是，他不肯接受它。

我害怕纳美雅培拉可能会杀掉我以获得我的牛群。这就是为什么我想要给他我认为他所应得的；然后我就可以和他没有关系了。我要阻止他在我死去时候为所欲为的机会。

我将案件呈报给莫洛普之后我就去查看谷物长得怎么样了。当我回来的时候，我与一个服丧的家庭会面。莫洛普头人派塞托哈比(Setlhabi)去把纳美雅培拉带到他面前。但是纳美雅培拉不肯去。那
99 天晚上在我家听到了巨大的吵声。莫洛普派人去查看吵闹的原因。莫洛普派人去找到并把纳美雅培拉带回去，他造成了吵闹声并且试图杀死我。当他大喊大叫的时候他是在找我，但是他没有找到我。莫洛普所派去的人报告说纳美雅培拉有一把凿子和一把锤子。他们试图把这些工具拿走，但是他不让。

那天晚上我想要回家去睡但是被劝说最好不要，因为纳美雅培拉是如此无法无天，他甚至可能会杀了我。第二天早上我回家去拿祷告文书，这样我就能在丧亲家庭的家中主持祷告。纳美雅培拉叫我坐下；他有事要告诉我。我拒绝了，因为科特拉叫我去。他的母亲和莱蒙科瓦纳(Ramakokwana)哀求我听纳美雅培拉说话。我照着做了，听纳美雅培拉说话。纳美雅培拉问我是不是很享受把他报告到科特拉。我的回答是我不能答复因为我现在被急召。

当我发现他是在纠缠不休的时候，我命令他安静。他抓住我的衬

衣，我发了脾气并打了他一下。当他试图掐死我的时候，我抓住了他的性器官，然后他就放开了。他张开了他的大腿。那些在场的人分开了我们。我再次向莫洛普头人汇报说纳美雅培拉殴打了我。莫洛普把这个上报到了酋长的科特拉。纳美雅培拉在我面前公然藐视我，我因此请求酋长帮助我把他的那份我的财产交给纳美雅培拉。

纳美雅培拉：穆奇是我真正的父亲。我从来没有打他。我抓他的衬衣想要打他是真的。我是在剧烈的情绪中抓住他的。我的目的是要劝他听我说话。他拒绝了但是被我的母亲和莱蒙科瓦纳劝服。锤子和凿子是我的。当我手中拿着它们的时候，我岳父问我是要去干什么：我是不是意图去自杀？我什么特别的都没再想地把这些工具拿开了它们平常的地方。

我对我的父亲从来没有诉由。我的母亲对我的父亲说："你在给纳美雅培拉制造麻烦，你知道他的妻子怀孕了。她会因为纠纷生病的。"

麦左波(Machobele)来告诉我，他被指派来抓捕我；但是他对理由并不清楚。他说我被等着在科特拉做报告。我拒绝去。然后我叫我父亲解释为什么他和莫洛普串谋针对我，而不先和我谈谈。我不愿接受我父亲想要给我的牛群。我告诉他说如果我不是他的儿子我就不该得到牛群。我告诉他说我不想要它们。

穆奇：纳美雅培拉不问我就把牛卖了，这是另外一件惹我厌烦的
事情。他从我的牛群收益，但是当我叫他的时候他却不肯来。那就是 100
为什么我想要给他对财产应得的份。我告诉莫洛普和我的兄弟们我想给纳美雅培拉他的份这样他就能从我身边离开。

莫洛普：穆奇告诉我说他想要把他的财产中的牛群给纳美雅培拉，但是纳美雅培拉拒绝接受。我派人去传唤纳美雅培拉，但是他拒绝到科特拉。我犹豫着是否要采取强制措施。当纳美雅培拉不肯来

的时候，他对人们说我曾经说他宁愿他们把他的死尸搬到科特拉而不是让他活着过去。

纳美雅培拉：的确我被召唤去科特拉但是去不肯去。我告诉塞托哈比，他是被派来找我的人，我的妻子生病了。我从来没有说过我永远不会活着过去。（回答一个问题：）有一次我在科特拉因为打了一个侮辱我的女孩而被鞭打。她提到了我的睾丸。

迪克雷蒂：我知道纳美雅培拉和穆奇之间存在的纠纷。穆奇是我的丈夫（蒙纳；也作“男人”）。纳美雅培拉让他的父亲感到烦恼。穆奇带着他到牛群处去给他牛，那将是他对他父亲财产的份额。纳美雅培拉拒绝了二十头牛。

纳美雅培拉没征询他父亲的意见就卖了两头牛。他把钱花在去勒斯腾堡（在南非）购买屋顶材料的途中。当他去勒斯腾堡的时候，他也没有征询我的意见。他不把我当作母亲来尊重。他把我当作随便哪一个老女人。当他把他的父亲扔到地上，威胁要打他，我说对他们俩来说最好是断绝关系。他指着我说：“你这个老女人，走着瞧。”

当穆奇叫拢他的兄弟们来告诉他们他想要给纳美雅培拉牛群的时候，纳美雅培拉以他的兄长不在为理由拒绝了他们。穆奇说他并不是要把财产分了。他想要把纳美雅培拉的牛群给他是因为他令人烦恼。

我对穆奇说在纳美雅培拉的妻子怀孕的时候和他有纠纷是不好的，因为这会让她生病。我是在同情纳美雅培拉的妻子而不是他。

在纳美雅培拉拿着凿子和锤子的那天晚上，他威胁要自杀。他也在询问穆奇的下落。因为他在制造大量噪声，我告诉我的幺子，他的哥哥在对着我们做傻事。他想要杀死你的父亲。没有人能用一把锤
101 子和凿子来自杀。纳美雅培拉说他要看看到日落的时候他能达成什么。他说如果他什么也不能达到，他宁愿死。

纳美雅培拉：我愿意接受我父亲穆奇想要给我的牛群这样我就会离开他。

酋长：纳美雅培拉，我仔细听取了你和你父亲之间的案件。你父亲在和你讨论他想要把你的份额给你这件事中他是非常礼貌的。你一直到和他打架为止都拒绝接受牛群。

你不应该让你的父母日子难过。如果你厌倦了活着，你随时可以自杀而不是让生活变得对他们来说难以忍受。你选择了对你的父母无礼。无礼、不正直和撒谎并不导向永生。你必须遵守酋长的话。因为你的无礼，你拒绝回应莫洛普头人对你的召唤，也不感激你父亲对你的好意。我认定你有罪。为不服从莫洛普头人的召唤，我判处你五下抽打。为拒绝接受牛群，我判处你四周监禁。下一周你必须和你的父亲去牛群点以便他把牛群交给你。

在此纠纷中规范援引的模式和在案例二中所观察到的显著不同。原告穆奇以陈述他的儿子已经很久以来令人烦恼为开场。他似乎围绕着与父子关系有关的概括性规范组织他的辩论范式；他因此提到了他儿子的顽抗和他不肯服从他或告知他对于家庭财产的处分。纳美雅培拉被塑造为吵闹的、无礼的和据说想要杀害他的父亲——对关系的终极否定。从始至终，他对规范的诉求是非明显和概括化的。穆奇解释了他想要分配给纳美雅培拉他财产的一部分的意愿，是一个在绝望中作出的试图割断他们关系的努力。因此，虽然他的主张的这部分非明显地援引了一个具体的实质性规范（一个父亲生前分割他的财产的权利），它的目的在于在更概括（规范性）的语境下总结关系的状况。[①] 纳美雅培拉拒绝了牛群，主张他仍然是穆奇的"真正的"儿子。

---

① 确实，穆奇（Mooki）的妻子作证道，他曾说他并非真的要分割财产。他只是单纯地希望能够给娜莱雅佩拉（Namayapela）他的那份来终止这段关系。

102 但是，因此，他对子女义务的不履行就变得更为严重了。因此穆奇请求法庭命令纳美雅培拉接受牛群来终止他的家长责任。对他来说，关系本身才是争议的焦点。生前分配仅仅是一种达到更根本的目的的手段。

纳美雅培拉似乎接受了他父亲建立的辩论范式，如他的开场白（“穆奇是我真正的父亲”）所显示的。但是，在不对和父子关系有关的规范的有效性产生争议的同时，他持续努力就案件的事实进行一个不同的解释。的确，他对牛群的拒绝接受可以被合理化为他试图维护他对父子关系的承认的努力，虽然一系列支持他父亲的证人似乎使得他在这方面改变了想法。在他的判决中，酋长区分了两个争议点：纳美雅培拉作为儿子的令人烦恼和他拒绝对莫洛普的传唤作出回应。他对它们各自援引了规范的明确陈述，这是本案中首次听到的明引，并且他相应地判决纳美雅培拉有罪。

虽然在案例二和三中的陈述不包含使用形式性语言规则（见本书第 6 页注①）的发言，它们展示说一种持续的模式构成了规范性集合在纠纷处理过程中的部署的基础。现在应该已经清楚的是，多数辩论是通过对 mekgwa le melao 的非明确引用来组织的。后者构成了本土公认的讲述的领域，在其中进行着有意义的辩论和基于它可预测的假定，对所主张的相关事实的说明本身必然需要对规则进行无须言明的暗引。对此听众并不需要明引就能明白理解；基于规范集合的特性，对信息的组织良好的叙述就足够了。确实，对 mekgwa 的过多陈述对大多数茨瓦纳人来说是对基本的演说技巧的违背。如这显示的，对某一个规范的明引表达，是带有特别显著意义的修辞行为。然而，要理解这种援引方式背后的逻辑，就需要区分在辩论中作出的和在判决的语境下作出的援引。

由已述的可见，原告甚少在陈述他的案由的过程中明引规范；因为他先发言，他对事实的展示会建立他的辩论范式和它的规范基础。与这相一致的是，蒙戈瑞希和穆奇都没有进行对 mekgwa le melao 的明引。但是其后的发言者必须作出一个具有根本重要性的选择：他们要不就事实进行异议，要不就共同认可的事实上所适用的规范进行异议。例如里奥科，他最终没有质疑蒙戈瑞希对他们间冲突的描述的事实基础；相反，他试图用另一个规范范式来对它进行评价。为了这么做，他作出了辩论中对规则的仅有的一次明引。另一方面，纳美雅培拉并没有质疑他父亲穆奇所建立的规范范式。相反，他试图引入补充性证据（他妻子的怀孕），他也对其他人所推断的事实主张提出了异议（例如，他的确拿出了锤子和凿子但是没有特别的原因；他意图杀死他的父亲并不是一个"事实"）。因此，在案例三中，在争论者双方共享同一个范式的情况下，并没有对规范的明引，辩论集中在对问题中的情况和行为的说明上。 103

当我们把这些观察结果放在一起，很明显只有在争讼一方想要质疑他的对立方所展开的范式并且对辩论所在进行的语境获得控制权（或者进行改变）的时候，他才会对规范进行明引。原告一般情况下不需要这样做，因为他组织"事实"说明的方式本身建立了他的范式。虽然在案例二和案例三都没有发生，一个茨瓦纳原告似乎仅在他预期被告会来质疑他对争议本身的定性的时候才会公开明确地引述一个规范（或者一组规范）。（需要指出的是蒙戈瑞希并没有这样做；他对里奥科的论点的预计是针对他的规范引用框架内的事实问题的。尽管在其他案件中，我们有时会听到如前所述的预期性论述。）因此，mekgwa le melao 通常是被被告明引的，但当原告想要事先瓦解他的对立方的范式时，他可能也会这样做。

于是，在辩论的过程中，茨瓦纳人之间对规范的明引表述是与控 104

制辩论范式的努力有关的。如果就范式并没有争议——如同在案例三和大量我们所熟悉的其他案件中——我们可以预期将不会有对mekgwa le melao 的公开明确的援引。

在判决中对规范的援引是与它们在辩论中的适用直接相关的。在案例二和三中发生的三次听审中,裁判者作出了对 mekgwa le melao 不同种类的援引。在案例二中,泰塔尼区分了三个争议点并对它们分别取证,他没有援引规范集合而径直给出了他对案件事实的判决;此后酋长认为这同一桩诉讼的首要问题是土地的转让,他依据一项具体描述的规范作出了判决。在案例三中,涉及纳美雅培拉,酋长区分了两个争议点并明引了与每一个点关联的规范。

在大量的案件中茨瓦纳裁判者独立出纠纷中的单个争议点,并宣布一个与其相关的、不对任何规范进行明引的判决。当辩论发生在共同接受的范式内并主要指向案中事实时,以这种方式作出和展示判决的倾向占了主流。但是如果裁判者觉得在争讼中涉及了多个问题,他也许会做两件事之一。他可能会听取整个案件并在他自己的最终陈述中区分相关争议点。在这种情况下他(如同案例三中的酋长)将辩论放入两个或者更多的框架中并阐述了合适的规范以使这一区分合法化并为他的判决提供法律依据。在此过程中,他重新组织了辩论的范式结构并且阐明了他的组织的规范基础。当然,泰塔尼也在他的判决中区分了一系列的争议点(案例二),但是他在任何一个阶段都没有援引规范。但是他对争讼的处理有一个具有显著性的特征:他事实上将听审分为了三个部分。在每一个部分中他接受诉讼双方共享的范式[①],并就事实作出判决。如果泰塔尼将案件作为一个整体来听审,

---

① 他可以如此做是因为争论者并非就争论中问题的三个方面的规范基础单独看有所异议;更确切地说,他们是就争论中涉及的规范作为一个整体而有所异见。

他必须要在作出判决之前对辩论主张作出判断；那样就他就应该要阐明和判定相关规范的优先性。这恰恰就是案例二中酋长所做的。在 105
把争讼当作单个争议点的情况下，他不得不识别和选定相对争议方所展示的范式中其中一者的优先性。在选择依据蒙戈瑞希的范式作出判决时，他提及了一条关于土地交易的相关 molao。这与原告的诉求相矛盾，而酋长作出了不利于他的判决。简而言之，判决者在他们不得不，或者觉得有必要去区分或在相互冲突的辩论范式间作出判定时，会公开明确地援引 mekgwa le melao。这些范式可能由争讼方展示给他们，或者它们也可能特别为了判决的目的而被制定阐述。[①]

最终，案例二和三表明对规范的原因依据两种维度有所区别。第一种维度，明引/非明引二分法，从属于争讼方与裁判者赋予辩论的过程以形式并施以控制的方式。第二种维度是在纠纷处理程序中所举出的规范的具体性/概括性。案例二的特征在于依据的关于土地交换和施以侵害的意图的确切、实质性的规范下的辩论。案例三，在另一方面，随着对更概括的、抽象的关于父子关系的规范的引用而进行。值得一提的是，在案例二中原告重复地强调说争议是围绕着某一个价值的并且他对其主张权利；明确地，他认为他与被告之间的关系本身不在审查之下。一旦他的财产权利得到了恢复，他就“对里奥科没有了诉讼理由。”明显相反的是，在案例三中穆奇将他与纳美雅培拉的关系呈到法庭面前。涉及生前的财产分配的这一实质性争议点不过是更大问题的一个征候。这似乎说明在与关系和身份的协商相关的案件中，诉讼与判决是依据概括性的规范作出判决的；而那些引起关于

① 茨瓦纳人中产生的案例，在争论者被介入的第三方打断和质询的程度上差异很大。当打断和质询确实发生时，似乎遵循着和从诉讼当事人和法官口中观察到的般相同的原则。在大多数情况下，质询是就争论者描述和解释的事实进行的。只有当发问者力图抨击某一个争论者所依据范式时，规范才比较可能被明确引用。

特定价值的权利纠纷的案件则标志性地(非明引地或者明引地)援引了高度具体化的 mekgwa le melao。当辩论涉及关系和价值两者,如它当然可以的那样,那么具体的和概括的援引都可能被作出。

106 但是,将变得显而易见的是那些观察到的区别——以及更广泛来说的,规范集合的特性和对它的援引的逻辑——会造成一个根本性的分析上的问题;因为如果运用 makgwa le melao 的方式依据辩论的客体而区别,由此得出的是争讼过程的形式(或者形式的范围)系统性地与争讼的内容相关。此外,同样显而易见的是,这种形式—内容关系需要在我们有效地考虑规则和结果间的关系或者提出判决的问题之前得到解释。

第四章　纠纷的框架

如我们在第一章中所见，在茨瓦纳社区中由若干机构共同为纠纷及其解决提供了制度性框架。此外，茨瓦纳人还共享关于这些纠纷可以如何避免、与当它们发生时应当怎样妥善处理的已成熟形成的观念。在任何情况下，以解决为导向的活动被认为是对冲突情况的理想且妥当的回应。报复性暴力以及对遭受侵占、侵犯的财产的强制扣押在严格限制的范围内被接纳，但是极少获得明确的社会认可。类似的，虽然神秘主义的手段技巧被用于激发建立起承受痛苦与不幸的责任时是被认可的，但为了复仇的目的而适用这些技巧手段则是被强烈反对的。

形式位阶

以解决为导向的讨论可能发生在数个场景中，这取决于差异广泛的各种形式性与情势性限制条件。这些限制条件间差异如此之大主要是因为这一事实：看似致力于解决纠纷所进行的努力可能只涉及独自行动的纠纷当事人本人，但是它们也可能涉及一系列第三方的介人。而当第三方介入时，他们的参与可能主要是消极的，被限于在纠纷双方之间传递信息，参与也可能是被积极导向于形成一个解决方案
108 并力劝相关个体照此办理。在较高级别的制度层级中第三方可能有权在公开法庭作出并执行其判决；在较低级别中他们的介入可能只是加速协商与妥协，并在此过程中，他们可能公开地支持争端的一方或另一方并与之联合，或者他们也有可能采用中立调停者的位置。在这些情况下，科赫(Koch, 1974: 27 - 31)在协商、调解、判决的过程之间所做的初步区分看上去是相关的，至少在形式位阶的框架下，而这种位阶之中这些以解决为导向的行为按照本土的方式组织。

茨瓦纳人认为应在四个层级上有序地进行针对解决纠纷的尝试。第一，虽然在理想中个体应该向男性尊亲属报告任何可能引发冲突的事端，但是当事人本身应当在引起他人的积极参与之前先力图解决他们间的争议。第二，如果他们最初的努力失败，纠纷当事人必须寻求来自父系和母系尊亲属——父亲，兄长，叔伯和舅舅——的建议与帮助。如果这种非正式的介入没有得出一个成功的解决方法，这件事就要被报告给被告诉方所在区的头人。只有在区头人也无法平息纠纷的时候，它才会被上报到酋长的科特拉。于是这些机构提供了一个通过它任何纠纷都可以得到处理的位阶性程序；就是说，应该按照顺序在每一个层级试图解决，除非看上去不可能得到解决，案件不应该被提到一个更高权威处。

在这些层级的第一层，在此阶段只涉及双方当事人，解决的模式必然是一个协商的模式。解释与道歉应以纠纷各方之间私人会晤的方式进行，在此时补偿/赔偿的提议应当伴随着对未来和睦与良好行为的保证。当这种双方的接触不能解决矛盾的时候(或者，如经常发生的那样，只会使之恶化)，他们所求助于进行调解的男性亲属也有充分的自由来选择寻求争端解决所需遵循的程序。通常他们以非正式

地试图劝说双方为开端，可能单独也可能共同进行，以求在冲突升级到尖锐的公开对立之前使得他们与对方和解。作为另一种选择，他们 109
也可能建议召开一次纠纷当事人所属父系亲属群族（宗族）或群族间的正式会议。在任何情况下，在纠纷可以被提到更高层级之前，必须要召开一次群族会议。在群族会议中，解决的模式仍然是调解。介入纠纷中的男性亲属可能会强调可供选择的行为的可能并力劝纠纷方遵循一个得到认可的解决方法，但是他们并无强行执行决定的公认权力。

如果一个纠纷没有在较低的层级得到解决，它就被带到最初的指控所针对的该个体的区头人处。在这个层级上仍然有一些程序上的灵活性。各方都可以对头人提出非正式的诉求，或者事件可以直接在公开的科特拉的正式场景中提出。类似的，头人也可以选择以正式或非正式的方式处理纠纷。他可以通过提出一个他认为对双方来说都应当是可以接受的解决方案来决定进行调解；他甚至可以把他们送回去在他们的近亲属之间进行进一步讨论，如果他觉得这种方法并没有被充分利用。不过，无论他们赞同与否，头人有召集听审的权力并且可以作出一个各方都必须遵循的命令式解决方案。当一个头人选择以这种方式来处理一个纠纷，解决的模式就属于判决。在这种决定面前，当事方可以针对结果进行上诉并把案件带到酋长处。一旦发生了这个，后者必须在听取各方与他们的男性尊亲属的说法前，听取处理此案的头人的报告。和头人一样，酋长（或者他的代表）可能试图达成一个调解式的解决，[1]或者他可以径直作出一个最终判决，这个判决如

① 到 1969—1970 年的时候，在酋长的科特拉进行正式听审之前要试图达成一个调解式的解决，已经变成了在西堤人间的一种常规行政程序。当争讼当事人在部落秘书的面前陈述己况以确定他们的听审日期时，他们被要求对他概述他们的案件，而他试图——有时会成功——去解决这个问题。茨瓦纳人会将这些结果描述为在酋长的库特拉实现的非正式解决。

有必要他可强制执行。换言之，协商，调解和判决，作为矛盾解决方式的模式，处于一个固定的理想关系中：在依次求助于更高层级使用调解与判决的方法之前，在最低阶的层级应当先进行协商（参看
110 Gulliver，1979：22）。在另一方面，在日常的纠纷解决程序中，即便最开始解决问题的努力无果，协商也并不自动让位于调解和判决；因此将处理机构和程序模式以任何僵化的方式联系起来，都是一种过分简化。

过程与程序

因此形式位阶提供了处理纠纷的制度性框架，但茨瓦纳人认可一系列的程序上的灵活性存在，这显现在任何一个案件的处理过程中。除了在头人和酋长进行裁决与调解中所保留的策略空间，灵活性在更低层级尤为明显，在其中争议各方可享有相当的自由来决定他们找谁来介入他们的纠纷。当然，形式模型本身允许一定程度上的机动性，因为多数纠纷当事人都有若干个可从中作出选择的父系或母系尊亲属。而且在实践中他们也不将自己的选择限定在这些亲属中，因为他们选择谁同样也取决于他们引入第三方时所要达到的不同的初始目的。

这些初始目的，基于本土理解被大致区分为三类。第一，一个个体可以找上另一个人只是为了讨论一个令他或她感到不适的事件或关系；即是说，可能以感性说明为目的找上一个可靠人。在这个阶段，该个体会试图组织他自己对情况的说明，来判断他是不是实际上已经卷入了一场纠纷。在某些情况下，他可能确实希望引起一场争端并推动其发生，要不以一种不友善的方式行事，要不利用一次偶发机会来使得矛盾合理化。在此，潜在的争端当事人会找上该可靠人以进行自

我辩解，并寻求如何组织情节说明上的帮助。无论在这种试探性求助背后的具体动机是什么，许多在后来由对立诉讼方之间清晰陈述的争议所支撑起的案件，始于每一方试图通过与第三方讨论来组织出模糊的认知。所被找上的个体的身份有时只是一个偶然的机缘；他可能只 111
是一桩令人担忧的事件之后纠纷方所接触到的第一个人。但是偶然性的因素并不减损这首个接触的重要性。这位可靠倾听者的回应——无论是消极的赞同，确认性的愤慨，或者是对纠纷当事人的解说的不认同——在决定这件事情应当被追究还是遗忘方面通常都是重要的。

第二，纠纷当事人可能想要寻求和解而可能招来一个中立的调停者以促进他的努力。在这些情况下第三方很有可能是一位被认为既公平又擅于调解以及非正式和解技艺的人物。如果纠纷各方是亲戚，调解者可能是一个与双方的亲属关系被认为是同样近（或者远）的人，因为如果他与其中一方比与另一方更亲，那么他能够以成功调停的可能性就会比较小；会被选择的往往是与纠纷双方都没有亲属关系的人。

第三，介入方可能会因为策略目的而被纠纷当事人找上，以求他在未来的对抗中成为其支持者。在此，介入方被倾向于限定在与纠纷当事人有着特定亲近关系和/或者有着互惠义务的人中。这些介入方被认为要在纠纷过程中帮自己那边，无论是在科特拉的正式场合之下还是之外。纠纷的任何一方都会尽可能地扩充自己的支持方，并会致力于拉入有着政治影响力、名望和诉讼技巧的人。当纠纷双方有着亲属关系或共同居住地的联系的情况下，对同一方支持者的竞相召集具有关键意义，因为双方都主要来自同一片区域。①

① 纠纷一方当事人也可能试图让一个支持者伪装成为中立调停者来显得他是在寻求和解；因此能让人们看见起码有一定的和解导向的努力是被认为是道德上可信的。

这三组目的并不相互排斥；在特定的情况下，纠纷一方可能为了实现三者中的部分或所有而去寻找第三方，而第三方介入所能实际发挥的作用也并不总是清晰或不变的。而且这些目的也可能依次或同时显露。在前者的案件中，同一个个体可能被选择以满足每个目的所需要的角色，作为被倾诉方开始，成为一个居中调停者，并最终成为纠
112 纷当事人其中一方的支持者。然而，在全部三个目的都同时得到表达的情况下，纠纷当事人可能选择不同的人来扮演不同的角色。事实上，有些茨瓦纳人看似将这认为是最合适的策略，如案例四所显示的。

案例四：玛姆(MMA－M)和副酋长[①]

在博茨瓦纳罗朗的首府村落好望村(Good Hope Village)，村发展委员会(村发委 V. D. C.)主席，玛姆抱怨副酋长雷布(Rre－B)曾于1975年在一起于部落办事处之外发生的事件中质疑了她的名誉与人格。雷布曾经掌管了一部分的村发委资金，为此他曾被反复索要。当玛姆最终要求他上交这些款项的时候，他拒绝了，并愤怒地宣称她在指控他偷窃。在他对她的谴责中，雷布指责玛姆不诚实和唯利是图。如一些信息提供者所说，这段对话似乎是表达了传统权威势力和村发委官员之间长期存在的紧张关系。

玛姆被许多人以为是一个具有活力和能力的政治人物。在这场争吵发生之后，她即刻离开了办公室去找当地小学的校长，该校长也是村发委的秘书。她一找到他，就开始叙述这件事并回顾了一系列她认为与此相关的事件。最初她的叙述是由她随机提起纠纷的某方面的无序的言论构成的。但是随着她往下说，她似乎组织好了对情况的描述，并以评论说这肯定是一起可诉的案件结束。那位校长的参与只

① 在合适的情况下，这些案件中的参与者的名字被缩写和/或改动以保护他们的身份。

限于对事实的提问和对她所发生状况的时不时的接受，他始终表现了一种顺从的姿态。会谈结束的时候，玛姆在谢过了他听取她的话并开导她之后，直接去了村的瓶装酒销售店，在那里她看到了区头人之一的卡车。后者，也就是雷普(Rre－P)，他的家离好望村还有一些距离，因他的智慧和作为纠纷调解者的能力而得到高度敬重。

玛姆将雷普拉到一边并问他能不能就她和副酋长之间发生的问题对他们“提供意见”；而因为他职位距此颇远，他永远都不会被要求在他的正式职权中处理这个案件。雷普同意陪伴她去部落办公室，但当他们到的时候，雷布已经离开了。玛姆劝服秘书去给他送个信，他 113
在一个小时之后回来了。

玛姆开始描述引发她抱怨的事件。当她这么做的时候，雷布愤怒地站起身来并准备离去。雷普警告了他并叫他坐下，他也这么做了。但是五分钟之后他还是走了。玛姆和雷布之后开始着手寻找支持者，并在两天之内，这场纠纷变成了满城皆知的事件。一周之后玛姆找到本人是莫罗朗(Morolong)人的地区长官，请求他介入；雷布也使得酋长成为他的支持者之一，所以这两位本身单独有权主持习惯法法庭(即酋长与副酋长)的人物变成了被直接卷入的帮边者。因为有可能成为一个威胁到当局的敏感问题，地区长官决定非正式地对此事进行听审。在进行她的陈述时，玛姆强调说她最初听取了一个可靠的当地人(校长)的意见，然后寻求一位作为仲裁者而享有美名者(雷普)的调停；事实上两者将作为证人出席来为她的这些举动作证。

在判决玛姆胜诉的情况下，地区长官赞扬了她试图将事件私下快速解决的深明事理的努力。一些罗朗人，当谈及此案的时候，表示说她面对势力强大的对方能够获得这种令人佩服的胜利，是因为她非常小心地以一种道德上值得赞扬的方式进行处理，同时寻求着大量和高质的支持。

处理机构的位阶可能解释了纠纷解决过程的形式特征，但是显然，处理的程序性过程和任何一桩具体纠纷的性质都取决于外在于它的一系列变量。其中最为重要的两者可能是所涉及的主体之间关系的性质，以及参讼方的目的，如在纠纷目的中所示的。

在茨瓦纳人中，较少纠纷是出于发生在完全无关的陌生人之间的孤立事件中，这些陌生人只是在该纠纷的特定情况下才暂时有了关联。纠纷各方通常都是彼此认识的人，就算他们未必因为亲属关系或共居地而关联。他们之间关系的性质可能有很多种。在一种理想典型的极端下，这种关系是高度特定的；即其内容源于并主要限定于公
114 认的和特定的义务，不管是暂时的还是长期持续的。[①] 在另一种极端情况下，当事方可能处于一种一般性的联系中，在这种联系中亲属关系与共居地关系被相互或互补的义务、合作甚至敌对关系所覆盖。于是，在这两极极端之间，关系呈现一种取决于它们的内容从绝对特定所能延展到的一般性程度的线性递进分布连续性。

直接切过关系维度的是参讼方目的的维度，其性质对任何纠纷的对象与其程序和政治任务有着重要影响。参讼方的目的，也可同是根据线性递进排列，这取决于它们的特定性或一般性。一方面，它们可能主要被指向于解决一个一个因特定价值而产生的争议点，比如牛群对谷物的偶然毁坏或者对一件财物的所有权。在这些情况之下，除了与事件直接相关的情况之外几乎没有其他考量会对纠纷产生影响，而它的解决也可能简便快捷。在另一方面，参讼人的目的可能更一般化地指向对关系的协商本身。这可能会涉及，比如，试图完全割断联系

---

① 暂时的（确定化的）关系是指那些当相关的互动或交易完成之后双方的联系也会结束的关系。例如，一者为另一者提供货物或服务以换取即刻支付的行为。侵权关系也归于此类。茨瓦纳人之间的长期持续的确定化的行为的一个范例就是两个除此之外无关（非共同居住地）的人之间对耕地边界的共有共享。我们有所保留地使用“确定化的”这个词，然而，我们并未找到有另一个用法可以完全表达我们所意指的。“契约性的”的意义太过狭窄与限定，而“单线的”（或“单一的”）又太概括且比起内容更偏近于形式。

本身(见案例三),重新定义其法律性质(案例九),或者重新排列其中所含有的相关位置(见第六章)。在这些案件中,看似纠纷直接处理的价值就本身而言意义甚微,虽然它可能构建了争议所能围绕着进行组织的焦点。确实,纠纷本身的对象的可能有很少甚至没有什么固有价值。如我们在他处指出(Comaroff and Roberts 1977a),一个关于家用器皿的纠纷可能由一个茨瓦纳酋长的科特拉进行最严肃的处理,而一个涉及一大群家畜的纠纷可能通过非正式的协商或调解就轻易地解决了。因此,一个纠纷的严重性与其对抗中的紧张度都不必然由问题中涉及的对象或权利的物质价值决定,因为这可能仅仅代表就一个更为根本且非常不同的、本质性的问题进行对抗的象征框架。[①] 在此强调这个很重要,在解决机构的位阶内发生的过程程序并不总是涉及对纠纷的解决,因为当事人也会为关系的公开行使和认可提供舞台,其 115
内容是先在的政治互动的运作。

决定当事人目的的本土观念因素有着广泛的差异。然而在其中重要的是参讼方各自的生活状况和矛盾所发生的社会背景。因此,比如一个急需钱来还债或者处理紧迫事务的人可能很希望看到任何纠纷通过得到一笔可接受数目的补偿而快速得到解决。相反,另一者可能出于生涯中这样一个阶段,在此阶段中他认为在公众面前旷日持久的诉讼中扮演一个突出角色对他比较有利。在这种情况下,一个纠纷可能会提供给他展示他政治上的睿智和他的支持者的力量或者允许他去测试和重申他与他的追随者与反对者关系的机会。就对纠纷解决程序的分析本身而言,关键的问题并不在动机本身;它更大程度上是关于参讼方不同顺序的目的,一旦被具化与发生。

① 在梭托人-茨瓦纳人之间,通过聚焦于某一样特定的权利或客体来构建关于关系的纠纷中的争辩,是非常普遍的做法。

两种现象性维度——当事人的目的与关系——都取决于广泛的变量且本身包含了不同因素[①]这个事实本身可以表明要抽象出一个可以涵盖日常纠纷解决过程的模型是不可能的。然而一个系统性的关系存在于两组递进线之间，这两组线性模式各自描述了两方之间的社会联系的性质和他们目的的性质。确实，这种关系是这样的，以至于一个模型可以构建起来以简要说明茨瓦纳人的程序和过程形式的区分倾向特点。这个模型在图1中显示。

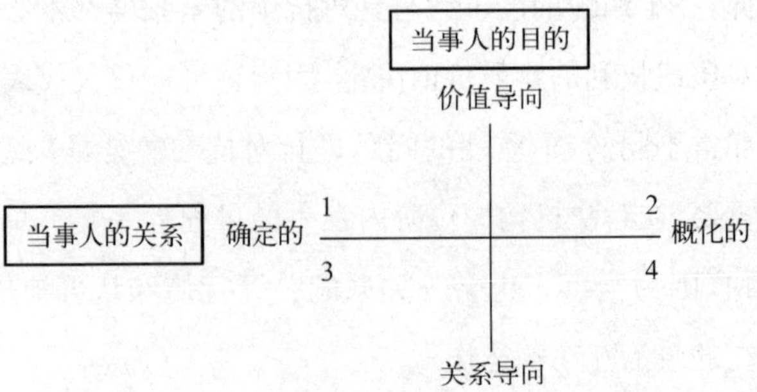

图表1　程序形式的模型

如这个模型所表示的，两个维度以这样一种方式交叉以形成四种可能的情况集合：

(1) 在其中就一个具体价值的纠纷出现在具有基本上是特定关系的人之间；

(2) 在其中关于一项具体价值的矛盾发生在一种一般性联系的背景下；

① 我们并非辩称当事人的目的和关系是标志纠纷处理程序的仅有的因素；我们只是认为它们组成了茨瓦纳人中大多的情势考量和社会考量是如何被包含和表达的两个基本维度。库珀(Kuper，1971：23)，譬如，讨论了法庭对当事方的关系的重要性。他坚信，这个因素，连同当事人之间的关系(如Gluckman，1955a：21和其他多处)，影响了解决所选择的模式。我们虽然并不认为当事人与法庭之间的关系是一个独立的重要因素并因此并不在此提及，这一点仍然确实可能在比较分析中具有重要意义。

(3) 在其中由特定关系相连接的人对他们之间关系的性质进行辩论；

(4) 在其中一项一般性联系本身的性质和内容成为当事人之间矛盾的对象。这四种集合可以直线形地如下排列： 116

1→2→3→4

这种进程依据一些构成其形式与内容基础的紧密相关的特征，依次描述了纠纷处理过程的系统性变化。

这些特征中的第一个，程序灵活性，按(1)到(4)的方向持续增加。当一个纠纷落入第一类的时候，它很有可能是依据理想的程序得到解决。即使当它牵扯到相当价值的财产，它仍可通过直接协商或非正式的第三方调解的方法而被轻易处理。然而，当冲突是(2)、(3)或者(4)的类型时，参讼方利用程序灵活性的倾向就会有所增加。因此，在一个(4)类型的案件中，每一方都可能试图利用低层级的机构来获得最大的策略优势，而非获得对冲突本身的解决。类似的，更高权威的参与可能是当事人之间努力相争的对象；例如，寻求可能的最宽广的舞台来与对手对抗[因为最先把自己的案件提到最高(内部)诉讼地可能享有策略优势]的人可能会试图让区头人非正式地参与，以确保可以直接将案件移送至酋长的库特拉。 117

第二，围绕激发事件的情势因素* 的具有决定意义的重要性随着这条直线路径递减，而该特定纠纷的前在历史(以及现在的持续过程)的决定意义随之变得更为重要。这并不是说情势因素并不为类型(2)(3)(4)的案件提供争辩的焦点；但是，它们在诉讼的阐述和判决的声明中，都越来越被当作是表现而非原因。第三，直接相继地，纠纷针对

* 译者注：即与事件直接相关的具体情形本身。

的目的也有顺着相同路径变得越发一般化的趋势；这当然，内含于模型本身的基本参数内。因此，在类型(1)的冲突中，对即时处理的问题的定义通常是清晰与单一的，而在那些类型(4)的案件中，通常是模糊与多个的，比如，当宗族近亲属的对头同时相互指责对方诽谤、盗窃、破坏法律规定的等级和其他形式的不当行为。如此所示，从(1)到(4)的直线进程同样显示了参讼方会就纠纷性质的定义产生争议以及因此竞相要把他们自己的关于案件的论辩范式施加在案件上(参看第三章)的递增可能性。(由此明显可见，援引规范的倾向也会随之递增。)当它由一方或另一方为了超越事件或问题本身含有的较为狭窄的可能性的特定政治目的而引发时，特别如此。

随着纠纷当事人重新形成他们的目的、策略或者关系，任何纠纷都有可能在其发展过程中从一个类别转向另一个类别。当这发生之时，案件的程序性质就会随着模型中的线性进行转化。然而要强调的是，模型本身并不是用来作为对程序形式的解释的。它首先是用来给纠纷的不同模式归类的描述性机制，并用来依据关于形式和实质的一般原则来给日常处理程序的各特性进行组织和分类。这在第七章中会变得尤为明显，当我们试图要将处理纠纷的规则、程序与逻辑和社
118 会文化秩序的构建联系在一起时。在这个阶段我们仅仅是试图识别相关分类，并且为了实现这一目的，而为我们所独立出来的那些趋势提供说明。

纠纷的模式

如我们早先所指出的，茨瓦纳人自认为——也被别人认为——是有着对诉讼的偏好并对此有着经久不衰的兴趣的。不过，当类型(1)的案件可能提供随时而逝的闲话之时，除了在例外情况之下，它们被

认为是不值一提的；它们被认为日常生活和社会关系中理所当然的一个方面。通常被资料提供者在讨论过程中所引用的这个类型案件的一个典型例子，便是由牛对谷物的随意破坏。这通常在小男孩们把牧群赶去饮水点的时候发生。

案例五：被踩踏的耕地

一天早上，当罗伯茨在莫丘迪（克加特拉首都）和一个年长者交谈的时候，年长者的儿子们找上了他们。后者禀报说他们的牛群踩踏了另一个（不相干的）男人所种的一片未成熟的玉米，那个男人在村庄外的农业占有地毗邻着他们的。[①] 那个父亲立刻去了田地那里，那片田在几英里之外，而那个邻人也等在那里。当他到达之时，此人指出了他土地的一角所遭受的比较大的破坏。那位父亲立刻道了歉，而对方还索要一袋谷物作为赔偿。这得到了同意，而老人回到了莫丘迪。几天之后，没有经历正式程序，这袋谷物被送到了索赔方的家。[②]

如果有的话，这类案件很少被利用来为更广泛的政治或社会目的服务；如果一方坚持要这么做，社区成员可能会对其施以强有力的道德制裁。无疑，从当事人的角度，他们之间关系的性质或具体的情势因素通常都没有模棱两可到足以产生解决主导活动之外的可能——除非甘冒对个人名誉和合法性损害的风险。于是，在他们构建的逻辑本身中，这些案件大致上排除了对程序灵活性的利用；就定义来看，当 119
事人进行策略运用的空间受到了严格的限制。此外，在激发事件之前两方之间关系的历史是不重要的。因此似乎是情势因素决定了程序

① 我们重申，一个个体在他居住村落外部的农业占有地可能与其他区的与他无关的成员的土地接壤。

② 当任何一方请求一个第三方去陪着他与另一方讨论该事件时，会发生这种情况的变化。在这些情况之下，第三方可能扮演一个调停者的角色来加速获得和解。

的进程。在此它们代表了冲突的原因;即是,它们并不是其他事物的结果。类似的,纠纷的目的也被限制到关于道歉以及就具体价值的损失的赔偿的问题上;并且,因为它是明确无误的,论辩范式也就不进入到问题的视野中。各方之间唯一可能的争议可能在于赔偿的程度;然而,假如它是合理的,并在获得广泛认可的限度之内,受损害个体可以预期将得到他所请求的。

类型(2)的案件再度牵涉到关于一个特定价值的纠纷,但是它们发生在双方之间具有更为一般性的关系的背景下。如在那些类型(1)的案件中一样,任何此类纠纷都可以快速而安静地得到解决,而几乎不需要求助于机构位阶,但是在此处,利用程序灵活性的倾向增加了,如案例六所显示的。

案例六:有争议的房屋

雷姆(Rre-M),博茨瓦纳罗朗地区的一个头人,拥有一栋距他在好望村的家宅大约200码的房屋。他二十岁的儿子(长子)F声称他父亲将房屋赠予了他,他的母亲支持了他的这种说法。然而,雷姆将房屋租给了两个姐妹,她们住在那里并且在那里经营一家非法卖酒店。在1975年,F表示了要占用这所房屋的意愿,因为他出生地的房屋已经太过拥挤。他说他的父亲对此给予了同意但是数个月来什么都没有做,尽管F数度恳求。

最终,F决定引发一场纠纷来给事情起个头:他对着窗子扔了一块石头到房子里。雷姆试图掩盖这件事,想要通过直接面谈寻求和解,但是F直接找上了第三方;他特别想要阻止他的父亲作出更多的空头承诺。他找上的第一位可靠的被倾诉者,部落秘书警告他说,虽然他有理由那么愤怒,但是他从公开对立里面只会获益很少;一旦被牵扯入公开矛盾,雷姆保证一定会把案件带到酋长面前,而酋长是他的长期好友。F 去见的第二个人是他的母亲，玛弗（Mma - F）。她提供了好斗的鼓励并劝他进一步对案件进行诉求。玛弗还建议她的儿子避免私下的第三方调解，因为雷姆要不忽略它，要不就用它为自己的利益服务；因此 F 应该尽可能快地请求他的亲属召开一场家族会议。

家族会议按时召开，但它只使得纠纷恶化。雷姆发表了一番愤怒的演说，在其中他宣称他的儿子在玛弗的鼓励下行为不当。后者，他认为，事实上是在利用这个情况来对他发起一场关于他们家庭关系的争吵。在另一方面，F 谨慎地强调说他的抱怨是专门针对房屋问题的。雷姆然后说这个案件应当直接上呈给酋长，而他拒绝再继续参与家族会议（因为他就是头人，所以在区这一级别的诉讼就被绕过了）。

在酋长的科特拉，F 重申说他的行为的目的仅在于确保他的父亲实现他的承诺而不要再拖延下去。作为回应，雷姆再度宣称他的妻子误导了他的儿子；但是他并没有重复该纠纷是由另一个更根本性的矛盾引起的这一论点，而是强调说 F 所做的那样采取行动是错误的，因为这个问题可以通过直接的、友好的讨论解决。在宣告他的判决时，酋长训诫了 F 并支持了雷姆关于房屋的安排应当由纠纷当事人之间自行解决的观点。多数村民认为这个判决是不当的，它反映了酋长和雷姆之间的联合。他们辩称，雷姆针对他儿子的拖拉行为，也应当受到酋长的惩处。

在这类案件中明显具有比案例五中更大程度的程序灵活性。在通过他的暴力行为故意激发纠纷处理程序后，F 拒绝了直接协商和第三方调解，并且在接受建议后，立即要求召开家族会议。他希望一旦他的父亲因其对诺言的违背而被指责，这件事就此打住，而他也不介意因他自己的行为被训诫。而相反的是，雷姆最初试图和他的儿子沟通以免此事成为公共关注的对象。然而，当此失败的时候，他确保了 121

从家族会议中不会得出解决结果；因为在那个情况下，一致的意见似乎是对F有利。因此他要试图把案件交由酋长听审，他知道他可以信赖酋长的同情。换言之，纠纷双方都试图利用机构位阶来达到最大的策略优势。

此外，在本案中论辩范式和纠纷针对的目的都粗要地进入了审视范围。当F从始至终都声称他只关心对房屋的保有权，雷姆在家族会议上提出了关于家庭内部矛盾的更宽泛的问题。F和他的母亲都可以通过他的发言得知他会在酋长的科特拉循着这条论点进行诉讼。[①]但是雷姆选择不那么做。因此关于论辩模式和纠纷目的的争议并没有被深化下去，辩论被限于参讼者们与房屋和其保有权相关的行为。相似的，撇开雷姆在家族会议上的爆发，谈论集中在情势因素上而不是在冲突的先前历史上。当玛弗的介入被提出时，后者只是在过程中进入过审视。

据此看来，对程序灵活性的利用、对论辩范式和纠纷目的的争议，和社会关系的先前历史的重要性（以情势因素为代价）在此比在类型(1)的案件中更为明显；但是，如案例七所显示的，它们没有类型(3)的案件中那么具有标志性，在其中纠纷方会质疑一段确定性关系的定义。

案例七：佃 农 纠 纷

在1970年，雷路(Rre－L)和雷思(Rre－S)——玛菲肯的不同特史蒂地区的两个不具有亲属关系的普通成员之间产生了关于一片耕地的纠纷。据雷路说，土地是他的；他允许雷思在一季中分耕这块地，以获取产出的百分之二十五作为回报。在另一方面，雷思则宣称这块地是雷路代表他的堂兄长来分配给他作为他的田地的。后者是掌握

① 当然，如果他这么做了，这个纠纷就会转化成为一起类型(4)的纠纷（见下）。

着周边主要土地的父系群族的尊长成员[①]，已经去了外地寻找工作。122
在土地收割之后，雷路来向雷思要他的那份谷物。他得到了一袋谷物并被告知他不会得到更多。

雷路又穷又相对缺乏影响力，倾向于让事态平息下来，因为雷思不仅有钱有权爱惹麻烦，声名在外，且他的支持者中也有若干首都最杰出的人。然而当雷路自己的作物歉收之时，他去找了比他更有钱的半血亲弟弟雷恩(Rre-N)以寻求帮助。在听说雷路没有得到偿付时，雷恩鼓动他追求自己的诉求，并把他带去见了他的朋友雷姆，雷思的一个众所共知并具有影响力的宿敌。

雷姆立刻表示愿意陪同雷路去玛菲肯见雷思。后者关于这件事什么都没有做，因为他选择当作没有纠纷发生。当两人拜访他时，他把这个观点表示得非常明显。他是由可靠权威分配得到这片耕地的：雷路是获得授权来代表控制这片区域的土地的人进行管理。因此他对雷路的唯一的契约义务就是土地非居民接受者的义务；也就是，他不能让它荒着，同时也要确保他的活动不会干扰到其他土地拥有者。他主动给出一袋谷物作为馈赠已经非常慷慨了。因为他与雷路的契约关系从来没有涉及一份联合耕作协议，他没有过多的义务了。当雷思很明显对任何进一步的调解没有兴趣时，雷姆邀请他来参加在雷路家举行的会议以解决纠纷，但他拒绝了。如果要告他，他说，就要给他的区头人一份正式的报告。两位拜访者被无礼地要求离开，雷路甚至

① 在非洲南部的特史蒂中，近年来分配村外土地的权利变得有些定义模糊。在理论上，这些土地是由酋长在区头人们之间进行划分，而区头人再进行再分配。但是这种安排反过来依赖于每个公民都必须定居在一个(以村为基础的)区内的规则，对当地权威来说这种安排越来越难以维持(J. L. Comaroff, 1976)。因此，永久定居在玛菲肯外的父系群族也倾向于获取与土地拥有和分配相关一定自主权，而实际上的格局与理想中的格局的差距日渐扩大。雷路的群族事实上定居在首府之外。他是唯一的仍然在村子里面保留了住宅的成员。

都没有机会表明他对案件的立场。

雷路同样在他弟弟的鼓励下,召开了他们父系群族的会议,在这次会议上决定请求省头人[①]来介入该案。出席的人普遍认为直接起诉到雷思的区头人那里的诉讼只会无果,因为被告已经“吃定”了这个人。[②] 当省头人被找上之时,他得到的解释是,因为所争议的土地和雷思的其他财产在他的区域内,雷路认为把案子先带到他这里来是可取的。和其他的一些省头人一样,这个人同时也是在首都的一名区域头人,而雷思的区恰好就在他的管辖单位之内。公事公办地说,原告是以他作为省头人的职权范围找上他的。但是雷路和他的同伴很快就注意到角色的偶然重合可以被用来作为一种规避区头人管辖的手段。

123 省头人同意听审此案并传唤了雷思。被告却送回一条消息传达说他拒绝到场。在陈述他的立场的过程中,他选择忽视省头人有对省内的管辖权,并辩称一个纠纷不能在得到区级的审判前就进入到更高的(区域的)科特拉。现在,雷路已经致力于进行这场诉讼。省头人建议他去找区头人,因为要强行先把雷思带到他自己的科特拉会是一个耗时又困难的过程;不管怎样,原告总是可以上诉的。

案件最终被递交到区头人那里,他判决被告胜诉。在此之后原告正式上诉到区域(省)头人处,后者支持了他的诉求。最终案件由雷思提到了酋长处。但是酋长判决这最后的上诉败诉。在解决的过程中,双方都召集了强大的,且大致相当的力量的支持。在三次听审过程中

---

① 在首都之外的特史蒂酋长领地被划分为“省”,它包含了一个或多个村落与农业佃田(见第一章)。每个都有一个头人,他的家宅是在省的中心村。有些省头人同样也在玛菲肯保有官职(作为区或者区域头人。)在这些情况下他们或者常规地在两处住址之间搬迁,或者指定一个代表在他们其中的一项职务上面代表他们。如我们先前所指出的,特史蒂人不像大多数茨瓦纳人,在他们的机构位阶中有五个层级;在他们发生作用之处,区域头人的库特拉的权威介于区头人和酋长之间。

② 也就是,头人变成了受雷思恩惠的客户。

双方的论辩大致维持相同：雷路概述他最初与雷思订立联合耕作协议的情况并声明他没有得到报酬。他并没有辩驳他的对手所说的他有资格获得区域中的土地，但他用心仔细地论述说争议中的田地在当地人们的认知中是一块由他和他的宗族在之前就进行耕作的土地。他认为，雷思不仅违背了契约，他在拒绝进行协商上面同样是行为不当的。相反，雷思继续表明根本没有争议存在(ga gona tsheko)：他只是从适格的权威主体处分到一块地。(他关于这种权威是从他的堂兄移交给雷路的陈述获得了一定的关注。)他在这方面满足了他的契约义务并成功地耕作了土地，出于慷慨给了原告一袋谷物。然而后者却变得贪婪而嫉妒并对他进行了诬告。

于是，这个案件的关键，在于由不同方所施于他们合同关系性质上的相反说明。关于争议价值(土地和其产出)的现在与未来的权利最终来自并要在对这个问题的阐释中进行辩论。

在案例七中当事人利用程序灵活性的程度很明显要比在案例五和六中明显。当在他兄弟的鼓励下找到一个第三方调解以试图获得他所宣称拥有的谷物份额时，雷路启动了纠纷解决程序。被告方雷 124
思，直到那时都采取了一种战略上不主动的姿态并否认任何纠纷的存在；因为，如果这件事情一直被拖下去的话，他就会从整场投机中获得大量的利益。雷路当然没有允许这一切发生。在寻求救济的过程中，他先是召集了他的父系亲属，来获得他们的支持并商讨应对策略，然后试图将雷思带到省头人面前。这是一个明显的机会主义的举措，目的在于规避实际上已经贬低为被告代理人的区头人的司法管辖。然而，与他自己的立场一致的是，雷思拒绝被提审；为了试图使原告放弃对他的诉讼，或者在这个目的失败的情况下，为了保证案件会首先在有利于他的环境下受审，雷思始终坚持雷路应将纠纷直接上报到他的(雷思的)区头人处。他拒绝参加雷路住处的会议或出现在省头人的科特拉，这突出显示了他不愿进入到除非有对他最有利的情况之外的司法平台。换言之，双方为了掌握对争端解决程序的控制，都试图利用有关的灵活性的那些公认领域（包括关于上诉的规定）和偶然因素（譬如区域和省头人的合一）。

案例七还展示了其他因素的运作，特别在和案例五、六的比较中，来源于类型(1)与(2)。围绕纠纷本身的情势因素在此明显要比在其他案件中更为次要。因此，虽然激发事件是关于对某一不定量的谷物的未偿付，这个行为除了作为两者之间先在互动的必然结果，几乎没有本质意义。并且，鉴于他们两者都主要关心的是定义他们之间关系的性质（以及，可理解为的，它产生的条件），争论的主要部分都被明显归于矛盾的历史维度。此外，每一方都援引了一系列过去的事件来说明他们的案件：被告努力试图证实对该区域的管辖权威已经通过其
125 族兄合法地被移交给了雷路，而原告也有证人证明说所争议的耕地众所周知地是由他与他的宗族所拥有与耕作。

在案例七中，如同在案例五与六中，就纠纷针对的目的，当事人之间几乎没有实质的或长久的争议。排除雷思对任何此类冲突的存在的战略性否定，他们就案件的基本事实达成了一致：雷路承认说他有分配土地的权利并且他就耕地的使用进入了一个合同式的契约，而雷思承认说他拒绝了对方对谷物的要求。包含在两方诉讼中都有的观念的是纠纷的对象涉及对分配的合同条款，以及据此延伸未来对土地的权利。但是在此，每一方首次奋力于就辩论适用他自己的论辩模型。每一方引用了一组对他与对情形的建构适用的规范，并根据这些组织好的规范来解释（共识的）事实。

类型(4)的案件代表了模型所描述的线性进程中的极致。如我们已经提及的，在它们中同时有潜在性和一个明显的趋势来(a) 利用程序灵活性，(b) 来强调矛盾的先前历史而忽略它直接的具体情况，以

及(c) 就纠纷的对象和论辩模型进行争辩。后面章节中所讨论的若干纠纷都是这个类型的；其一(案例九)在此作为一个较适合的例子来简述：

案例八：莫利非和马度布(Madubu)

莫利非，莫丘迪的马斯安纳(Masiana)科特拉的一个莫克加特拉人，在1945年，和马度布——一个纳沃图(Ngwato)女人，在1945年结合。当时所发生的具体情况并不十分清楚，但是马度布在进行任何正式的婚姻协商交互之前就由莫利非带离了她的家乡。莫利非也未把她带回自己的区，因为他的父亲曼尼福治(Manfge)希望他与别人结婚，可以预见是会被此事件所激怒的。但是，一段时间之后，曼尼科治(Mankge)对他儿子的行为表示了谅解，并开始将马度布当作媳妇对待，并最终在由马斯安纳组成其一部分的更大的泰戈迪区中为小两口安排了一个住所。两个家族之间并没有进行聘礼的递交，而两个家族 126
直到纠纷最终被带到酋长的科特拉之前只有很少的接触。

虽然他们平和安宁地过了几年，马度布并没有生育子女，于是在1953年，莫利非说服她同意他与她的妹妹进入二级联姻。尽管她的家族拒绝同意，那位年轻的女子来到了莫丘迪，在那里她为莫利非生育了一女一子。但是新的家庭关系不久导致了争吵与不和，这在曼尼科治于1956年逝世后莫利非搬去与他父亲的第三任妻子玛萨提巴(Mmaseteba)同住时进一步恶化。到1959年，他停止供养马度布和她的妹妹。

在那一年，马度布对莫利非宗族的成员控诉了莫利非的玩忽不理，而后，控诉到了曼彻格尔·莱姆利帕(Motshegare Ramalepa)，泰戈迪的头人那里。曼彻格尔与马斯安纳库特拉的人有着长期敌对的关系，立刻表示了对马度布的困境的同情。他责令莫利非出售一头牲口来供养她。但是莫利非没有服从他的命令，直到酋长要求他这么做。

在 1961 年，马度布进行了进一步的控诉，这次是对塞戈那杨(Segonyane)——莫利非的弟弟。后者将她带到宗族尊长莱茨比的面前，他传唤莫利非来参加一场主要由其父系近亲属出席的会议。莱茨比以就马度布对玩忽不理的控告来责问莫利非作为会议的开场。对此他回应说当他最近和玛萨提巴出发去畜牧点的时候留给了她六袋谷物。此后讨论转向了他们关系的总体情况：莫利非坚称它已经破裂而马度布应该被送回她家里。当所有出席的男人都对此表示同意时，会议结束了。

然而马度布再度向泰戈迪(Tlagadi)区的曼彻格尔·莱姆利帕表示了抗议，而他同意正式对案件进行听审。(文字记录见案例九)简要地说，马度布宣称莫利非是她的丈夫而他们的婚姻是经过正当合适的商讨的。(她细致地讲述了她的版本对其过程的描述)他们的关系是因为玛萨提巴而破裂。很明显，案件中所涉及的女人们——莫利非的姐/妹和曼尼科治尚在世的妻子们，包括玛萨提巴——都支持马度布对她自己作为妻子身份的声称，因为它是公认的。相反，莫利非宣称马度布"只是一个和我生活在一起的女人"，并不是一个妻子，因为正式的协商或者有关聘礼的承诺都没有进行。在他的判决中，区头人责罚了莫利非的玩忽不理行为，而这因为他之前忽视了先前的供养马度
127 布的命令的事实而变得更为严重。他进一步认定后者曾经是莫利非的妻子，而一桩离婚案件应当由酋长听审。与此一致，他以"不能管好你的孩子并且在你的库特拉批准了离婚"(在克加特拉，只有酋长可以作出离婚的判决)为由罚了莱茨比 R4($4.60)。

接着，当马度布在酋长面前为自己的诉讼辩论时，她重申了她关于莫利非的遗弃的那些主张，表示她的"证人是曼彻格尔·莱姆利帕

头人”。再度，她案件的大部分围绕着他们的结合的历史——它的合法成立与公众认可；莫利非也以同样的细节来否认这样一桩婚姻的存在。莫利非似乎在为此次听审的预备中获得了更多的支持。在此时一定数量的证人，包括两个马度布的男性亲属，都对他对他们关系的性质的说法表示了认同。但是酋长却判定这种结合曾经是一场婚姻，而在判决离婚时，判决对这一对夫妇过去十八年来所获得的财产进行分割。

因为在类型(4)的案件中是双方之间的关系，而非任何特定的事件或者行为才是争议所在，就很难说有一个可以孤立出来的激发事件或一个可以清晰指出的点，在其时争端解决过程被启动。在案例八中，马度布去寻找救济的决定似乎是因为对莫利非的行为的累积起来的沮丧和他不能对她私下的抱怨作出回应而被刺激出来的。此外，一旦解决程序启动，它的早期阶段和形式规律有着极小的相似性。任何一方争讼方都没有试图直接和另一方甚至没有通过一个调解者进行协商，而当马度布采取行动时，她没有求助于她自己的亲属或者一个中立仲裁者来非正式地介入。她诉至莫利非的父系亲属然后向泰戈迪区的头人请求判决她丈夫供养她(曼彻格尔·莱姆利帕在诉讼过程中站边式的介入是对所陈述的理想状态的明显的背离。)[①]相反，莫利非，如同案例七中的雷思，回避了在解决过程中的直接参与并无声息地去了他的放牧点。

对程序灵活性的进一步利用随着沿机构位阶上诉的纠纷展开。莫利非希望在父系群族的层级解决这个问题。由于知晓曼彻格尔

① 曼彻格尔对这场争吵的态度可能由此而带有感情色彩：曾有一个马斯安纳的男人许诺要和他的女儿结婚但是却在她生下一个孩子之后抛弃了她。关于那件事的纠纷拖了好几年，并且在我们所提及的事件时还是一个紧张状态的来源。

128 (Motshegare)对他的憎恶，并且害怕他对先前判决的违抗会削弱他的可信度，他试图避免这个案件被带到头人或酋长面前，在他们的玛科特拉(makgotla)他很有可能经受一场惨重的败诉。因此他试图保证他的父系近亲属会在与他在谋划终止他与马度布的关系方面合作。在族群会议中他首先反驳了对他玩忽不理的指控，然后将他的关注放在了关系的性质上。那些出席的人并没有反驳莫利非论点的任一方面。相反，他们似乎共享他的愿望，即通过以他们这种方式解释，并通过公决将马度布送回娘家，这个事件就会对他有利地安静地得到解决。此外，如他应当做的那样，无视马度布对会议结果的不满，莱茨比没有把案件报告给曼彻格尔。引入区头人的介入则交给了原告。

自从马度布一年之前第一次找到他起，曼彻格尔·莱姆利帕就对她的困境表示了公开的同情，而她大量的策略努力依赖于利用他在公开领域内的支持。使用他可操控的权力空间来帮助她，他将莫利非传唤到自己的法庭前并用手段来给马度布可以通过司法程序获得的最大利益。虽然他不能在他自己的权限范围内审判一个离婚案件，他立刻将这场纠纷定性为此类案件并因此将案件移送给了酋长。在这么做的过程中，他是在他自己的权力界限内活动，而他透过在区的层级将听审限定为关于疏忽不理的问题来强调这个。同时，当然他是在为马度布对关系的构建提供令人信服的合法性，并为在更高权威面前的成功出场做基础准备。为了强化这个，他以超越其审判权限的名义处罚了莱茨比；这就使得酋长很难不将马度布当作莫利非的妻子，除非他首先在这个方面推翻曼彻格尔的判决。

因此，通过将纠纷作为两个分立的争议点进行判决，曼彻格尔保证了马度布会首先从他自己对莫利非所作出的让他给她经济赔偿的指示中获利，再从酋长的科特拉处理的离婚案件中获利，这会产生对
129 她有利的一份可观的财产划分。两者之中，后者是更为重要的时刻，

而它是通过利用权力位阶的机构来将纠纷按照诉讼一方的立场来处理，而非解决它。换言之，虽然区头人在对离婚案件的解决中没有正式的可做判决的角色，他的介入在此将莫利非和马度布之间的冲突变成了这样一个案件。对原告来说头人的介入的重要性很清楚地表达在她在酋长面前的开场白中："我的证人是曼彻格尔·莱姆利帕头人。"程序上的模棱两可，以及不同诉讼方对它们的竞相利用，突出了争端解决过程的策略性本质；这并不令人惊讶，因为诉讼参与者一般致力于打赢官司而不是要坚守某些抽象的赞美纠纷解决本身合意性的理想。马度布的行为很清楚地刻画了这一点。如果她只想以一种和平的方式结束她与莫利非的关系，她可能就接受父系族群会议的结果了。毕竟，就这段关系的未来而言，这与酋长的科特拉中的判决结果并没有差别；两者的决定都是终止它。并且，这的确就是马度布所希求的；否则她就不会为了离婚起诉。但是以她的方式通过曼彻格尔将案件诉至酋长的库特拉的意义在于赢得一份财产分割，而不仅仅是通过解除关系来解决纠纷。

在类型(4)的案件中，情势因素的重要性是相对有限的；主要的争议是关于双方之间关系的历史。如我们所提到的，缺少单个激发事件，强化了这种趋势。莫利非和马度布所首要关注的都是用他们各自的解释来定义他们联系的性质，为此双方都通过某些细节来讲述它的形成与发展。此外，双方都把对方行为的具体细节看作是一个更一般化的情况的表现——他们关系的破裂。

最终，双方关于纠纷目的的争议和论辩范式可能在类型(4)的案
中间中最大。对莫利非来说，他的目的只是要马度布被确认为"只是 130
一个和我同居的女人"；在这种状态下，他就可以消除他对她的义务。而马度布首先强调说她被遗弃了；但是一旦宗亲会议将她的控诉搁置一边，她随即以忽视和离婚为由起诉。换言之，在纠纷解决过程中她

的立场发生了改变：最初她试图使得她的婚姻得到公认以使得她的丈夫回头并照顾她；后来她试图使之得到公认以获得离婚并因此获得一份财产份额（见第五章）。反差是明显的：莫利非将纠纷当作一次重新定义将他们的关系定义为随意姘居并以对他来说最小的成本结束它的机会；马度布显然将此视为恢复他们夫妻关系的机会，而当那失败的时候，就将此当作一个获得物质上有利解决方法的机会。因此，当事人试图把他们自己的论辩模式施加在纠纷之上。在第一次会议中莫利非成功了；他的宗亲接受说并没有发生婚姻并据此解释他的行为。然而在两个科特拉的审判中，马度布的范式——以有效婚姻曾经存在的假设为依据——得到了确立，很大程度上由于曼彻格尔·莱姆利帕的主动。

支撑着我们的纠纷解决程序的逻辑以及它所导致的类型递进取决于茨瓦纳法律的两个基本特征。第一，在公共领域的有限的一系列违法行为之外，[①]大多数的案件是由一个原告而非一个中立方或一个居中权威启动；因此，对纠纷的定义主要取决于当事人自己的最初说明。第二，尽管功能主义的假设持续普及大多数的法人类学，在诉讼中的双方最主要考虑的是取胜，而不是仅仅为了保证纠纷得到解决以及友好的关系得到恢复。不可否认的是，对友好关系的修复也许是一方或者双方诉讼参与人的一个目的，但它并不是一个必要的甚至不是一个经常被表达的动机。

基于这两个考量，很明显的是图 1 中所显示的模型并不仅仅包含
131 了纠纷解决程序所要经历的理想型的范围。它同样阐明了演绎者可能理解这些程序中的规范与策略维度的方式，以及因此的，展现在相关方的面前的选择布局。最明显的也许是类型的递进组成了一种从

① 通常是那些与酋长的立法性宣判有关的（比较，Schapera，1943a）。

具体到一般，以及随之而来的指向更大模棱两可的运动：类型(1)的案件涉及具体的行为或者事件；那些类型(4)的涉及对社会关系的管理。从参与者的角度，模糊性的增加意味着对策略运用、竞相对事实的构建以及对程序的利用来获得策略优势的空间的增加。模型所显示的趋势表现出来的便是此种潜在性，而它强调了与茨瓦纳诉讼程序相关的内容分类和他们的规范基础。

在第七章中我们要思考的是规则之间的关系以及对结果的确定，我们会审视我们模型所含的更广泛的意义来理解造就不同纠纷类型的逻辑。然而在此之前，我们将我们的注意力转向纠纷的两个实质性领域和它的解决：婚姻和财产以及地位的移交。早先在第二章，我们解释了为什么茨瓦纳人将他们的社会领域理解为本质上是神秘主义的、相冲突的并且个体主义的；我们也说明了联盟和地位关联的协商代表了他们所生存领域内的日常管理过程的内容。因此提及这两个领域来举例说明纠纷的社会文化逻辑就显得特别必要。

132 # 第五章 争端处理 1：婚姻与婚姻状态的谈判①

在今天显而易见的是，对婚姻的人类学分析，其主要概念来自西方法理学。如库珀(Kuper，1970：466)所说：

> 现代社会人类学强调了以“婚姻是一系列的权利”这句格言为起始点的法律方法。婚姻通常为了人类学分析的目的，而被简化为是对一个女人的一系列权利的移交和新的相关联的社会身份地位的创立。

那么，作为一个已建立的正统学说，所谓的“法律方法”将婚姻设想为是一个主要存在于义务和权利的生成与交互中的过程(见Fortes，1962 及后；Leach，1955 等处)。结果是，与它相关的履行行

① 我们在第五章中对茨瓦纳人婚姻的探讨是对三篇早先文章的综合：罗伯茨(Roberts，1977)；科马洛夫(Comaroff and Roberts，1981)以及科马洛夫(Comaroff，1981)；要强调的是，因为婚姻形成的过程已由夏培拉(Schapera，1938，1940b)和马修斯(Matthews，1940)具体描述过，我们对此的描述将是概要式的。

为通常被认为标志了那些获得法律认可权利的互利过程。（见例，Mitchell，1963：32）

茨瓦纳人中对婚姻类关系的民族志记录也没有产生对这种定性的例外。因此，例如，虽然两者都没有明确地承认这一点，马修斯（Matthews，1940）和夏培拉（Schapera，1940b）各自所做的关于罗朗地区和克加特拉地区的夫妻关系的描述，都坚实地基于西方法理学的分类。本质上这意味着两种假设：第一，茨瓦纳人对获得认可的与未获得认可的觅偶形式有着明确区分；第二，婚姻缔结的正当程 133
序有形成法律上有效结合的效力，并因此消除关于其法律状态的一切不确定性。简要地说，茨瓦纳人通常被描述为共享着一套关于婚姻与其定义的清晰简单的观念——而这看上去和我们自己的非常相似。一旦所必需的一系列（权利创制）事件得到了妥善完成，一个获得认可的结合就此存在，而合法的同居也可以进行下去。

这种路径从表面上看有许多值得称赞的地方。除了回避了关于定义的一系列繁冗的问题，它反映出茨瓦纳人在给异性间的结合分类和定义时确实强调和婚姻过程相关的形式要件。然而同时，信息提供者很少表示说这些形式的实现必将赋予一个结合有效性，也很少表示说婚姻关系通常是明确无疑的。相反，要搞清楚某对特定的伴侣是否结婚了——或者，更宽泛地说，判断他们之间结合的状态——通常很难。进一步说，茨瓦纳人本身并不认为充斥在这些结合的创设与分类中的那些模糊不清是暂时或反常的；反而，在他们看来，结合在事物的自然规则中便是潜在地可议的。这在司法舞台上最为明显。习惯法法庭常规地听取双方当事人对立地定义和解释他们之间的异性结合关系以使得他们个人利益最大化的案件。此外，争端解决机构本身依照关于男女结合合法性的具有明显灵活性的和实用主义色彩的观念进行运作。于是，具有讽刺意味的是，正是在“法律”背景下，婚姻类关系不可简化为简单的法律公式这一点反而尤为明显。为了展示说明这种不可简化性，并就我们对婚姻的理解来解释它的结果，我们以描述婚姻的程序和当地对结合的分类开始。

结合的形成与定义

结合的分类

茨瓦纳人根据由持续时间和法律状态所描绘的连续区间来对异
134 性结合进行分类。极端情况下，双方短暂的关系仅是在短期内间隙地同居，没有一方对另一方有任何长期的付出。若这种安排发展成为一种确定的关系，它可以用邦纳亚希(bonyatsi)的术语形容，通常被译作“姘居”。如果这个男人和女人更持久稳固地在一起，但未启动任何正式程序，他们可被表述为“住在一起(共同居住)(ba dula mmogo)”。而一旦启动了正式谈判，此结合就在成为“婚姻(nyalo)”的过程中。在区间的另一端是那些经历了婚姻程序所有不同阶段的关系。

尽管区间的排列具有明显精确性，日常术语的使用则并不清晰地区分不同的配偶形态。因此，例如，当一个男人提到他的莫萨迪[“女人”(mosadi)]时，他可能指的是一个长期伴侣，也可能只是一个与他有着短暂情事的女人。类似的，通常被译作“去结婚”[阳性(go nyala)；阴性(go nyalwa)]的词可能宽泛地被用于形容一个获得公认的婚姻结合，或者一个不那么正式的同居关系。当然，茨瓦纳人赋予这些不同类型的结合以强烈矛盾着的社会、实质和法律上的含义，但在日常用语中，这些矛盾之处是潜在的而非公开的。这些术语的具有地方特色的模糊不清带有特定的语义学价值；它们使差别模糊化的功能与此事实紧密相关：在对异性间结合的正式区分和定义被无争议地共享的同时，它们中有许多对于其存在状态的商议是持开放态度的。此外，区间本身代表了一个个体可能用以解释某个特定结合的可能解释的范围。区间的这种属性需要通过一个合法结合的形式成立过程来加以理解。

结合的形成

与在许多非洲社会所发现的规律一致，茨瓦纳人的结合被认为是缓慢成熟的，随着时间的流逝而逐渐引入各个事件。传统上来说，至少在正式观念中，该过程中的第一个要素，是一位由男方的监护人和近亲属为他选择的配偶，她经历了以他名义进行的谈判(patlo)。

(今天多数男性自主选择配偶，然后再去寻求他们的近亲的认 135
可。)然而，并不是父系亲属单位来参与到这种谈判之中，而是作为各自家长以本人为核心的家庭关系组成部分的个体(见 Kuper，1970：468,479)。通常，小两口的一些叔伯或娘舅包含在其中。谈判(patlo)的程序以女方监护人对礼物(dilo tsa patlo；mokwele)[①]的接受作为结束，他以此表达他对该婚姻的同意。

对礼物(dilo tsa patlo)的移交是为了表示伴侣双方以及他们的亲属对此结合的投入。它也正式赋予双方在女方家中共同过夜(go ralala)的资格，如果他们的监护人认为他们已经足够成熟了。在过去，这个阶段可能要持续几年，并且常常逐渐发展为从妻居。事实上，在婚姻程序的下一阶段开始前，小两口常连孩子也生了。在克加特拉地区的人之间，今天仍然有限地存续着这种情况；相反的是，在罗朗地

① 如同礼物的内容，该词的在不同酋长领地之间的当地用语是不同的。为了方便，我们从头到尾都用 dilo tsa patlo 来指称它。

区在今天很少观察到共同过夜(go ralala)的形式。而且,虽然同居不应发生在谈判(patlo)完成之前,对现代茨瓦纳人来说,只有少数人才会去遵循。

婚姻程序的下一个阶段应该是女方搬迁到男方在其出生的科特拉为她准备的家宅。据说,过去在此之前要对她监护人的科特拉其进行进一步的正式拜访,在此过程中,娶妻方的代表会仪式性地索要"汲水物"(segametse)。然而目前夫妻的家的建立有一个加强的趋势——在罗朗地区的人们中特别明显,其正式性和仪式性在削弱。①

最终,聘礼[布加迪(bogadi)]要在此交接时刻或此后的阶段里移交给女方的监护人。它通常包含了两到六头牛,但是它也可能包含了小家畜或者现金。对动物的移交通常是由未来的丈夫本人,可能是在他的父亲或者舅舅的帮助下完成。同样,在理论上,他可以使用一部
136 分与他由牛群连接的姐妹们所收到的聘礼来支付自己的结婚开销,虽然这在实践中很少发生(见第二章);兄弟姐妹的联合,与他们所涉及的交换,在茨瓦纳人中并不要求严格同步。类似的,分配规则也是简单直白的:女方父亲会接受家畜,并为她所配对的那个兄弟对它们进行标记;如果她的父亲死了,它们就会被直接并入她兄弟的牧群,这些牲畜应当被用以照顾她,特别在她自己的结合永久破裂了的情况下。可能在那些酋长领地中,关于聘礼安排最值得一提的特点就是广泛存在的延迟交付的倾向。克加特拉或者罗朗地区的人们都不强调说它应该在或在某个结合的创建后不久进行(见 Matthews, 1940)。布加迪的量和交付时间都完全取决于迎亲方的决断。它们不仅是不可议

① 有证据表明这个趋势并不是新兴的。如案例二十五所显示,早到1920年就有一些不怎么经历正式仪式而建立的结合,并且有可能在此之前成立的"婚姻"也同样如此。

的，甚至连当事方间接地暗示谈及此类事情，都通常会被认为是不体面的。并且，如我们之前所见，许多男人都至少把交付拖延到他们的孩子开始结婚后（见下文）。

与其他的要素不同，在结合成立中的最后一个要素是公众认可，因为它不由一个特定的事件或事实来作为正式标志。尤其并没有明确阐述的过渡性仪式来确认一个新纽带的产生。对聘礼的转交可能引发宴飨，但是这通常在发展循环中较晚才会发生，并且在实际中起到的作用是作为一个关系随着时间发展的结果（见下文）来判断一个结合具有婚姻的资格。公众意见即使得到直接表达，也多不一致，因为在这样一个结合中，分歧可能并确实产生于相对立的利益之中。然而可以清楚看到是，茨瓦纳的法庭，在审议婚姻纠纷时候，非常重视亲属和本地群族如何看待在审的关系。在作出决定时，他们并不太重视那些仪式性的形式或者交换。

于是，结婚的程序包含着一系列的构成要素：① 谈判（patlo）；② 对礼物（dilo tsa patlo）的移交；③ 允许了夜间同宿而非共同居住（go ralala）；④ 从妻居的住所和对孩子的生育，再跟随着夫妻将在其中承担符合习俗的夫妻角色的永久住宅的建造；⑤ 对布加迪的移交； 137
以及⑥ 公众认可。然而这些要素中没有一个，除了对聘礼的移交这一例外，可以用来不变地或明确地定义或赋予任何一个具体结合其有效性。[①]

因此谈判和礼物并非夫妻关系合法性的充分或必要条件。事实

① 夏培拉有不同的观点：他说，要使一个婚姻被认为是“恰当”的，谈判（patlo）必须发生（Schapera，1938：131－132），并且，“无论遵照了其他的什么仪式，没有一种形态的同居……会被认定为是真正的婚姻，直到这些［布加迪（bogadi）］动物已被交付……；如果［布加迪（bogadi）］还未解决，则这对男女就会被认为是在姘居（Schapera，1940b：73）”。如在后面的案件会证明的，结合的定义其实要比这来得更为复杂。

上，在特史蒂人之间，它们只存在于不到20%的结合中。而在1969—1970年间在玛菲肯所发生的需要判断是否存在婚姻的家庭纠纷中，60%的争端里争讼方中的一方未遭反对地辩称谈判并没有进行并且/或者礼物没有被移交。然而更重要的是，两个要素都未被当地人假定为具有组成一个结合的权能；更有甚者的是，它们的缺失也并不排除确立某一对男女成婚的可能性。前一种情况可由1975年时两个住在她们父亲在博茨瓦纳罗朗地区的家宅的同胞姐妹的例子来进行部分描述。在两个案件中，礼物都已经交付，而（未来的）丈夫都在夫妻共同居住的家宅建立起来之前外出务工了。其中一个姐妹自认并也被社区认定为已婚，而另一个姐妹则被明确地认定为未婚。两者之间的区别就在于，前一个姐妹一直和她离家的伴侣保持着联系，而另一个没有。此外，在这个社区中，许多并没有涉及这些正式仪式的结合被广泛地认可为是婚姻。同时，在纠纷的背景下，就某个特定的结合中的谈判是否完成而产生的争议（见案例九）也很常见。的确，我们听说过有些人在法庭内与外将在公众会议面前的随意交谈也解释为是谈判，也听过另一些人否认一个明显为这类谈判而召开的正式会议为“成功的”。类似的，一样墓葬品的礼物或者一瓶白兰地合在一起有时候就被认为是礼物，而两个男人之间正式移交的一头羊可能只被理解为是一项非常规的交易。

如在（南非）梭托人中（见 Murray，1976：104），共同居住地也不
138 是有效婚姻的规定要件。因此，长期分居的伴侣们，特别是由于男方在外务工所导致的，可能仍被认为是结了婚的。另外，当一个男人和一个女人有性关系的同宿但是分开居住的情况下，这也可以被解释为是正处在形成过程中的长期结合；通常来说，当被要求解释他们的困境时，他们会说现实情势使他们目前无法建成一个夫妻共同住宅但是他们计划尽快做到。相反，婚姻状态从来不可单独依靠

同居达到：两个人可能“只是住在一起(ba dula mmogo bela)”。即便当一个新家庭很明显已建立起来，相关亲属仍可在以后探讨他们是否对此予以承认。尽管如此，共同居住的事实和对约定成俗的家庭、姻亲角色的承担明显影响了他者对此关系的认知方式。另一个在对一个结合的状态进行分类时的重要因素是它的存续期间；因为它所持续得越长，就越可能被认为是婚姻，而较不易于处于重新解释和讨论之下。

如我们已提出的，剩下的两个要素——对聘礼的递交和公众认可，特别是在亲属和邻居的方面——看似在定义一个结合中具有更重要的作用，而这个观念茨瓦纳人自己已然接受了。然而，将会表现得很清楚的是，公众认可这一要素除非发生危机且已威胁到一个结合则很少会被引发；即便如此，认可也可能不一致。换言之，公众认可通常只是判定一个结合曾是什么的法律要素，虽然在这个方面它显然是至关重要的。然而，它本身并不是判断一个现存结合状态的决定性标准。布加迪，在另一方面，被当作是婚姻程序中唯一一个不可议的要素。当不交付它并不必然意味着一对伴侣会就被认为是姘居时，对它的交付则被认为构成了婚姻。同样的，一旦聘礼得到公认已经交付，一个结合确定无误地被视为婚姻。

然而，将布加迪看作是一项主要目的在于实现夫妻结合的创立或使其合法化的制度，是过度简单化了。排除所有其他情况，它使得结合有效的权能是由两个因素权衡决定的。第一(虽然似乎不经常发 139
生)，茨瓦纳人可能会回头争辩在两个男人之间传递的动物的法律性质(见案例二十五)，争论它们究竟是所借用的牲口(mafisa)还是为拐带所支付的赔偿(marebana)而非聘礼。移交的状态，与其说是消除，似乎反而造就了这种含混不清。第二，且更重要的是，延迟进行牲口移交的倾向。如果移交牲口的唯一目的是为了确定法律合法性，那这种倾向的存在将缺乏意义。[①] 当然，这种延迟本身并不否定对支付的承诺或对隐含在结合的存在中的债务的认可；若这个结合一直存续下去且并无争议，这个承诺就默认地保持下去。然而，布加迪与一个妇女的家庭和生育权利有关（见下文）；只要它未被转手，这些权利在事实上就可被质疑。因此，迟延交付的倾向使得许多结合的状态变得可议；当某个婚姻的存在被否定时，它所导致的是姻亲关系和聘礼债务都可能随之被否定。换言之，延迟交付的行为模式造就了一个莫茨瓦那人在社会和政治关系的处理中可以加以开发利用的、操纵婚姻和姻亲关系的可能性。这并不意味着夫妻关系是内在的脆弱，或说一个结合中的双方总是会否认此债和相关的双向义务。正相反，许多结合从来都没有发生争议，而如果结合关系一直存续下去，布加迪总会在某个阶段实现满足。但最终来说，聘礼在赋予婚姻有效性中的重要法律意义，在于它的完成，而非在于一个于日后能在若干条件下被成功推翻的承诺。[②]

---

① 夏培拉（Schapera, 1938, 1940b）认识到对聘礼的实际移交的安排方式在不同的茨瓦纳酋长领地之间是有所区别的。然而他还是坚持将布加迪的交付（或承诺交付）与婚姻的法律有效性联系在一起。然而，在一个1973年2月进行的调研中，罗伯茨发现，在莫丘迪的莱姆佩区的三十一对长期公开同居的男女中，四对并没有获得他们亲属的认可而两个群族之间也没有进行赠礼互通。此外，在十个案例中（32%），没有进行布加迪的移交。在二十一个案例中（68%）礼物和布加迪都进行了交付，而在另外六个（19%）中，只有前者得到了交付。这些数据只是用于提供一个关于发生率的大致说明；在用以推断移交的时间、情形的背景材料缺失的情况下，它们只具有很小的作用。

② 如库珀（个人沟通）提醒我们的，通常会说的是“延迟交付的原因可能恰在于债务本身就是关系，通过女方家人对孩子持续的主张而得到平衡。当一个新的系列的债务关系建立时，对布加迪的交付使这种主张结束，而代之以或许与相同人群有关的新主张下的不同平衡。”这与可能是债务的创设而未必是它的给付可定义一段婚姻的观念一致。然而，具有显著意义的是，克加特拉的和罗朗的信息提供者自己倾向于提供一种不同的解释：对布加迪的延迟移交为策略运用和在创设另一组联系的过程中推翻一组已有联系的可能提供了空间。迟延在另一方面取消了选择并产生了限制。换言之，迟延交付的显著性，如它是从系统内部所得出的感受那样，是处于生涯管理的微政治中的。我们会在本章后半部分进一步对此进行探讨。

从此处对婚姻程序的概述中可归纳出若干要点，其中最为重要的是，一个结合的有效性并不取决于任何一个特定的程序上的或仪式上的形式要件。是这些要素之间微妙的相互关联，以及它们在公众认知的表述，最终定义了一个结合。并且，如茨瓦纳法庭的判决所显示的，定义的问题需要根据每个具体案件的情况决定；婚姻程序的各项事件 140
本身并不体现或包含任何可以演绎地或精确地被适用于衡量一个关系的状态的实质性规范。简要地说，这些要素并不能被单纯地简化为使结合合法化的法律机制。唯一的（理论上）无争议的事件就是对布加迪的移交，但是对它迟延移交的常见性又强化了婚姻的潜在可议性。换言之，茨瓦纳人的做法看似与有关非洲婚姻的民俗观念有着较大矛盾，因为在此处支撑着夫妻关系形成的文化逻辑似乎强调了对模糊性的保持而非对其的消除。这种模糊性表现在避免对存续中的关系加以公开定义的倾向中，这种倾向由相关的（日常）术语使用方式所支撑。事实上，只有在两种情况下，一个结合的状态才会具体地成为问题：要不当它处于结束或重新定义的威胁下，要不当由它所产出的孩子们到了他们的婚姻具备政治或物质重要性的年纪。

我们至此所描述的婚姻程序中的许多关键特征都由莫利非和马度布的案件清楚演示出来，这个案例在前一章的案例八中得到了简要介绍，并在此进行更完整的叙述。

案例九：莫利非和马度布[①]

在案例八中，属于莫丘迪地区的马斯安纳科特拉的莫利非是曼尼

---

① 这个案件的历史记录由 Mostshegare Ramalepa、Segonyane Dithare、Amos Kgamanyane Pilane 与其他的克加特拉信息提供者交给罗伯茨的争端报告汇编而来，以及来自在泰戈迪库特拉和酋长的库特拉前的听审记录（1962 年的 51 号案件）。原始记录由 Passevil Phumaphi 翻译。

莫利非与马度布：人物表

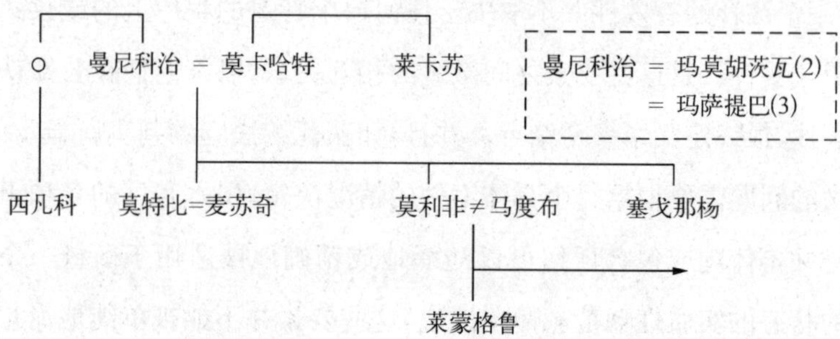

关键词：⟶ =未列表的兄弟姐妹
≠ =有争议的联合
(1)(2)(3)=以麦瑞卡的家庭为序

图 7

科治和他的第一个妻子莫卡哈特(Mokhute)的长子。马度布来自穆肯(Mookane),那是在相邻的纳沃图酋长领地内的一片小聚居地。他们在莫利非在他父亲位于卡特轮地区极北处的一处畜牧点工作的时候相遇。不久后莫利非决定他要迎娶马度布,但是这么做存在着困难。曼尼科治已经为莫利非挑选了一位未来的妻子并不同意他与马度布的结合。曼尼科治所选择的是修修米(Thothome),一个来自蒙能(Monneng)库特拉的姑娘,且是莫利非本人的母亲所来自的家族的一位成员。①

虽然他的父亲不赞同,莫利非还是自行继续,通过他的一个莫纳沃图的朋友里库拉·曼娜西来组织了与马度布的亲属的谈判。虽然
141 关于这些商议的记述有所差异,很明显的是会谈破裂,莫利非大约在1945 年未经马度布父母的同意就带走了她。他先是将她带到了畜牧

① 这种结合在克加特拉人间享有着认可,他们经常说一个男人应当首先在他的(实际的或分类学意义上的)舅舅的女儿间寻找妻子。

点，而后住到了他姐姐莫持比（Motshabi）所嫁去的莫丘迪地区的那个区附近。然而，因为曼尼科治的不满，他没让她去马斯安纳科特拉。但是，在一段时间之后，曼尼科治似乎接受了莫利非永远不会娶修修米这一事实，他开始将马度布当作是儿媳对待。她和莫利非一起在曼尼科治的家接受了曼尼科治的第二任妻子玛莫胡茨瓦（莫利非的母亲已经过世很久了）的招待，曼尼科治给了她一些布料作为礼物。他后来找到了泰戈迪区的头人曼彻格尔·莱姆利帕，请求要些地让小两口造房子。他们得到了土地分配并建了住宅。有人说在这个阶段也有些进一步的措施来获得马度布的亲属对婚姻的同意，莫利非的母舅莱卡苏·莫娜麦西（Rankatsu Monametsi）为此目的派代表去了穆肯。但是，当后来争端发生的时候，马度布的长辈在酋长面前都强烈地否认那些提议有所成效。显然并没有移交布加迪。尽管如此，很清楚的是莫利非和马度布被允许在马斯安纳库特拉共同组建家庭。莫利非与马度布平和地共同生活了一段时间，但是马度布没有生育子女，而在大约 1953 年，莫莱夫（Molef）劝服她允许他与她的一个妹妹缔结填房婚[*]的关系。[1] 但是，当莫利非找到马度布的亲属来征得如此做的许可时却被拒绝了。马度布的舅舅说这种关系必须等到莫利非和马度布之间有了适格的婚姻。尽管如此，莫利非带着（马度布的）妹妹和他 142
一起回了在莫丘迪的家，在那里她给他生了一个女儿，之后又生了一个叫莱蒙格鲁（Ramongalo）的儿子。虽然马度布起先同意了这种姐妹共事一夫的关系，它最终导致了两姐妹之间的以及莫利非和马度布之间的分歧和争吵。当 1956 年曼尼科治死了以后，莫利非搬去和他

---

* 译者注：与妻子或亡妻的姐妹成婚。

① 如果马度布的男性尊亲属同意了此事，那么这就是一个完全获得认可的填房婚安排（见 Schapera，1938）。

父亲的第三任妻子玛萨提巴(这是一个得到了默许的收继婚/改房婚关系,但莫利非的家族成员们从来不认同说他应当进入这种关系)一起居住时,最初的困境加剧了。到1959年,莫利非完全停止供养马度布和她妹妹。在那一年,马度布对莫利非家族的成员和对曼彻格尔·莱姆利帕抱怨了他的忽视不理,后者命令莫利非出卖一头牲口来给她提供衣食。莫利非只是当后来此事被带到酋长面前时才照做;但他接下来并没有对马度布进行持续的供养。

第二年,当莫利非离开而和玛萨提巴一起居住在畜牧点时,马度布进一步控诉了他的忽视不理。她首先去找了莫利非的弟弟,塞戈那杨——他把她带到了家族活着的老一辈成员莱茨比处。莱茨比不愿在莫利非缺席的情况下处理问题,于是派塞戈那杨去把他从畜牧点叫回来。

当莫利非回来时,家族的一些成员与一些其他的亲戚在马斯安纳库特拉开会来探讨这个纠纷。在他们之中有莱茨比、塞戈那杨、莫利非的姐妹莫持比以及她的丈夫麦苏奇(Masuge)。莱茨比以马度布关于忽视不理的控诉质询莫利非而开始了探讨,莫利非回答说当他离开去畜牧点时留给了她六袋玉米。[①] 然后讨论就转到了莫利非和马度布的关系的整体状态,前者声称它已经完全破裂并提议说马度布应被送回到她在穆肯的娘家。所有在场的男性都对此持赞同意见,而这个决定,如果不是马度布在泰戈迪库特拉对曼彻格尔·莱姆利帕进行抗议的话,很有可能就付诸实施了。

曼彻格尔同意听取马度布的控诉,而在泰戈迪科特拉的处理进程如下所载:

① 这个量,如果正确的话,将构成一份比较慷慨的给养了。通过这种说法,曼尼科治莫利非莫利非主张说马度布作为一个不称职的家务管理者是有过错的。

马度布：莫利非把我留在我们的家里而和他的母亲生活在一起。[①] 现在他把她变成了他的妻子。是因为她，所以我将得离开他的家。莫利非为我造了一座房子，但是他把家里所有的东西都拿到了他的母亲那里。他不供养我；他吃、睡、洗衣服都在他母亲那里。

莫利非在那同一栋房子里和他的母亲睡觉。自从他弃我而去已 143
过去了三年。我不否定莫利非有娶两个女人的权利，但是我不想我的竞争对手是他的母亲。相比之下他可以另娶一个妻子。我是莫利非的妻子。我的婚姻是由里库拉·曼娜西所安排的。里库拉说他会代表莫利非支付布加迪。他是由莱卡苏·莫娜麦西派来的。在我的婚姻安排完成了之后，莫利非将我带到了他的放牧点。那是 1944 年的事了。

玛莫胡茨瓦：我知道马度布是我的媳妇，因为莫利非有次来见他的父亲并告诉他说他在穆肯见到了他希望娶为妻的人。曼尼科治回答说他已经给莫利非找了一位妻子。曼尼科治然后去告诉莱卡苏说莫利非不想要他为他所找的妻子，并且莫利非也确认说他在穆肯找到了一个。

莫利非然后离开了，而当他回来的时候，他把这个女人和他一起带了回来。莱卡苏拒绝进行任何婚姻的谈判因为莫利非不娶曼尼科治为他寻找的妻子的行为让他很不满。莫利非把她带来安置在了莫持比的院子里。

莫利非：马度布只是一个和我在同一个院里生活的女人。我不再爱她了。我和她有许多矛盾。我们吵的第一场架是关于她从我家赶走的孩子们。[②]

里库拉是我的朋友。我请他帮我找个妻子，但是女方的父亲拒绝

① 也就是玛萨提巴，曼尼科治的第三任妻子。
② 他在这里所指的是一场发生在马度布的妹妹的孩子们出生后的纠纷。

了。现在和我在一起的这个女人并没有经历正式的婚姻谈判。我曾经爱上过她并把她和我一起带走。我在1942年的时候要求他们为我们的婚姻进行谈判。

玛萨提巴：莫利非是我的儿子，而马度布是我的媳妇。我并没有把莫利非抢离马度布身边。莫利非并没有财物在我家。莫利非带着他的物品甚至莫持比的钱来我家并告诉我说他和他的妻子吵架了。然后他回来把这些东西都带走了。在我家里没有莫利非的东西。

莱茨比：五月，塞戈那杨和马度布来见我并告诉我说她没有获得供养。我把塞戈那杨派去找莫利非。在第三天马度布又和麦苏奇一起来并告诉我说莫利非没有供养她。我告诉她说我已经派人去找他了。她回答说她等不及莫利非回来所要的时了。我告诉她说莫利非和塞戈那杨都不在我什么也不能做。我叫她等等。

144 麦苏奇：当莫利非来的时候，他告诉我们说当他去放牧点的时候他为她留了六袋半的玉米，并且他很惊讶她居然说他没有供养她。马度布回答说当莫利非不在的时候她已经打开了第六袋。莫利非说即便如此那里应该还有很多，因为她用的锅子是很小的。

莱茨比：我告诉他们说我要听取他们的意见。莫利非回答他说他没什么要说的，除了他想把马度布送回她的娘家。我赞同莫利非的意见，因为我并不认识她。她只是由塞戈那杨带来见我的，他说她是他哥哥的妻子。

莫利非·麦庐艾兹(Matlhage)(马斯安纳科特拉的一位尊长成员)：我说他认得那个女人。他想做的只是赶她走。他小看了马斯安纳科特拉的权威，并因此把这个案件弄得更为严重。[1]

---

① 说话者所指向的是马斯安纳的头人西伯佩洛和马斯安纳库特拉的其他尊长成员在关于马度布未来的最初商讨中都不曾在场这一事实。意指这场会议的召开进行是不当的。

莫持比：莱茨比说他希望莫利非把她送走。他叫别人陪着他们这样莫利非就不会在回家的路上打她。他采取这一行为时，在场的有莱茨比，莫纳麦克西(Monametsi)，[1]麦苏奇，还有塞戈那杨和我自己。马度布说她明白她要被带回家；但是首先她要起诉，因为玛萨提巴抢走了她的丈夫。

麦希比迪(Mathibedi)(泰戈迪科特拉的尊长成员)：莱茨比，如你所做的，在你的库特拉批准一个离婚是否正确？

莱茨比：我只是同意做一个见证人。

麦希比迪(询问塞戈那杨和莫持比)：马度布和你们有过什么关系？

塞戈那杨：据我所知她是莫利非的妻子。

莫持比：据我所知她是我兄弟莫利非的妻子。

(然后接下来的是关于莫利非财产的讨论)

曼彻格尔·莱姆利帕头人：我很乐意于听取你们的案件，但是我想要把你们的注意力拉到这件事上：在这个库特拉中有男人在欺骗女人。

莫利非，你对我撒谎说你会回去和你的妻子在一起，但是你并没有那么做。[2] 我为你拐走这个女人而罚你四头牛的罚金。

我命令你交出一头大公牛来用于为这个女人购买衣物。你的离 145
婚将由大库特拉听审裁判，而非我。

莱茨比，你因为这些孩子们是你的，我为你不能管好他们并为在

① 莱卡苏的儿子之一。

② 曼彻格尔指的是之前莫利非在被判令供养马度布时所作出的一份保证。

你的库特拉批准离婚而处罚你 R4。

接下来的记载是当争端来到酋长面前时所被记录的。

马度布：我要起诉莫利非。我起诉他是因为他遗弃了我。我的证人是头人曼彻格尔·莱姆利帕。莫利非把我遗弃在我们的家。他和他父亲的第三任妻子一起离开了。她就是拆散我们的人。我上诉到科特拉来请求帮助我，防止莫利非独享我们财富的成果而不分给我一份。我也希望知道莫利非遗弃我而和他父亲的第三任妻子在一起是否正当。莫利非收房了他父亲的妻子，那是他遗弃我的原因。

我在挨饿，我没有东西吃。现在是莫利非遗弃我的第六年。即便在我生病的时候他也不屑于来看看我是否获得医治。他甚至不关心我们的孩子。[①] 最终我不得不对他在马斯安纳的科特拉报告说他遗弃了我并与他父亲的第三任妻子生活在一起。

莫利非是我的丈夫。他与我在纳沃图区域成婚。我们的婚姻依据茨瓦纳法律(ka lenyalo la Setswana)。他娶了我，但是没有支付布加迪。他向我的父母保证说他会在我们婚姻的过程中支付的。当莫利非和我父母进行谈判的时候里库拉也在。里库拉是一个莫纳沃图人。莫利非本人没有莫克加特拉储蓄。我的父母同意说莫利非还是一样可以娶我。

(马度布提到了莫利非所拥有的牲口。她然后继续说：)

里库拉与莫利非进行了关于我的婚姻的谈判。里库拉是一个莫纳沃图人，和莫利非没有亲属关系。可能是莫利非的一个朋友。里库拉说他是由莫利非派来请求我父母允许我嫁给他的。没有莫克加特拉人来对我们的婚姻进行谈判。莫利非指出说根据克加特拉习俗人

---

① 也就是说在填房婚安排之下马度布的妹妹所生的孩子们。

们在交付布加迪之前成婚。当我还在家的时候，没有莫利非的亲属来表明说他们希望我们结婚或者布加迪会在婚后被支付。

贝克加特拉人并没有像对待媳妇一样来迎娶我。莱卡苏从来没来过我家。当我还和莫利非幸福地生活在一起的时候，曼尼科治曾经叫我媳妇。

我来的时候遇上了玛莫胡茨瓦——我的婆婆。我被作为媳妇介 146
绍给她。我们一起和平共处了十二年。最后的八年我们分开居住。我在玛莫胡茨瓦的房子里生了我们最小的孩子。当莫利非遗弃我的时候，我住在我们的婚房里，那是我们共同建造的家。当我们被分配到建造我们家宅的土地时，麦希比迪和蒙戈茨(Mogotsi)在场。[①] 事实上，他们就是分配土地给我们的人。我很确信我嫁到了马斯安纳的区中。我们在1944年结婚，然后在1955年分开。

莫利非：我并没有通过她的父母娶马度布。我从她的家中带走了她，而她的父母并不知情。我不同意马度布说里库拉代表我进行了谈判的说法。我爱上马度布的时候我们的父母都还活着。我在1945年拐带走她。我从来没有对马度布的父母说起过任何关于布加迪的事。当我和马度布一起回家的时候，我也没有告诉我的父亲任何事。我们去了放牧点而不是回家。我告诉我的姐妹莫持比说我带了一个女人回来。我没有告诉玛莫胡茨瓦。我不同意马度布说的当我们从放牧点回来之后我们住在我父母家中的说法。

(莫利非说到他和马度布生活在一起期间积累的财富，然后继续说：)

我们之间的误会起于1953年。马度布回到她家里去在田里干活，这样她就可以得到一些玉米。她把我留在了我们的土地上，而我

① 两名据称由曼彻格尔授权进行分配的泰戈迪区的尊长成员。

和她的妹妹在一起。1953 年余下的时间她都留在她的父母家中，然后在 1955 年冬天的开头回来。她看到我们时候我们正在收获。她说她是被派来接孩子的。当马度布回来时，她发现她的妹妹给我生了个男婴。她不问我的意见就把她妹妹和婴儿赶出了门。

我照顾着我父亲的第三任妻子。我在曼尼科治死后开始这么做。我替她犁地来照顾她。我不同意马度布说的我没有照顾她。我同样不同意她说的我是因为照顾我父亲的第三任妻子而分心。确实，我没有耕作我父亲的田地。

当马度布说里库拉在我们的婚姻谈判中扮演了联系人的角色时，她没有讲真话。我事实上是诱拐了马度布。当我拐走她的时候我对法律(molao)是清楚的。当我和马度布回来的时候我没有告诉我的父亲。当我们第一次来的时候，我们去了我父亲的家。我在到了以后并没有把我的父亲介绍给她。当我和马度布一起回家时，我看到曼尼科治，玛莫胡茨瓦和塞戈那杨在场。

147 我没有把马度布介绍给玛莫胡茨瓦。我没有介绍他们是因为玛莫胡茨瓦不喜欢马度布。我没有把马度布介绍给马斯安纳科特拉的其他成员，我也没有告诉我父亲的哥哥。我怕我们库特拉的其他成员，所以我没有介绍马度布。

我有一个婴孩，他的母亲是马度布的妹妹。我爱这个婴孩和他的母亲。马度布把婴儿和他母亲都赶走了，然后我去把他接了回来。我派人把这个孩子接回来这样他就能和他的父亲生活在一起。马度布的妹妹为我生的是个男孩，他的名字叫莱蒙格鲁。莱蒙格鲁是一个在我的人民——贝克加特拉人——中常见的名字。我有另一个孩子是个姑娘，出生在男孩之前。我还没有问马度布的父母我能不能娶马度布的妹妹。我去了纳沃图地区，几次去看马度布的妹妹。我已经提及过了我和马度布之间的纠纷始于她把她妹妹和孩子送走之后。

莫持比：当马度布还在她家的时候，莫利非和我说起过她。他请求我去见见她。我拒绝了，因为莫利非已经承诺要娶在贝克加特拉区域这里的另一个女子。我怕那样做可能会显得好像我在鼓励他推拒掉我们的父母为他安排结婚的女子。有一天莫利非来到我家来把马度布介绍给我。在莫利非把马度布介绍给我之后，我去告诉了我的父亲莫利非带着妻子回来了这一事实。他们和我住在一起。

玛莫胡茨瓦来看了马度布，但是我们的父亲并没有来因为他不喜欢这桩婚事。后来我的父亲来了并带给他的媳妇一份礼物。莫利非和他的妻子回到了放牧点但是之后又回来了。他们表示说他们是来常住。这次他们住在了我父亲家。莫利非和马度布被我父亲作为他自己的孩子来招待，并且他们用的是共同的炊具。之后他们就去了他们的土地。

塞戈那杨：我没有被告知任何关于马度布到来的事。当我在放牧点看到他们在一起的时候莫利非把我介绍给了她。

莫利非并没有告诉我他和马度布的妹妹所生的孩子的事。我是从我父亲死前说的莫利非的儿子应该得到牛群的遗言中得到这个信息。

欧德冷·马布阿(Odireleng Mabua)(马度布的一个父系亲属)：我听说过莫利非准备迎娶马度布的传闻，但是在我确认这个传闻之前马度布就失踪了。我并不知道她去了哪里。

里库拉是代表莫利非进行谈判的人。当第二次世界大战结束，我 148
从军队回来的时候，我遇上了莫利非。在那之后我被告知我的女儿被拐带了。我得知她在克加特拉区域的莫丘迪。

贝勒坎耐·麦克贡(Balekanye Makgoeng)(马度布母亲的兄弟)：我不知道任何关于马度布和莫利非之间婚姻的事。我只是在路边听说马度布嫁给了一个莫克加特拉(Mokgatla)人。别人告诉我这件事是在我从约翰内斯堡回来的时候。在1953年马度布和莫利非拜访了我家。马度布告诉我说，鉴于她没有孩子，她决定接纳她的妹妹这样她的妹妹可以替她生孩子。我问莫利非他是否和马度布结了婚而他予以否认。我问他如何能在他娶马度布之前娶她妹妹。我告诉马度布说在作出任何决定之前，我得和马度布的父母讨论一下。

我们见面并讨论了此事，然后我们告诉莫利非他不能在他娶马度布之前娶马度布的妹妹。莫利非同意了我们的意见并回了他家，保证说他会晚点回来实现他的承诺。我们告诉莫利非说我们希望把孩子送到他们的外祖父母那里因为莫利非并没有娶他们的母亲。我们让莫利非回家去催促他的父母启动他和马度布之间婚姻的正当谈判。

之后我们很惊讶地看到马度布来接走孩子们。当马度布来接走孩子们时她没有询问过我们。我们同样惊讶地发现我们被召集到此是为了一桩号称离婚的案件。莫利非拐走马度布和她妹妹，他没有遵循我们的习俗做事。莫利非和马度布一起生活了若干年。他诱拐了她，并且(他们和对方)作为夫妻生活在一起。

西凡科·佩里：莫利非，你的父亲曼尼科治是我母亲的弟弟。我把马度布当做我的媳妇也当做我的外婆，因为她嫁给了我舅舅的儿子。虽然我们并不知道婚姻是怎么开始的，曼尼科治最终承认了马度布是他的媳妇。我甚至得给莫利非和他的妻子马度布一头羊，因为当我舅舅的儿子结婚的时候我应当如此做。我在尽我作为外甥的义务。我没有帮助修建他们的居所，因为他们住在马斯安纳科特拉。

酋长：莫利非和马度布，我留心听取了你们的案件。莫利非，你诱拐了马度布并和她在一起生活了八年。

149 你指出说，开始的时候你的父亲对马度布不亲，但是最终接纳了她作为你的妻子。我从你的亲戚这里得出马度布被认为是你的妻子。莫持比，你的姐妹，塞戈那杨，你的弟弟——西凡科·佩里，你父亲的外甥，以及玛莫胡茨瓦，你父亲的妻子，全都提到了这个。因为这些原因我确认无疑，马度布是你的妻子。

你现在是在这个库特拉之前表示说你想要和她离婚。你必须在你和马度布之间分割你在过去十八年中所获得的一切。你们必须共享你们的三十六头牛。莫利非，你会获得二十六头，而马度布将得到剩下的十头。在七只羊之中，你要给马度布三只而你保留四只。至于驴子，你们可各分得一半。

这个案件的性质，先摆在曼彻格尔·莱姆利帕眼前而后在酋长的面前，深受宗族会议和马度布对其的反应的影响；因为在此层级上，那些引起了一个敌对的一般关系的关键争议要素被归要成为马度布有没有正当成婚的问题，而这种归要，反过来，主要是当事人试图将他们各自的论辩范式套用在纠纷之上的结果。[①] 此外，在不同的背景下列出的争论，表明莫利非和马度布所围绕着以组织他们的诉讼的规范准据来源于前文所描述的关于婚姻程序的要素。这些争论，以及官方权威对它们的反应，描绘了茨瓦纳人对婚姻的法律性质的观念。

原告在她试图将关系解释为婚姻的过程中考量了五个要素。因此她声称① 涉及她的亲属的谈判(patlo)在莫利非的母舅莱卡苏的要求下已经进行；[②]② 已对布加迪进行了承诺；③ 她和莫利非共同居住在头人分配给他们的一个(从男居的)地点；④ 他们在一段持续的时间中承担了约定俗成的夫、妻、姻亲角色；以及⑤ 她明确地被曼尼科治以及马斯安纳科特拉的成员接纳为嫁进来的妻子并被作为媳妇介绍给了玛莫胡茨瓦。在宣称马度布只是他的姘居对象时，莫利非也同

① 该纠纷的所有其他方面——例如，填房婚关系的法律地位以及孩子们亲子关系的确定，关于疏忽不理的争议，以及马度布的居住权——最终都包含在这个问题之中。

② 当然，她的男亲属们否认说此情况属实，并且这些谈判也的确不大可能正式地进行过。然而重要的是，马度布坚称它们是的，因为值得注意的是许多与婚姻程序有关的事件都具有情境性模糊不清，而当事人为了证明自己有理而可能对此加以利用。如果谈判(patlo)的发生是一个确定无疑的事件，马度布绝对不可能如她所做的那样进行争辩。可能的是，她希望里库拉到穆肯的到访可以被解释为谈判(patlo)，而如果她的男性亲属也支持该观点，莫利非就难以建立一个相反的解释。

样根据这些要素组织了他的发言。

150 他辩称谈判(patlo)未经授权的且以失败告终(也就是,没有礼物的交付),也没有对布加迪作出承诺。此外,他没有将马度布介绍给他的父亲或玛莫胡茨瓦以及马斯安纳科特拉,所以她不可能被认为是他的妻子。(虽然在这个问题上有反驳莫利非的人证,他也有莱茨比[①]和来自穆肯的马度布亲戚的支持。)然后,莫利非暗示说,共同居住的要素只不过是一段长期姘居关系的必然结果。

所有这些表明当事人皆不认为结合的有效性或者法律定义直接依赖于任何单个形式事件;撇开其他一切,很清楚的是这类事件的发生通常难以证实。确实,如果行为人自身共享了的关于有效性的狭义的法律观念,莫利非一定会赢得案件,因为除了马度布有着相反的孤辩,大家认定的是谈判(patlo)并未完成而对布加迪的承诺也未作出。然而,如我们反复强调的,关于有效性的法律判决并不取决于严格法律主义的推导,而每个要素固有的法律权重总是有限的。因此值得一提的是酋长在作出判决的过程中并没有关注仪式形式行为的发生或缺失;虽然马度布是被"拐走"的,莫利非的亲属以及马斯安纳库特拉对她的承认,就是将她与莫利非的关系解释为婚姻的充足基础。

简要概括,当一个结合被在社交空间中紧密围绕这一对人的人们承认为婚姻的时候(或者,至少不在质疑之下),茨瓦纳人倾向于将其认定为婚姻。于是就会产生这个问题:如果这些事件只有有限的法律意义,为什么婚姻的程序持续由这一系列形式上的事件所构成?答案来自这一事实:这些事件,虽然它们不具有建立合法性的权能,却

① 事实上,考虑到他在宗族会议上的行为,莱茨比并没得选择。任何其他的论点都会牵涉他和他的父系亲属由于结束一段婚姻——这是只有酋长才能给出的判决——而违背了一项公认的程序规范。因为这条规范直接触动了酋长的权威,莱茨比可能会害怕因为蔑视而再度被处罚金。

在纠纷的背景(即通常考虑一个结合的法律状态的最主要的背景)下被在辩术上运用以作为规范参照(因此有在案例九中当事人对茨瓦纳"法律"的数次提及。)。但是必须要强调的是，这些事件是以一种非常特定的方式被加以利用的；它们依据一个结合通常是如何实现与评价的复合的形象来共同组成了一个完整的模式组合(gestalt)。

某一个特定的关系越是遵照这种组合——通过对它获得的认可、 151
共同居住、对婚姻中约定俗成角色的承担等的证据的细心确立——它就越可能被认定为是婚姻。由此可见，反诉则会寻求树立恰好相反的整体印象。再一次，这些都由案例九中的争辩恰好表述出来。在这方面，结果取决于法庭对过错的判断：各方看似正当或有过错的行为被认为反映了他们对立的构建的真实性。于是，这些要素本身，包含了一个使得现存关系和过去互动的复杂性减少、可争辩并当必要的时候通过前所描述的集合波段区间(见原书 133—134 页)而进行分类的规范索引。(正是在这个意义上，区间波段代表了可以放在大多数的结合上的一系列潜在的解释。)但是因为这些规范索引是辩论意义上的要素而不是法典里面的法条，它们不能以精准的推演去适用。这可以部分解释，为什么虽然茨瓦纳人似乎抱有对于婚姻形式程序的共同观念，但日常的结合并不可轻巧分类或定义。对婚姻形成的共享观念代表了对一种带有文化标记色彩的法的规范性陈述；围绕着定义的模糊性指向现存关系的管理。[1] 当结合持久长存并且它们的法律状态不处

① 这并不是说茨瓦纳人不或者不能给任何现存的关系归类。例如，有一小部分会被认为永远都不太可能成为婚姻，它们被看作固定地坐落于区间中非正式那一端。这种关系的主要典型可由流动务工人员提供，当进入一个酋长领地时，他们会进入临时性关系而不带有维持它们的意图。相反，有些持续了很久的关系会被确定无误地认定为是婚姻。然而大多数会因它们的持续时间处于两极之间的中间区域，而我们在此聚焦的便是这些。存续中的临时性关系，在其中双方从头到尾明确维持了相当有限的付出，不在现有分析的范围内——请在我们在此所作出的一般性陈述之中牢记这项保留。

于质疑之下时，当地人就很少会自发地试图去区分它们，这是日常术语（比如 mosadi，nyalo 等，见原书 134 页）的不特定性所似乎加以推进的倾向。确实，对聘礼的正式谈判、形成礼以及其他的关于状态转变的公开明确的表现的缺失[①]，共同造成了对定义的回避和模糊性的长存。

婚姻的定义与财产的处分

茨瓦纳结合的可议性的一个明显的必然结果是不同的解释可以并正在被轻易地用于异性关系上。[②]

152 即便当对某一个结合的定义并不是其经营状况的特定结果时，在公众的眼中，随着关系状态的改变它也有可能改变。只要一男一女和睦地生活在一起，他们的关系就通常被认为构成了"婚姻"，或处在成为婚姻的过程中。然而一旦关系变质并开始破裂，它就有可能被当作一种不正式的结合而解散，或者成为对立双方都试图对之进行定义的焦点。[③] 莫利非和马度布之间关系的历史显示了双方如何随时间修改他们对一个结合的认知。当在 1959 年，马度布最先控诉说莫利非遗

① 能用以表达新的法律状态的创建的一个明显的框架是亲属术语。然而，因为茨瓦纳人近亲婚姻的模式会产生亲属分类的交叠，姻亲联系的建立通常并不能以这种方式排他地进行标识。此外，对于姻亲的用语（bagwelbagwagadi）被宽泛地用以表示和代指比较广的一群人——对这个情况茨瓦纳人会解释说"因为我们一直相互婚嫁。"

② 在过去，对转房婚和填房婚更常见的实践使得许多结合的法律状态更加模糊不清和具有可议性。确实，在茨瓦纳人间的大多政治竞争围绕着利用家族的相关尊卑的努力进行，而这一般涉及对于多个妻子的排行与地位的相继重新定义（J. L. Comaroff, 1978）。因为在现代的茨瓦纳人生活中转房婚和填房婚的重要性在下降（虽然它们在政治对立和对家谱排行的回顾性定义中仍然存在），我们在此不再详细地讨论它们。

③ 如我们先前说的，如果布加迪得到了移交事件就不太可能如此发生，除非对转交本身的状态存疑（例如，它如在案例二十五中由莱索卡进行的）。然而我们重申，能够限制矛盾说法的一早就交付，在大多社区中很少发生。

弃了她，莫利非和他的父系亲属都没有否认她是他的妻子。的确，因为没有执行曼彻格尔·莱姆利帕最初的供养令而被带到酋长的库特拉前时，被告说马度布是他的妻子而他们已经结婚十四年了；然而，两年之后，他试图以他与她从来没有结婚为理由来使自己的行为正当化。类似的，在同样短的时间内，他的某些父系亲属的观念，虽然未必朝着同一个方向，也发生了变化。茨瓦纳人似乎并不认为对于一段关系的观念可由这种方式修正这一事实是不协调的——这重申了试图以西方的法律模型来塑造茨瓦纳婚姻的危险性。

即便对特定婚姻类关系的定义与分类极少是茨瓦纳人自发审视或抽象思索兴趣的对象，它们在关键情况下，也就是，当一个结合有解除的威胁和/或者导致后代的产生时，还是具有实际的与实质的重要性的。在这些背景下，关于财产的法律状态与权利直接与结合被分类的方式有关，特别是区头人和酋长进行的分类。如果它被认作是婚姻，大量的牛群（或者钱）可能在离婚的情况下被给予女方，而供养双方所生育的孩子就会继续作为丈夫的责任，他们从属于他的宗族和居住区并享有对他产业的继承权。如果，在另一方面，关系被认定为是 153
姘居或者只是一个导致了未婚女子怀孕的短暂关系，财产的分配就会明显更少而其他的后果也会更不持久（Comaroff and Roberts, 1977b）。[①] 这个男人可能会被判令支付一笔罚金作为对怀孕的补偿，但不会要求对他的资产进行分割；此外，对孩子们的亲属关系与控制将会归于女方父亲，或者，如果他死了，就归由她的兄弟。案例十与案例十一展示了纠纷解决机构根据结合的分类所得出的重要意义。

① 再度，马度布要将她与莫利非的关系归类成为婚姻的努力，明显具有其物质利益上的基础。

案例十：麦吉(Maggie)的法律地位[①]

莱姆苏(Ramasu)——一个莫克加特拉人，在1964年遇上了麦吉——一个从哈博罗内来的姑娘。他那时候与一个女人生活在莫丘迪，而麦吉本人有两个另外男人的孩子。虽然他们相遇并开始共同生活的具体情况仍处于争议之下，似乎可明确的是，莱姆苏许诺要娶麦吉。他与她的父亲莫西可(Motseko)说起此事，然后将她和她的孩子们安置在他与他第一个妻子的家中。

在一段时间内这个关系保持着和睦，麦吉又生了两个孩子，有一个早夭了。但是她不久就开始对她的父亲抱怨说第一个妻子将她当做仆人，而莱姆苏也在忽视她。莫西可来到了莫丘迪并与他和他的一些男性尊亲属进行了谈判，但是他试图解决问题的努力并未成功，麦吉离开了莱姆苏的家。

在1968年，麦吉把她关于忽视的控诉带到了酋长的库特拉。就此事件听审时，她告诉酋长莱姆苏如何对她承诺了婚姻，他如何同意将她早先的两个孩子接纳为自己的，还有她如何去了他家与他的第一位妻子生活在一起。她随后宣称第一位妻子不久就开始把她当做仆人而莱姆苏在她的第二次怀孕之后就开始忽视她。

莱姆苏通过否认麦吉是他的妻子来为自己辩护。他说："我认识这个从哈博罗内来的女人，并且曾经爱过她。我和她有一个孩子，但是按照法律她不是我的妻子。她只是一个姘居对象(nyatsi)。"他然后描述了他如何雇佣她作为他妻子的仆人以及她如何在他的妻子对她

① 1968年的第63号案件，在莫丘迪的酋长科特拉听审。

不再满意的情况下离去。①

酋长判令莱姆苏支付给麦吉 R80（大约 $92）——大约相当于四头牛的价值的货币补偿，这是对使得未婚女子怀孕的标准罚金——并且允许他按照每个月 R14 来支付这笔钱。

要注意的是，在本案中大致显示了与在案例九中一样的婚姻程序 154
的要素，只不过在此时女方的而非男方的男性亲属将这个关系认定为婚姻。此外，似乎就麦吉而言确有作出过关于布加迪的承诺，马度布则并非如此。然而麦吉被认定为是处于一场临时性关系中的仆人，而马度布被授予了妻子的正式地位。

案例十一：托洛（Tollo）与莫托莱卡迪比（Motlakadibe）②

莫托莱卡迪比是莱克西（Ratsie）的长女，一个娶了一个来自莱姆派迪区的女人并在那里定居下来的泰伯（Tebele）移民。托洛，摩玛（Morema）区的一个成员，在 1942 年为莫托莱卡迪比提起了谈判（patlo），当时她还在学校。在他那一边，这些谈判由他的 ZH 西格尔主导进行，而在莫托莱卡迪比那边则是由一位娘舅拉蒙卡（Ramoka）进行。不久，他们决定让托洛“进入莫托莱卡迪比的小屋”，而在她的教育结束之前，他的男亲属问她能不能陪着他出国工作。这得到了她父母的同意，于是这对伴侣在特兰士瓦度过了大约七年。布加迪并没有被赠送给莫托莱卡迪比。当他们在那边时，他们买了一些牛群和一个犁，还生了五个孩子。当他们回来后，他们在托洛的亲属间安定下来共同管理牛群和耕种土地。他们回来不久之后，他们之间的关系就

① 有一些罗朗的信息提供者将这比拟成过去的情况，当一个 mmelegi（“保姆”“帮手”），通常是作为妹妹，陪伴一个女人到她丈夫的家中，并由他导致怀孕。在这种情况下，辩论通常围绕着这个女孩究竟是保姆（mmelegi），替代（seantlo）或一个独立的妻子。

② 1961 年的第 4 号案件，在莫丘迪的酋长科特拉听审。

变得紧张了。他们反复争吵，而托洛指控莫托莱卡迪比和其他男人有染，特别是塞川瓦(Setshwane)，他的家在摩哥纳茨(Moganetse)区，距离莱姆派迪(Rampedi)不远。

在1950年代后期莫托莱卡迪比离开了托洛并带着孩子们回到她父亲在莱姆派迪的家。此时，莱克西已经死了，而莫托莱卡迪比和孩子们在1959年到1960年间的大多数时间都收到了来自她母系男亲属和她弟弟们的支援。费科(Pheko)，她母亲弟弟的儿子，卖了两头牲口来为她和她的孩子们提供食物，而她的弟弟威特(Wete)，那时候还在矿地工作，寄来了至少R20来供养他们。这整个期间都没有传来来自摩玛科特拉的表示这个结合破裂的话。

这场纠纷最终在快1960年底时候，在莫托莱卡迪比的亲属们起
155 诉后，在摩玛科特拉得到听审。在听审该事件时，莫托莱卡迪比讲述了她与托洛的婚姻和他随后的遗弃。但是托洛通过否认他们成婚来回应，并声称莫托莱卡迪比只是一个他致使怀孕的姘居对象。

头人将这场纠纷作为一个未婚怀孕的案件来处理并判决托洛支付四头牛和额外的R20来供养孩子们。(这个数额似乎和在1959—1960年间当莫托莱卡迪比还在莱姆派迪区时威特出于相同目的所提供的资助数额有关。)

莫托莱卡迪比的男亲属随后将纠纷提到了酋长的科特拉，诉称此事应当作为破裂的婚姻对待而不仅是单纯的未婚致孕案件。在酋长处，该纠纷由莫托莱卡迪比的一位母系男亲属塞之(Thage)进行介绍。他告知了科特拉原始的谈判与莫托莱卡迪比怎样得到准许去陪伴托洛出国工作。他然后开始描述两口子如何回来并开始共同耕作田地，他说他很惊讶看到莫托莱卡迪比独自带着孩子们回到莱姆派迪，而摩玛的人们什么消息都没有给。最后他提及了她在莱姆派迪的亲属们如何承担了供养她和她的孩子们的义务。此后，莫托莱卡迪比讲述了

她与托洛在一起时共同积累的财富，驳斥说托洛用他的ZH，西格尔的印记标记了它们。她以对法庭讲述她与托洛的争吵结束了她的辩护；她辩称，他的遗弃迫使她最终回到了莱姆派迪。

托洛将他们关系的恶化归罪于莫托莱卡迪比与其他男人有染。最终的破裂发生在莫托莱卡迪比为了强迫他支付布加迪而拒绝与他同眠的时候。在这个背景下，被告没有如他在摩玛区试图做的那样，辩称这只是单纯关于未婚致孕的一场纠纷。在酋长逼问之下，他承认说莫托莱卡迪比是他的妻子。[①]

在判决中酋长明显接受了莫托莱卡迪比对关系的定义。因为它明显已经破裂，他们现在应当离婚。他判决说孩子们应当由其母亲照看而莫托莱卡迪比应当为他们保留耕地。当他们在国外时累积起来的牛群中所剩下的九头牛应当被分割：六头归于莫托莱卡迪比，三头仍属托洛。

在案例九和案例十中对立的双方都试图将不同的解释施加在结合之上以获得或保留对财产的控制。在每个事例中男方都试图（至少 156
是尽可能长地）将女方解释为婚姻的关系解释为临时性关系。但情况并不总是如此，有时男方会坚称婚姻关系的存在（并因此需要一场正式的离婚）以获得对孩子们的权利，而女方可能会对此否认，如果她准备要放弃财产的分配以换取孩子们从属于她自己的群族。在任何具体案件中，双方要表达的目的都取决于一系列的情势因素：我们只谈及四个，即所涉及的财产范围，孩子们的年龄，女方对维持一段"过去

① 我们可以揣测说，到此时对托洛来说，案件的发展对他不利已经变得十分明显。因此他对莫托莱卡迪比是他妻子的承认可能是试图乞求酋长的宽大处理并试图平衡局势：通过承认说婚姻存在过，被告同时在对莫托莱卡迪比进行通奸的指控（而她若是未婚则不可能成立该罪）并因此指控她对他父权的损害。鉴于塞之（Thage）对婚姻有效性的辩论的有力，托洛可能将这个手段当做第二个方案，如果生效，可能通过她的通奸平衡他的遗弃罔顾，并可预期会因此减少分割掉大量财产的可能。

的关系”(lefetwa)的状态的态度,和这对男女所在的社会环境的特定状况。然而宽泛地说,当双方的利益是互补的——也就是,当一方想要保留孩子而另一方想要保留或者获得财产时——他们的婚姻完全可以通过双方同意而解除,这可能伴随着相关亲属之间的讨论。值得一提的是,它的定义在这些情况下也许从来都不需经考量;因为对于资产的分配是获得共识的。但是在利益相歧而财产不能被和平分割的时候,这个案件通常就会发展到成为科特拉诉讼活动。在这种纠纷中,辩论总是关于一场婚姻是否存在过,因为对结合的分类成为它的人力和物质产出该如何继承移交的依据。在它的法律方面,茨瓦纳婚姻比起一个法律状态,更恰当的是被理解为一个法律潜在性。作为分类系列的一员(见原文,第133—134页),它提供了指明关系的规范方法,通常在它们结束的时候,可以此组织对利益、权利、责任以及法律状态的谈判。

权利的创设与转移

对夫妻关系的可议性中,有一些关于茨瓦纳人婚姻中权利创设与转移的方式的看法。在对非洲婚姻的描述中,通常将其看成是关于一个妇女的权利逐渐而精确从她的监护人被移交给她的丈夫,而履行与义务则被反向传递(见 Evans-Pritchard, 1951: 97)。

157 因此库珀(Kuper, 1970: 476 - 477)在他对文化上同源的加利盖德(Kgalagadi)的研究中,用这些词来描述婚姻,虽然他也提到在过程中可能产生模糊域。然而在罗朗和克加特拉地区,权利的转移并不以这样一种有序和可预测的方法发生,虽然茨瓦纳信息提供者,在描述理想的安排时,有时会表示说应当如此。

在理论上,传统上包含在非婚共同过夜(go ralala)中的对性交权的最初获得,与谈判的顺利结束有关并由对礼物(dilo tsa patlo)的交付作为标志。然后,当女方迁入她丈夫所在区的家宅中,法律上的对她的控制地位和供养责任就传递给了她的配偶，虽然她的监护人对她的利益状况保留了很强的残余利益和保护她利益的权利。在这个阶段，她应当被提供一个房屋，可耕地，一个牧群中的主体以资养她的孩子们。当布加迪得到了交付，此妇女所生育的子女就获得了丈夫宗族的成员身份和对他财产的明确权利。如果婚姻以离婚告终，这个过程按理想型就应当被推翻，妻子要回到她自己的父系族群和出生的区，搬出她曾经住的房子和放弃她曾经耕作的地。那之后她就处在自己父系亲属的监护之下。当然，她可能由酋长分配给予相当份额的财产，这将被用于照料她的生活（对抚养和供养仍作为丈夫宗族成员的孩子们的安排，则根据他们的年龄和需求有所区分）。这个理想的模型，被茨瓦纳人与他们视为维持他们社会中的社会关系秩序的宗族原则联系在一起。

除却许多结合是在对结婚程序的若干要素的缺失中形成并持续着的事实——并因此缺乏对权利和义务履行的平衡交换——婚姻权利本身的规范基础并不是简单明了的。因此，例如，对未婚女性的性交权的控制应该完全从属于她的监护人，然而除非形成致孕的结果， 158
未经授权的性交并不给他任何要求赔偿的权利。一个被发现与未婚女子发生性关系的男人可能遭受驱逐或者被殴打，但只有在她怀孕的情况下（也就是，她违背了她的生育身份和权限）才可以提起诉讼(Schapera，1933，1938)。类似的，对性交权的移交应该跟随着对礼物(dilo tsa patlo)的支付，但是在实践中，一段涉及同居的异性关系的形成似乎通常先于，并在许多情况下推动着关于婚姻形成的最初谈判。就算在礼物(dilo tsa patlo)得到移交的情况下，作为交付方的男性享有的也只是有限的性交权。他可以和她发生关系并使她怀孕，但是他不能从另一个与她有染的个体那里寻求赔偿，因为直到她搬迁到他们的婚后住所为止，那个特权还是归她的监护人保有；只有在那个时间点上丈夫的性交权和相关的排他权，是由对在西方法律术语中所定义的“通奸”的求偿资格来保护的。即便那时，男方必须证明婚姻的存在以实施该权利；当布加迪没有被移交的情况下，这可能并不容易做到。简单来说，对女方性的权利并不是以精确排序的方式被移交的。确实，围绕着它们的模糊不定只有在聘礼被交付后才会最终完全消失（见 Schapera，1938：139），而这可能发生在她变得性冷淡之后许久。在那之前，这些权利可以被，并经常被质疑（Comaroff and Roberts，1977b）。

类似的，布加迪可能在理论上被认为是必要的以确保婚姻产出的后代能作为丈夫父系族群的成员以及他的继承人，但是对这个原则的适用同样有着含糊不定。即便在转交完成之前，他们母亲与其配偶（婚后居住在男方处）的同居，无论他是否是他们的父亲，事实上就意味着对孩子们的监护权已转移给了他。虽然他们通常和他们母亲的亲族保持密切的关系并会经常和他们在一起居住，但是这些孩子会长
159 成为男方科特拉的成员。他事实上可以通过生前移交的方式分配给他们财产，并且随着他们成熟，把他们加入到家庭财产与生产关系中。男孩们主要是参与到（社会学上的）父亲的牧群的管理中，女孩们参与到耕田与为家庭成员准备食物中。只要他们的父母和睦共处，孩子们在男方父系群族中的成员地位并不会得到挑战，除非造成巨大的冲突并引发对支付布加迪的（默认）承诺的拒绝。即便当有为女儿们支付的布加迪，除非愿意冒引发纠纷的风险，它也不能由她们母亲的亲族占有，除非女孩的父亲将此作为一个免除他自己义务的好时机（很多男人似乎就是这样做的）。结果就是关于聘礼的问题和孩子们的归属保持在一种默然的状态，直到它要不通过移交而得到解决，要不因为家长关系的矛盾而被公开。也并不一定能假设说，在布加迪没有被移交的情况下，母系的男亲属就会将孩子归于自己的宗族族群。有很明

显与重要的文化原因使得他们不如此做（见第二章）；此外，在此类事物在本土通常得以合理化的纯粹实用主义的规制中，对孩子们提出主张会需要物质支持的提供和继承权的扩展。母亲的兄弟们通常都非常不愿意让姐妹的孩子加入与他们自己的儿子在宗族内部流转资源上的（潜在）竞争。另一方面，有时候对姐妹孩子归属的主张对于相关人员来说，被视为在社交上是恰当和实际上有利的（见案例二十五）。

虽然茨瓦纳人会倾向于说似乎只有对布加迪的支付才有保证孩子们归属的权能，茨瓦纳纠纷解决机构在这个问题上的判决却没什么一致性。有时候一个判决可能与所表述的规范相符，如在案例十一中，在其中，虽然这对夫妻被认为是结了婚的，孩子们却是在缺失布加迪的情况下，与莫托莱卡迪比回到莱姆派迪并从此作为那个科特拉的 160
成员长大的。但在案例十二中的结果就显著不同。

案例十二：莱蒙嘉(Ramaja)和麦卡果萨(Mmakgotha)的孩子们[①]

莱蒙嘉——一个来自莱蒙迪科邦（Ramadiakobong）区的男人，在大约1951年的时候开始进行迎娶来自莱蒙西里拉（Ramasilela）的麦卡果萨的谈判。礼物（dilo tsa patlo）被交付，不久之后她的父母允许他将她带去他所在工作的约翰内斯堡。在1953年她回到她父母那里去生她的第一个孩子。之后她又回约翰内斯堡待了一段时间，之后再回到卡特轮，在那里她生了双胞胎。在1958年，当她还在家的时候，她因一个来自拓拉科温（Tlokweng）的男人而怀孕，而她与莱蒙嘉的关系似乎在此之后急剧恶化。她又和来自拓拉科温的男人生了另一

① 案例十二的记录来自罗伯茨在1973年2月于莫丘迪和克加特拉信息提供者所进行的谈论，以及来自1964年于酋长的科特拉听审的第83号案件的记录。

个孩子，在 1964 年，莱蒙嘉把她带到了酋长的库特拉，对这些孩子的出生进行了控诉。在最初的谈判之后，没有采取进一步的措施，也没有交付布加迪。

在酋长的库特拉介绍他的遭遇时，莱蒙嘉讲述了如何完成谈判而她的父母如何允许他将她带到约翰内斯堡。他然后继续说他可以原谅她第一次怀上来自拓拉科温的男人的孩子，但不能原谅第二次。麦卡果萨确认了莱蒙嘉所说的关于谈判的话。她辩解说她生了来自拓拉科温的男人的孩子是因为当她在家的时候莱蒙嘉对她置之不理。其他证人也印证了谈判，莱蒙嘉的亲戚们讲述了他们如何在莱蒙嘉在约翰内斯堡的时候带玉米去给麦卡果萨吃（因此试图否定关于置之不理的控诉）。在回答法庭提问的过程中，莱蒙嘉说他并没有采取针对来自拓拉科温的男人的行动因为他“还没有为麦卡果萨交付布加迪”[①]。

酋长将关系破裂的责任归咎于麦卡果萨因为她在还是莱蒙嘉的妻子的时候给另一个男人生孩子。他判决双方分手，并指示说莱蒙嘉的孩子们应该属于他自己的宗族，而那些来自拓拉科温的男人的孩子应该归麦卡果萨。

于是在案例十二中，布加迪的未予交付并不阻止结合所产生的孩子们被归于男方的父系群族并成为他的继承人；但是在案例
161 十一中暗含的支付承诺并不足以产生相同的结果。因此，虽然对聘礼的移交可能会使得归属的问题变得较为确定，归属与移交并非是不变地联系在一起的：权利与履行并不是一个简单的交互关

① 这个事实为我们的结论（原书 158 页）提供了进一步的证据，那就是，虽然有表述出来的规范，性交的排他权利（并据此的当收到侵犯时可获得赔偿的权利）最终取决于对布加迪的赠交。

系中的要素。

对这个断言的进一步证据由在玛菲肯的特史蒂酋长的科特拉提供。在1969—1970年间两件聘礼并没有移交的案件都以男方获得对孩子的所有而结束。在各判决背后的原因大致相同：两段关系都无可挽回地破裂了，但是两个丈夫都从始至终地行为妥当并为他们的被供养人留下了供养份额。虽然不清楚到底发生了哪些事件，法庭接受了大多数人所接受的丈夫的描述版本。此外，也没有根据来怀疑说他们不想要支付布加迪。因为女方有过错，酋长支持了在各案中婚姻成立并且孩子们应当归于父亲群族的诉求。然而在同一时段，法庭驳回了一个参讼人关于他支付了布加迪的主张。虽然他有提出证人，酋长接纳了女方父亲的诉辩，认为那些是私下和解中所提供的怀孕赔偿(marebana)。他观察得出男方并没有像丈夫一样作为，而那段关系不符合通常的期望；于是，并不存在一场婚姻，而那些牲口并不是布加迪。

最终，关于离婚后权利再分配的规范，在当地人的说法中是简单明确的。在婚姻结束的时候，女方必须回到她自己的父系群族，那里的成员要供养她。她与她丈夫共同生活时所享有的对居所、耕地、牲口的权利要在她离开他们共同的家时被回收。然而茨瓦纳人也表述了明显矛盾着的却具有同样强制性的规范说，一个有责任的儿子必须确保他的母亲有一所房子、一片土地和一群牲口来维持她的生计(见Schapera，1938)。除了在例外的情况下，那个儿子，自然是他父亲的父系群族的一员并将保持如此，不管他的母亲在婚姻瓦解之时发生什么。公认的酋长们喜将财产的重要部分做有利于离婚妻子的分配的倾向，又进一步复杂化了重新分配的规范基础。

因此，相应的，就实际情况说，离婚案件中实际的重新安排更大程 162
度上取决于一系列的情势变量，而非规范优先性。其中第一个变量的就是孩子们的存在与他们的年龄和性别。如果女方已有了成年儿子，她较有可能继续留在他们当中，在她前夫的区得到继续的供养。她可能留在她的家中或者搬去她的儿子们建的另一间房，但是她通常会保有同一片土地并享受之前分配到她的家的牲口的产利。而没有成年的孩子，则会增加她回到自己父系亲属间的可能性，虽然她之后可能会和她的儿子们一起回来，当他们足够成熟可以来为她建房和供养她的时候。第二个变量是女方与和她丈夫共同居住的亲属的关系；他们的关系越和睦，她就越有可能继续和她的姻亲们住在一起。这个变量也和归错的问题联系在一起。如果一个女人被认为是一个好妻子，而丈夫被认为对她不好，她的姻亲就特别会劝说她不要离开；但是如果一般认为是她对结合的破裂负有责任，那她几乎是不可避免地必须要回娘家（在许多这种情况之下，在离婚被正式处理的时候她就应该已经离开夫妻共同居所了）。

这些最主要的考虑因素和其他的情势性因素，反映在日常离婚纠纷的处理结果中。就对女方的监护或财产的权利的重新分派而言，并不能从中得出明白划一的规则或者简单的规范。可比较下列两个案例。

案例十三：莫可非(Moakofi)和尼可迪(Nkidi)

莫可非在1940年代早期娶了来自马波茨尼(Mapotsane)的尼可迪并将她带去和他在莫丘迪的马蒂蒙(Madimeng)科特拉的宗族一起生活。在他们婚姻的头十年里他们生了四个孩子。莫可非在多数时间里作为打工者在外工作，而在他不在的时间里，尼可迪由他的父亲
163 贝果思(Bogosi)照顾。看上去在她丈夫不在的期间，尼可迪一直得到了良好的照顾。

在1963年，在莫可非有一次不在的时间段内，尼可迪怀上了另一

个男人的孩子并且生了第五个孩子。当莫可非归来，这件事导致了一场纠纷，这先由区头人而后由酋长听审。若干个男人都被提名为孩子的可能的父亲，但是尼可迪坚持说那人是莱茨威提（Letshwiti）——她年少时候的一个恋人。这件事一直没有被定论解决，但看似生父应该是莫可非的一个父系近亲属。虽然试图修复莫可非和尼可迪之间的关系，情况在这件事情之后持续恶化，不久大家都知道了莫可非有了一个姘居的女人，他大多数时间和她在一起。

在1965年，尼可迪在酋长的科特拉提出了起诉，[①]宣称她被遗弃了。贝果思费力地想要驳回这些指控，但是将此结合当做婚姻的酋长叫他为尼可迪的未来供养拨出牲口来。然后，在1966年初，莫可非上诉到酋长的科特拉，[②]辩称尼可迪回到了她自己的家族并且表现得不再像他的妻子。

酋长观察得出婚姻已经到了尽头而双方都有了情人，判决他们分离。尼可迪被指示带着她的第五个孩子回到她自己的宗族，而房屋归莫可非所有。（“房子和院子是你的，莫可非。尼可迪要回到她的父亲那里。”）在之前的情况下曾经命令贝果思拨出以供养尼可迪的牛也由他保留。

虽然那时尼可迪已经有了成年的儿子，她被送回去和她自己的族亲生活在一起。对此，最主要的原因是第五个孩子的父亲以及她现在的情人是莫可非的父系近亲属。她如果在这种情况下留在那个区里，会使得已经存在的紧张关系继续下去。在这个事件中一个离婚妇女必须放弃她的住处、耕地和拨出以供养她的牲口的规范反映在结果之中——但是是作为一个境遇性的社会因素的结果而非法律上必须遵

① 1965年的第24号案件。
② 1966年的第25号案件。

守的法令。[①] 在其他情况下，如在案例九中，在莫利非和马度布之间，女方可以排除已有的规范继续留在她丈夫的区。

164 **案例十四：费可戈(Mphakga)和麦勒格威尔(Mmalegwale)**

来自莫丘迪的科苟思(Kgosing)区的费可戈，在最初的谈判之后与麦勒格威尔一起到她父亲在蒙能科特拉的家生活。他们生了四个孩子，布加迪得到了交付，并且麦勒格威尔最终被带到费可戈在科苟思的家居住。关于他们婚姻的早年所知甚少，因为他们大多数时间在费可戈父亲的放牧点度过，但到了 1958 年两者之间的关系变得紧张。费可戈对麦勒格威尔感到了厌倦并试图把另一个女人带进家门。他多次严重殴打麦勒格威尔，而据说，作为回报，她对他使用了咒术。各方的亲属都进行了几次努力想要修复他们的婚姻，有一次，费可戈因为严重过度殴打他的妻子而在科特拉被责打。

在 1958 年或 1959 年麦勒格威尔带着四个孩子逃回了她自己的家族。没有人来叫她回去，而在 1965 年，她的叔叔莱茨威提(Letshwai)，将这件事带到了酋长的科特拉。[②] 在听审的时候，麦勒格威尔控诉了被虐待与遗弃，而费可戈就巫术提出反诉。他叙述说她所准备的食物如何使他生病，以及这些食物的一部分已经被一个克加特拉的巫医(ngaka)识别为是人或者是狒狒的肉。麦勒格威尔承认曾求助于巫术，但是坚持说她这样做是为了挽回费可戈的爱而不是去伤害他。费可戈在科特拉承认说他想娶另一个女人。

---

① 如我们所提及过的，规范性法则同样也与判决给女方大量的财产份额的实践倾向有所矛盾。然而在此尼可迪并没有得到财产。对这种具有例外性的结果有若干个可能原因，最有可能的是尼可迪自行回到自家父系亲属那里的行为导致了婚姻的瓦解。后者并没有代表她向酋长提起诉请，所以她并不是本案中的原告因此也不是寻求赔偿的一方。因为一开始莫可菲就没有被认定具有过错，酋长很难有理由判决财产给尼可迪。

② 1965 年的第 45 号案件。

酋长判决两人离婚。他告诉麦勒格威尔说她应该和孩子们一起留在住宅中，而费可戈所累积起来的牲口应该给她那房。酋长说，虽然费可戈可以娶一个新的妻子，但他不能把这些中的任何东西用在她的身上。

在这个判决之后的几年内，麦勒格威尔和她的孩子们留在住宅中，但是，到1970年，她回去和她自己的父系亲属住在了一起。在这段时间内，费可戈和几个其他女人生活在一起过，多数时间住在他的放牧点而不在莫丘迪。

在作出这个似乎和已陈述的规范没有明确关系的判决的过程中，酋长似乎受了费可戈有过错，以及对从费可戈所可能娶的任何其他女人手中保护其第一任妻子所生的孩子的需要的影响。通过将妻子和孩子们留在前夫的库特拉，酋长提供了一个长期的提醒：这一房的成员有通过费可戈的财产获得供养并最终继承的资格。

基于麦勒格威尔承认说她对自己的丈夫使用了巫术，她能得以留 165
下可能是令人惊奇的。信息提供者表示说，事实上，正是来自她使用巫术的威胁而产生的紧张气氛最终逼迫麦勒格威尔回家。

可能解决安排的多样性由莫托莱卡迪比（案例十一）进一步例证，她在科特拉的听审之后被遣送回家但是保留了种田与对八头牛的权利。放在一起看，案例十一到案例十四强化了下列观点：在离婚之后对权利的重新安排，如同它们在婚姻程序中的移交一样，并不遵循一个规范上排他或者僵化定势的秩序。在实践中，离婚案件中处理相关权利的判决通常看似将过错分配与试图供养妇女孩子的努力结合在一起；在可能的情况下，纠纷解决机构会从他们的角度寻求减少紧张气氛和维持现存和睦关系的解决方案。

重要的是，对权利的重新分配并不总限于离婚诉讼活动。有一些在这些诉讼中作出的典型判决也会用于临时性关系的解除,[①]虽然说在此,至少按照理论和规范,这里重新分配的权利也许本来就没有被创设或者移交。

案例十五: 泽泽(Thethe)和莱蒙萨吉(Ramothage)

1953 年,莱蒙萨吉在特兰士瓦(Transvaal)遇见了泽泽,许诺要娶她,并在没有告诉她父母的情况下将她一起带回了莫丘迪。他们共同生活到 1960 年莱蒙萨吉去法国城(Francistown)工作。当他 1964 年回来的时候,又多了另一个女人,而他开始对泽泽冷淡不理。除去他个人对婚姻的承诺,两个家庭之间从来没有进行过任何谈判。

泽泽本人在酋长的库特拉对莱蒙萨吉提起了诉讼。在此过程中,她讲述了莱蒙萨吉说要娶她的承诺,但是她也承认,根据克加特拉法
166 律,她并没有和他结婚。酋长让他们这一对分手,并告诉莱蒙萨吉泽泽应该保留他为她建造的房屋和他们共同耕作的土地。

在此,纠纷解决机构明显把一些和婚姻有关的主要权利当做"不被承认的";因为当莱蒙萨吉和泽泽之间关系终止的时候,泽泽保留了占据家宅和种地的权利,虽然她承认她没有结婚。如同若干早先的案件,案例十五再度强调了建立标准——依据它能够超越特定案件的特殊背景而能对获得承认的和未获得承认的结合之间划出一条严格的界限——的困难。

鉴于茨瓦纳人对婚姻程序的概念化,权利和义务的履行并不是处于一个直接的交换关系并不值得惊讶。然而茨瓦纳人和其他的非洲人区别不大,他们都认为一个长存的结合给予丈夫对于他的配偶的夫

---

① 关于离婚的案件和临时性关系成为纠纷焦点的案件之间的区分由纠纷解决机构判断,这通常是在仔细审查之下作出的明确定义。

权和对孩子的父权，并给妻子对于物质、社会和法律帮助的合法期待。然而，茨瓦纳人倾向于认为那些权利是随着关系的成熟而在事物的自然秩序中产生的，这个观点在案例九中得到了生动的展现。他们彼此的给予获得被认为直接来源于各方对对方和对结合的付出，而不仅是关于它法律状态的先验定义。茨瓦纳的观念可由此归纳：一个联系的实质不能仅仅基于履行或其他的正式程序就先在于互动而下判定；反而，这种随着时间进行的互动的内容，给予了这段关系它的形式和它所涉及的互惠期待和权利。因此，当一个结合持续的时候，这些期待与权利会在日常生活的一般过程中逐渐明朗。只有当结合受到威胁的时候，关于法律地位和责任的问题才会被提出。换言之，夫妻关系在茨瓦纳人看来是一个"成为"的状态而不是一个"作为"的状态。相应的，他们将多数结合当做潜在的婚姻，只要它们没有受到威胁地持续存在。这个比较接近地解释为什么一个结合的法律地位从来不会自发地成为分类的客体；这对于当地关于夫妻关系发展的观念来 167
说，始终是对立的。

婚姻经营和社会秩序

我们至今所描述的不同特点——婚姻程序不能简化成为简单的法律公式，它的组成部分的可议性，相关状态的文化上认可与修辞上内含的模糊不清，以及对作为关系成熟之下固定产物的权利与责任的产物——这些都看似紧密相连。它们都在一个或者其他意义上，是茨瓦纳婚姻安排的个案主义特色的必然产物，这个特色明显根植于社会文化体系的构建逻辑和它在所处的秩序中以发挥作用的方式之中。在阿拉伯的背景下，父系的相关亲属联盟会产生一个高度被区分和个性化的社会环境（见 Barth，1973；Murphy，1971；Murphy and

Kasdan, 1959, 1967; Peters, 1980),而居住在茨瓦纳世界的人会基于第二章中所列出的理由,倾向于将它当做是实际上自我中心的与相互竞争的(见 Schapera, 1963a: 161, 169)。重新仔细回溯之前已经提到的分析基础是不必要的,除了重新强调描述婚姻的法律、社会和政治特性的两点并基于此的它在纠纷框架下的可协商性。

第一点来自茨瓦纳系统的组成否定关系分类的社会边界、结构定义的共同体的阐述以及联盟单位的兴起的事实。因为并不存在家庭之外的财产拥有群体,也没有依据某种固定形成方式的血统划分,婚姻的程序显然不是一桩关于规范同居、法律状态、生育和姻亲交互的互补利益的庞大集合的事。换言之,就他们的婚姻角色而言,只有很少的关于共同体关系的结构限制会被施加于个体;建立一个结合的当事方最多只限于几个近亲属,就如同其后产生的责任只在相当限定范
168 围的人群中可以履行。也没有理由来让政府的中央集权机制对婚姻的创立和法律状态所推定的任务进行僵硬划一的控制。这些机制的权力在于有组织的人们、在社会文化语境之中,与处在相同的风俗中酋长领地中聚合的其他关系一样。

第二点由此而来。因为规划出一个社交网络的任务不可避免地对个体来说是重要的推力,姻亲结合的谈判在任何一个人的生涯建构之中都是一个关键要素,无论是被设计地还是默认地进入(见第二章)。现在要回顾的是,在日常生活的框架下,有效的亲属关系领域的构成,有一个自我为中心的亲族(洛斯卡),[①]它是一系列带有内在矛盾

---

① 库珀(Kuper, 1975a: 72)写道,虽然茨瓦纳人倾向于将洛斯卡当做一种双方的排列(如果所有婚姻都是在亲属之间,那它就是)来说,这个词汇还是有一些相关的模糊性。当他们在抽象地讨论亲属关系时,罗朗人似乎使用它来意指一种双方的排列;但是当信息提供者在行为的框架内讨论亲属关系时,洛斯卡几乎不变地被定义为一个自我中心的领域(也见第二章)。

并需要限定和解释的多重关系的复杂领域[①]。确实，就是这个模型构成了茨瓦纳社会的神秘主义和经营性特质的基础。作为一种归类秩序，洛斯卡包括了父系和母系亲属的关系分类，这体现了文化上以及规范上认可的在竞争与敌对（也就是政治上对立）以及支持与补助（也就是道德上和物质上的支持）间的区分。这种区分反过来给予了一系列显而易见的社会价值其形式，这些价值的实现在很大程度上取决于婚姻管理；因为婚姻提供了一个获得广泛认可的媒介，在其中父系亲属间的对立可以转为母系补助（见 Schapera，1957b，1963b；Kuper，1975a and b；和前文第二章）或者通过它独立的盟友们能在父系领域之外被调动起来并且长存。这种盟友的价值，在茨瓦纳人看来，是至关重要的。它们不仅是针对父系竞争对手的支持来源；它们也经常会产生可观的经济和政治利益。事实上，茨瓦纳人经常将依据财富和地位衡量的成功归功于母系支持的功效。因此，除却提供性和生育的权利、家庭内部劳动力以及双方的生产基础，任何结合的社会效用被认为包含在它所潜在地给予准入的关系中，这又可以被利用来获得利益。至少就茨瓦纳男子的立场而言，这在婚姻履历的理想路径中得到反映并被进一步说明。

多数男人最初在他们的成年早期进入一个结合。在有些情况下 169
一个父亲可能试图去安排他孩子们的婚姻，出于他自己的战略目的对他们进行部署；如果是这样，他的儿子们生活可能要等到他老去或者死去才能进入独立的婚姻。当一个男人确实依靠自己来运作自己的婚姻过程，他可能会依次选出几个女人并且试探性地发掘不同的联系

---

① 一个“多重”的关系，需要记住的是，是一种在其中两个人由不止一种关系分类（也就是，父系、母系，等等）所连接的关系。因此它和格鲁克曼的“多元”结合的概念不同，后者可能涉及单一分类的关系但是总是包含着角色关系的多重性。

和姻亲关系的前景与意义。只要一个结合没有产生孩子或者实质性的财富,它就相对容易且可不需成本地解除。相应的,一个对社交管理的微妙的复杂性尚相对缺乏经验的男人,可能会进入一系列可能的结合,但在很明显它们不够具有吸引力的时候退出。作出这些判断所基于的主观原因主要取决于特定的人想从特定关系中获得的特定框架下的价值:现今有些茨瓦纳人主要为了情感上的原因建立这种关系,而很少考虑到它们的战略方面;另一些人更关心的则是建立有利的联盟。尽管如此,尤其在后者的情况下,夫妻和姻亲(不同于Fortes,1962:2)是辩证相连的。结合被维持下去——它们持续着成为婚姻——只要所涉的姻亲联结关系给相关各方带来利益或者承诺在未来如此。如科马洛夫在他处所论证的那样(J. L. Comaroff,1980:186):

> 就如同在结合的创立和对一段有价值的姻亲联系的预期之间可能存在着紧密的相互依赖关系,成功的联盟和夫妇关系被视为……互为必要:当一个特定的联盟保证了通常对姻亲关系所期待的回报,相关结合就会得到维持并被允许逐渐发展成熟成为一个婚姻。(事实上,即便当一对伴侣已经分手了,这也会偶尔发生,因为夫妇关系的拟制仍然可以使得联盟得到合理化。)相反,如果这种联盟被双方或一方结束,作为婚姻,这个结合通常也就此结束。有时候男方和女方确实会分开,但是,即便在他们不这样做的情况下,前面的结合者也可能撤回他们对结合的承认,它
> 170 就因此只能被解释为一个临时的关系。当然,伴侣本人可能会劝说他们各自的亲属对一段姻亲关系进行投入;同样在此,婚姻和姻亲关系的相互依赖得到了强调。因此,在此意义上,它们以一种辩证的方式被联系在了一起。任何一者都不一定先在于或者

可以脱离另一方存在：夫妻类型的关系的经营，与它初期的定义以及姻亲联合的谈判是一个单向进程之中互惠的组成要素。

于是，在成年的早期，有野心的青年男子就可以将婚姻安排的可谈判性利用到极致，如果结合令人满意就让它成熟，如果不令人满意就作为临时关系将其否定。然而有时候他们也会被困在一个他们想要逃出的关系中(见案例十六)，这个困境可能劝服或迫使他们放弃在婚姻领域更进一步的经营开拓。此外，茨瓦纳人认为不同类型的婚姻带有不同程度的风险；那些此前无关联的伴侣间的关系通常要比在母系亲属领域内建立的更易无成本地结束，而要把任何与父系近亲属的结合仅当做一个一时失误的非正式结合结束，几乎是不可能的。这就可以解释为什么男人们通常会先和没有亲属关联的女人在一起，而只是在之后才去寻求一个亲属关系亲近的女性。

需要强调的是，无论配偶之间先前的关系是什么，一个结合持续得越久，就越难从中脱离而不需付出代价或者导致纠纷解决机构的介入。这并不能阻止一方辩称某一个特定的结合不是一个婚姻，虽然它可能已经持续了十年甚至更久。这种主张是否会导致公开对立则取决于双方在分手框架之下的利益是一致的或是相歧的。如我们所见，当这些利益冲突之时，在辩论(和判决)中的修辞术语就由对结合的分类学提供，它编排了不同类型的结合所内含的规范认可内涵与附带责任。因此，举例说，如果一个男人想要在结束与孩子们的母亲的结合时提出对孩子们的主张，他可能会寻求一桩正式离婚，特别当他已经富足到可以接受一份对她有利的财产分割时。(酋长愿意将财产分配 171
给女方，可能使得离婚成本成为试图离婚的男方的一大束缚。)如果他不想对孩子们提出主张，或因某些原因无法提出，他可能试图尽量少费力地终结关系，就像莫利非在几年之后所做的那样(案例九)。但是对谈判的主动权不仅掌握在男人手中;一个女人或她的父系亲属可能会提起诉讼而非接受男方单方的退出。在另一方面,只要结合没有紧张关系或利益分歧而得以长存,就像许多案例所揭示的那样,它们的法律状态就不会被质疑,无论法律事件有没有发生。换言之,长久的结合通过默认成为婚姻。要重复说的是,在这个意义上,婚姻代表了一种法律潜在可能而非一个法律状态。它基于文化的意义,取决于它在一整套的分类中的定位,而这些反过来确立了当关于任何结合的社会和重要观念成为谈判对象之时可以放在其上的解释的范围。

发生在一个罗朗社区里的案例十六,例证了有一些构成婚姻和姻亲管理的基础的原则。

案例十六:卡铂(Kabo)的生涯①

当他在二十岁出头的时候,卡铂——一个王族与一个平民妇女波利娜(Paulina)结合了,他们在他的放牧点建造了一个家。非正式的谈判(patlo)被启动,但是根据信息提供者说,并没有得到完成。虽然不清楚到底有没有作出过关于聘礼的承诺,波利娜肯定被分到了一块附近的田地以供耕种。然而这个结合并没有生孩子。卡铂和波利娜的有钱父亲希拉斯(Silas)一直关系良好,当联合关系确立的时候,两个男人创建了一个合伙耕种事业。基于这份协议,希拉斯使用卡铂的土地和一些他最近继承来的机械,并提供必要的劳力和管理,希拉斯和卡铂分享产出。

卡铂在酋长所辖的区科荀思有一栋部分被遗弃的房屋,但他并没

① 因为在此所描述的事件与关系对当事人来说仍然是高度敏感的,我们不仅改变了所有相关人员的名字,同样也没有指明案件所发生的社区。这个案件涉及王家职务,但是科马洛夫(J. L. Comaroff, 1980)提供了另一个更加具体的案件,展示了在平凡人之间发生的基本相似的过程。

有带着波利娜住进去。最初他将与她在一起的主要时间花在放牧点，只是间歇性地去首都。然而在三四年之后，他开始更积极地参与酋长 172 的科特拉的事务并在科苟思停留比较长的时间，在那里他又建了家宅。不久他开始对马萨瑞蒙(Mmaseremo)，他曾祖父的兄弟的孙子的女儿产生了兴趣。虽然这个情况之下也没有进行正式的协商，这一对人开始共同居住在卡铂的房子内，而在这个结合之下有三个儿子很快相继出世。

卡铂让自己与波利娜之间的关系逐渐走向解散。他和希拉斯都承认就此事进行了讨论，但是关于此事似乎他们也没做多少努力。卡铂主张说并不存在婚姻；而正式离婚的问题似乎也未被提出，也许因为本来就没有什么可产生争议的有价值资产，无论是物质上还是人力上。但更重要的是，希拉斯从争讼之中可得到的很少：他正从合作耕作项目上获得一大份利益，这个项目由卡铂管理并且至少还有两年才会结束。此外，波利娜不久进入到了另一段关系中并和她的新伴侣去了他的村子(在首都之外)生活。希拉斯立刻把握了机会和他也签署了一份农业协议，这样与卡铂本来可能的姻亲关系的瓦解并不会带来重要的物质损失。卡铂也表现得支持波利娜的新结合。他也同样曾得益于和她的关系，而它的和平结束意味着他现在可以朝着一个新的、更适合的方向集中进行他的婚姻策略。

在首都树立自己形象的过程中，卡铂成了一个受到酋长(他在分类上的堂兄弟)信赖的顾问。马萨瑞蒙的父亲肯姆(Keme)，他的分类上的父系和母系叔舅，也是一个有权力的王家顾问，一个具有影响力的公众人物，和一个大区的领袖。肯姆和卡铂成了关系密切的盟友；前者对酋长之位没有个人的野心，但是他劝说卡铂将自己设想为一个未来的领袖。确实，肯姆对卡铂的行为很大程度上符合了当地的母舅-ZS关系的规范模型——事实上，这两个男人就是以此来相互标识他们的联系的。卡铂和马萨瑞蒙之间的结合成功地维持了很多年。虽然没有进行谈判(patlo),也没有移交布加迪,夫妻俩都承担了丈夫、妻子与姻亲的习俗角色,没有人质疑他们结合的法律状态。

在此后的大约十八年,卡铂逐渐成了在酋长领地中最有权势的人之一,而当在任的酋长无子过世之后,一个支持他即位的党派迅速出来表达了自己的意见。要围绕着继位的事件描述是不可能的,简而言
173 之,在这个过程中,卡铂和马萨瑞蒙之间的关系恶化了。卡铂和一个年轻的(未成年)王室成员托洛(Tuelo)建立了关系,她的兄弟们成了他尤其亲密的盟友并且在领导他派系内的成员。肯姆反对这种联盟,(他宣称)害怕卡铂的形象会因为公众知晓他召集了年轻又不成熟的顾问而受损。卡铂反过来表示说肯姆已经老了。(他确然现在已经很老了而且多数时候无能为力。)最初,卡铂试图两组盟友都维持,但是,随着肯姆对他变得愈加批判,他决定对托洛父系亲属的支持比衰落下去的老者的更为重要。

卡铂想要对事情来个了结;他于是将聘礼转交给了马萨瑞蒙然后表示说他想要和她离婚。对布加迪的移交显然意在获得对三个孩子的掌控,因为除了对本地所重视的酋长有子的条件的满足,孩子们也快达到结婚年龄了。但是,马萨瑞蒙,在她父亲的教导下,与卡铂摊牌说她不想要离婚。肯姆本人又进一步对他的女婿详细说明了他的策略中所内含的危险。这个案件得交给当地的政府专员处理,因为没有在职酋长,而没有其他人可或会对此进行听审。专员不太可能判决离婚,因为马萨瑞蒙的行为并无瑕疵,并且她还会公开原谅卡铂的通奸行为。在这些条件之下,如果他要继续他的诉求,他就会冒着看上去像是蠢货或恶人的风险。在任何一种情况下,他成为酋长的机会都会受损。

卡铂与他的若干盟友讨论了此事,包括托洛的兄弟们。他所收到

的建议的合意便是对此事暂时搁置，至少在继承得到决定之后。大约三个月之后，卡铂被委任为酋长。在他就职的时候，关于他和他姻亲之间问题的窃窃私语随处可闻。确实，虽然她的三个儿子都出场了，但马萨瑞蒙当天没有公开露面。①

在他处得到论证的是，茨瓦纳个体的生活循环通常有规律地按照他们的关系（和结合）中的模糊性被逐渐削减的轨迹行进。这种对模糊性的削减，一部分来源于限制的渐进增长，并且，在变化着的尺度中，来自自决的行为；但它是一个经常由对布加迪的移交而结束的行为，一个在社会领域内的最终自我定义的象征性时刻（见 J. L. 174
Comaroff，1980 和第二章、第六章）。② 然而在此，相比起婚姻本身的性质，我们较少考虑政治传记中的社会逻辑。现在茨瓦纳婚姻的结构与法律、社会方面应当已经清晰，但是还有一点总结要做。

需要强调的是，与婚姻相关的程序事件并不是内在地含糊或者确定的；它们的法律性质不由它们的组成成分决定（事实上，它们和在很多其他社会中所发现的并无什么大的区别），而是由它们的社会价值决定。如我们所见，那体现在这些事件共同代表了一种诉讼参与人可以依此论辩而酋长也可以据此来判决他们的关系、权利和义务的典型的模式组合（gestalt）之中。在看似将这些事件当做可议的来处理的过程中，茨瓦纳法庭只是在回应对普遍体验到的现实经文化确认后的观念：对于婚姻和姻亲的管理，在一个随地域改变的社交环境中，是每日交往建构的一个基本部分。纠纷反复呈现的方式——反映了参

① 因为实地调研就结束在任职后不久，我们无法记录后续发生的事。

② 空间的限制使得无法作出对姻亲和婚姻经营之间的关系详细描述的分析。这个问题是一个复杂的问题，在原书 132 页的脚注中所列的论文中有更充分的论述。然而我们希望强调的是，我们并不认为围绕夫妻关系的可议性和含混性是永远不可去除的。对这种不确定性的最终去除与最终对聘礼的支付和对结合的结构性“确定”紧密相关，在科马洛夫（J. L. Comaroff，1980）中有所分析。

讼人设计与编排关系与法律状态的努力——迫使他们去承认这种现实(J. L. Comaroff and Roberts, 1977b)。简要地说,一个先决的先验的对结合的定义在这种社会文化背景之下没什么意义。确实,如果它存在的话,将会非常难以解释;认定它应当存在则只不过是文化霸权主义罢了。此外,现代茨瓦纳人之间基于浪漫爱慕而选择伴侣的增长趋势本身并不妨碍婚姻的法律性质或减少其可议性;因为当对异性结合的操作利用作为一种结果,可能变得更趋向于来自个人情感而非政治目的,经营的潜力则取决于社会文化原则,而非行为动力。

第六章　争端处理2：产权转移以及亲属关系的定义 175

在第五章中，我们已经阐明了随着一段异性关系中的利益配置随着时间不断改变，以及异性关系的地位是如何受制于谈判和重新定义的这个问题。此外，正如我们在第五章中试图证明的，同居关系的分类代表了一种内生的文明秩序。在这种意义上，夫妻关系和姻亲关系才得以有意义地被组建和被经营。所有这些继而表明，任何这类关系的名称均显示了对于关系地位的一个象征性说明，以及因此包含在其进程中任何一点上关系双方相互的期望和责任。事实上，茨瓦纳社会空间正处于异常阶段，因为神秘和狡诈在这里非常重要。而现实情况正如一个罗朗研究者所提出的，“事情从来都不是它看上去的那样；你认为事情是这样的，但是你会发现的却是另一件事，然后是再一件事”。在这样的条件下，体现在同居关系分类中的规范化定义显示了一系列已经确定的实用主义要点，这也是一种象征性的语法表达。正因为是与这些要点有所关联，现实可以被不断地建立和改变。

这个观点被扩展到对产权关系的分析上也许十分有益。例如，一个莫茨瓦那人拥有一些牲畜的行为，或者进行一场特定交易的本性的能力往往会被一系列不同的文化认同方法所分析，也可能会被反复地改进，以表现当代的利益格局或人际关系。因为产权所有与交换的状况传递了一系列关于社会联系及个人权利的信息，且它们的释义和名
176 称对于当事人来说往往是非常关键的。在这章中，我们会在产权转移处理过程和重要利益管理的背景下考虑茨瓦纳人产权安排的特征，特别是当这些特征关系到争论过程时。①

转移处理

在我们自己的社会中，和死亡相关的产权转移事件倾向于同其他情况下发生的产权分配相区分，就如同它们是相互分离、毫无联系的转移。尽管这种区分的效用即便是为了我们研究的目的也是存有疑问的，透过他们对转移系统的比较分析，律师和人类学家有时仍会把这个民间的区分提高到一个对转移制度进行先验假设的水平上，尤其是当这种区分表现在死亡和"继承"两者之间的关联上。在关于茨瓦纳地区产权转移安排的早期描述中，无疑是这样的情况。因此，在《茨瓦纳法律和习俗手册》(*A Handbook of Tswana Law and Custom*)中，夏培拉在关于继承的一章中描述了以死亡为中心的财产转移，并分开处理了在一夫多妻的家庭生活中，家中牲畜的分配问题，即tswaiso* 和 serotwana** 两种习俗(见下文)以及离婚后财产的分配

① 本章所论述的一些观点最初在(J. L. Comaroff and Roberts, 1979)被提及，因此两者之间有些重复。由于早期论文描述了克加特拉之中的产权转移，因此我们现在呈现的例子和案例主要来源于这些民族志学的材料；不管怎样，现有的罗朗之间可用于比较的产权争端记录都无法令人满意的简短。然而，罗朗和克加特拉共享一个十分相似的财产转移制度。它们的区别，有相关的时候，在下一章中会被明确提到。

* 译者注：Tswaiso 为儿子出生时做标记的牛。

** 译者注：Serotwana 为女儿结婚时父亲做标记的牛，以便女儿能够继续保留在自己家的财产。

处理问题；但是在手册中，夏培拉并没有对不同移交方式之间的关系进行解释。

茨瓦纳地区的产权转移应当被视为一个与家庭发展周期相关联的程序，而非仅仅代表着一系列彼此之间毫无关联的事件集合。这不是一个完全与死亡相关，或者一个主要与死亡相关的程序。为了追踪这个程序，有必要从这个家庭发展周期的某个阶段入手。最便于入手的阶段也许是一个成年男子成家之初，并建立起一片独立于他的父亲的家园时（在理想情况下，这片新的家园是相邻于其父亲的家园的）。后者可能依然存在着，而新建立的家宅也将成为一个核心社会单元。这个单元由这个男子本人，他的配偶，很可能还有一些他们在完成建立自己家园的工作之前在男方父亲家或者女方家居住时所生育的孩子所组成。在这个阶段，这个男子很有可能拥有规模很小的但属于本人的牲畜和其他生产资料。没有必要去探究畜群的建立方式，因为这将在牲畜所有权转移的过程中自然显现。 177

正式的产权转移过程的最初阶段与男性的第一次婚姻关系有关联。此时，为了女方家族的利益，一部分药草和一片可耕地会被指定并预留出来。这片耕地（tshimo ya lapa）之后将由这对夫妇耕种，农产品用于供养女方家中的成员。当有多余的农产品产生时，由此取得的牛或生产资料将被计入新成立的家庭。以同样的方式，奶牛（dikgomo tsa lapa）被用于给孩子们提供牛奶，耕牛用于开垦荒地，最终，也许布加迪牛很可能被留给家中的儿子们。无论这段同居关系或是之后其他同居关系的之后的历史如何，这些耕地（dikgomo tsa lapa）将仍旧与第一次同居的女人以及从这次同居中出生的孩子相联系。如果之后的妻子们建立了新的家庭，这些牲畜将不能被重新分配到她们新的家庭。当新家庭建立时，土地和牲畜将被分开分配到每个新家庭，对这位男性的其余部分财产进行分配的转移方向也因此被确定了。

产权转移接下来的一步与孩子们的出生相关联。男人们通常会根据一个被称为 tshwaiso 的安排，在每个儿子出生时都为他标记一头母牛。这种做法在克加特拉中尤为普遍。被标记的母牛连同它的后代都被视为永久性的分配给了那个孩子。如果走运的话，这头母牛和它所产下的牛犊将成为一个规模不断壮大的牛群的核心，牛群的所有权就是这个孩子。即使一个只拥有很少量牲畜的男人也会力求为其子标记一头 tshwaiso 牛。富有一些的成年男人会为每个儿子标记所有在其出生那一年所诞下的小牛。至于那些特别富裕的，所有的收藏在圈养点的生产资料会被一同分配给那个孩子。如果一头 tshwaiso 牲畜直到死前都没有产下小牛，它就将被更换。在理想状况下，男人也应该为他的每一个女儿标记一头 tshwaiso 母牛。克加特拉拥有足够多的牲畜，因而使得这样的分配具有可能性，通常会这样做。

根据 tshwaiso 安排对产权进行的处置代表了产权转移总体过程中的一个重要因素。并且，许多财产中绝大部分的牲畜都是按此方式进行分配的。总之，在一个孩子接近成年之时，相当大部分财产的分配已是被确定好了的。财产转移的过程将一直持续，直到孩子们组建
178 了自己的家庭。在克加特拉部落中，当女儿成立自己的家庭时，她的父亲需要提供牲畜，这些牲畜被称为 serotwana。这些牲畜将伴随她离开娘家，为维护她和她丈夫所建立的新家庭作出贡献。当她死后，那些 serotwana 牲畜就会被移交给她的孩子们，并且将被优先分配给她的女儿们（Schapera，1938；Roberts，1970）[①]。

① Serotwana 惯例似乎是女儿嫁妆中的某一组成部分。
译者注：古蒂（Goody，1973）对此并不赞同，他似乎认为这样由婚姻导致的财产权转移除去个别受到穆斯林影响的地区之外，并不会在非洲地区发生。

同样的,在她婚姻生涯的某一个时刻,布加迪会被赠送给她的女儿。并且,再一次的,从这时起,这些牲畜的转移就已经固定了。按照惯例,在一个给定的家庭中,父亲将会把自己的儿子们和女儿们在孩提时代“关联”成对;之后,被配对的兄弟姐妹之间将会保持一种特殊的关系。举例而言,成年男人在其之后的生活中需要照顾和他配对的姐妹。特别是当她离了婚,而且需要回到娘家同自己的父系亲属一起生活时(见第二章)。表面上来看,当这种照顾的责任被承认之时,原先赠送给这个姐妹的大部分布加迪会转移归并给与她相配对的兄弟的畜群中。理论上来说,如果有必要,他会用这些牲畜以及它们的孳息来供养她。当然,当这些男孩们结婚时,除非布加迪的转移被耽误了,很可能发现这些额外的聘礼被用于组建他们的新家庭。

当一个男人的儿子们成年后,管理他的畜群的责任便逐渐落到了他的儿子们身上。如果他的儿子们已经有了自己的畜群需要管理,他们的父亲便可能让每一个儿子都亲自代其管理一部分牲畜。假使成年男人的畜群规模很大,每一个儿子都将被要求去管理畜群。如果某个儿子在管理的过程中表现出了足够的细心和技巧,他的父亲便可能真的将这些生产资料的所有权转移给他。此外,表达此类意愿的指令通常在成年男人临死之前就传达了。之后,在这个男人年老的时候,他会告诉他的儿子们以及一些地位较高的母系亲族关于他余下的财产将会被如何处理的决定。典型的做法是,他会指示将这些财产在未成年的孩子中或者那些自己的 tshwaiso 牛群还有没有得以壮大的孩子中进行分配。正如茨瓦纳的格言“lentswe la moswi ga le tlolwe”(即“过世之人的意愿不应该被违背”)所表述的那样,生者会严格遵循死者过世之前的意愿。

因此,在一家的男主人去世之时,他大部分的财产都已经被转移,

179 或者正在被转移给下一代。只有在考虑到未分配牲畜时，分配的方向仍需确定。[①] 当林奇威二世在1963年成为克加特拉的首领之时，为解决未分配余额规定了规则[②]：最年长的儿子有权得到最大比例的份额，其余的儿子们根据长幼依次获得越来越少的份额。至少从林奇威一世(1875—1924)的统治开始，女儿们同样可以受惠于未指定分配的遗产余额。但是事实上她们很少能像她们的兄弟们一样获得财产，没有一个女儿可以得到像长子一样多的牲畜。虽然如此，每个孩子分到财产的具体数目在每个个案情况下都不同，这种安排必须符合年长的男性继承人总是将得到最大的财产继承份额之原则(Schapera, 1938: 230－231; Roberts, 1970)。考虑到没有两份财产是完全一致的这一情况，在1957年，由林奇威的父亲，也就是族长莫利非(Molefi)进行的分配被认为是最能反映出典型的分配模式。案例十七确定在1957年，年幼的弟妹可以期望得到其父未分配财产中很大的一部分，并且所谓的长子特权也只是象征性的多分一点财产而已。

案例十七：塞比(Thebe)的牲畜[③]

塞比去世后留有许多子嗣。其中有三个女儿是由他很久前便已过世的第一任妻子的孩子，分别叫作茨瓦蒂(Tshwanti)、玛泽泽(Mmathethe)和塞弗威(Seforwe)。现在仍在世的第二个妻子马麦茨(Mmametsi)为他生育了一个儿子瑞可胡麦斯(Rankhumisi)和另外三

① 包含在未分配余额里的土地是非常少的；土地产权一般在家庭的早期发展之中就已经被划分好了。

② 罗朗规则与克加特拉规则是几乎相同的，除了在罗朗规则似乎在将未确定分配的牲畜转移给女儿时有着更大的灵活性。这可能与在罗朗社会中，serotwana分配方式并不普遍，而tshwaiso分配方式也正在逐渐消亡这一事实有关系。

③ 案例十七与阿莫斯·格曼奈·佩里安(Amos Kgamanyane Pilane)和西凡科·佩里相关。族长科特拉关于案例的笔录证实了他们的描述(No. 22 of 1957)。

塞比的宗谱

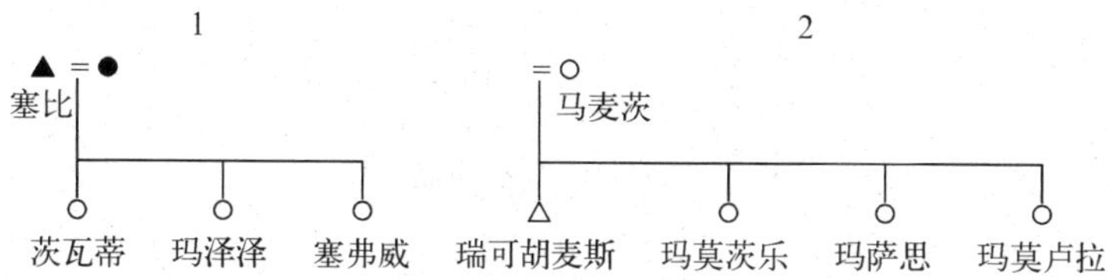

注：△，○　=活着的男性，女性
▲，●　=已故的男性，女性
1，2　=第一家族，第二家族

图 8

个女儿，分别叫作玛莫茨乐（Mmamosele）、玛萨恩（Mosenene）和玛莫卢拉（Mmamorula）。塞比死后，他们就塞比的遗产（即牲畜）该如何分配的问题产生了分歧。这次争端由族长莫利非主持解决，莫利非族长是以如下方式进行分配的： 180

第一房妻子及儿女		第二房妻子及儿女	
茨瓦蒂	10 头	瑞可胡麦斯	11 头（算上马车）
玛泽泽	8 头	玛莫茨乐	8 头
赛弗威	8 头	玛萨恩	8 头
		玛莫卢拉	8 头

图表 2

塞比的遗孀马麦茨得到了 8 头牛、绵羊和山羊。换言之，在这个分配决定下，塞比的大儿子所得遗产的数目仅仅比其他孩子得到的多了一点儿。

林奇威二世在他任职的第一年就改变了关于未分配遗产的分配规则。不过，他是通过对两笔贵族财产的分配引入了这些改变，而不是依靠直接的立法行为确定新的规则。在这两个例子中，林奇威二世都忽略了年长的男性继承人将有权得到最大的财产继承份额之现存规则，将牲畜在死者的子嗣中进行了平均分配。

案例十八：迪克姆(Dikeme)的家畜[①]

迪克姆的宗谱

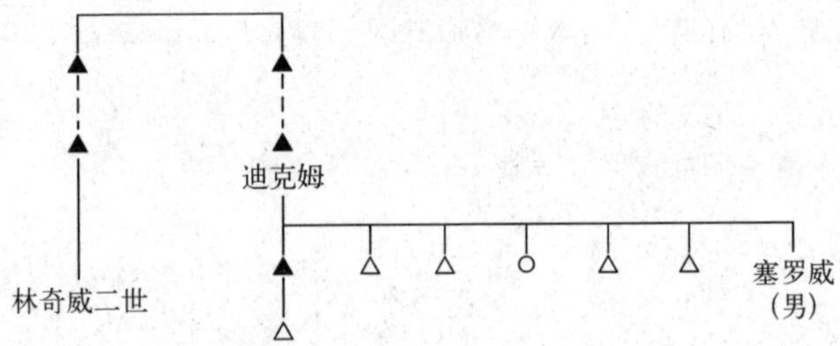

注：△,○ =活着的男性，女性

▲ =已故男性

¦ =未列明的世代

图 9

从血统分类上来说，迪克姆是林奇威的一个叔父。他去世已有一段时间，而且他所遗留下来未经分配的家畜也始终没有被分配妥当。在林奇威成为酋长之后不久，他被要求对迪克姆遗留的 35 头家畜进行分配。迪克姆有七个子女均活到了成年：六个儿子和一个女儿。
181 其中一个儿子早于迪克姆死亡，但是他为迪克姆留下了一个孙子。林奇威给迪克姆仍在世的五个儿子、一个女儿以及早亡儿子的遗子每人各分配了 5 头牲畜。

案例十九：兰克(Ranke)的家畜[②]

兰克的父亲费瑞(Phori)出生于莱蒙迪科邦区，但是随后他搬去

① 许多克加特拉人告诉了罗伯茨这一情况，他们包括阿莫斯·格曼奈·佩里安、西瓦罗·赛琼(Senwelo Sejoe)，以及迪克姆的儿子塞洛威(Selogwe)。他们的解释与此处我们呈现的事实是相吻合的。

② 案例十九与莫莱利夸·塞洛马威(Molelekwa Selemogwe)和其他克加特拉相关。在首领的科特拉举行的听证会被记录为 1963 年所发生的第 51 号案例。戛威(Gouwe)和莫赛(Mothei)的陈述是方言记录的翻译。

兰克的宗谱

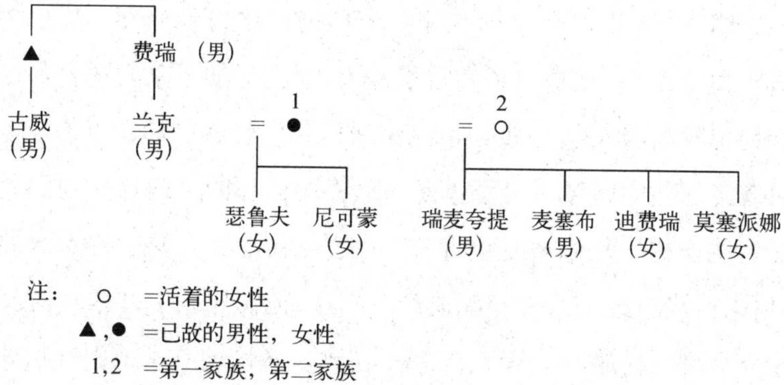

图 10

摩玛区，并在那度过了余生。有些人说费瑞还是孩子的时候就被带到摩玛区了，也有人说他是成年之后，加入并被得到了这个有年龄限制的区许可之后才去摩玛区的。但无论实际情况是怎么样，费瑞在摩玛区建立了自己的家庭。兰克也是在摩玛区出生的。

到了兰克自己组建家庭的时候，他为自己在摩玛区建造了一所家宅。在这场婚姻中，兰克生育了两个女儿，分别是瑟鲁夫(Serufe)和尼可蒙(Nkomeng)。第一任妻子去世之后，兰克又结了第二次婚。这次婚姻给他带来了四个孩子，两男两女，四个孩子全部长大成人。两个男孩，分别叫作瑞麦夸提(Ramakwati)和麦塞布(Mathibe)，两个女儿则叫作迪费瑞和莫塞派娜(Mothepana)。通常情况下，当一个克加特拉男性连续组建家庭时，两任妻子所生孩子之间的关系通常会比较紧张。在兰克仍在世的时候，瑞麦夸提和麦塞布便回到了兰克父亲早先居住过的莱蒙迪科邦区定居。

兰克死后，第一房妻子的两个女儿向摩玛地区的首领莫锡抱怨，称瑞麦夸提侵吞了兰克留下来的牲畜，而且她们没能获得任何利益。瑟鲁夫辩称这些牲畜现在应该被分配，这样她和她的姐姐就能够分到

182 一些了。据此,作为兰克生前所生活区域的首领,莫锡根据自己作为首领的职责,挑了一天,在这天里兰克的财产将得到分配。莫锡为遗产分配做好准备,把这些子女召集起来,并且通知了莱蒙迪科邦区的社会地位较高的人也一同参加,莱蒙迪科邦区也就是瑞麦夸提及他的兄弟曾经居住的区域。瑞麦夸提和莱蒙迪科邦的人们认为他们无法接受这些安排。他们回复说,因为兰克实际上是莱蒙迪科邦区的一员,所以应当由这个区来分配遗产。不过,他们原则上并未反对女孩们也应得到一份遗产。基于这些意见分歧,各区的首领前去族长处寻找解决方法。

争端以如下内容的方式被呈现在科特拉族长面前:

戈文(Gouwe)(莱蒙迪科邦区的首领和兰克的 FoBS)说:"我将如下问题呈给族长您。兰克是莱蒙迪科邦区的一员,而并非摩玛区的一员。兰克去世时虽然生活在摩玛地区,也在向摩玛区交税,但事实上他却是莱蒙迪科邦区的一员。他是我叔叔[瑞蒙格洛(rremogolo)]的儿子。我以他父亲(tsheko)的身份提出这些主张。"

[在提交了关于兰克交税这一问题的进一步信息后,戈文继续说道:]

瑞麦夸提曾经告诉我,在分配兰克的牲畜的时候,他需要我在场。而在那时,这些牲畜已经被摩玛区的成员们聚集在一起了。我回复他说,如果牲畜已经准备好,将要被分配了,再叫我就是错误的。他们应该在牲畜被召集之前就来咨询我。

瑞麦夸提告诉我他的姐姐告诉过他,说她们也想要得到一些牲畜。他告诉我,他不反对这个想法,但是他想要首先偿还他父亲的债务。

莫锡(摩玛区的首领)则作出了这样表示:兰克是我的儿子。作为一区首领,我关心这件事。他向我交税,而不是向莱蒙迪科邦区交税。争端产生的根源是他的遗产(boswa)。在争吵的那些人是兰克的孩子们，他们是因为兰克的遗产问题而争吵。兰克结了两次婚。他与第一位妻子生育了两个孩子，都是女儿；与第二位妻子生了四个孩子，两男两女。第二位妻子所生育的孩子们不想和第一位妻子所生育的孩子们分享这份遗产。他的两个儿子是莱蒙迪科邦区的成员，而第一位妻子所生育的两个女儿则是摩玛区的成员。我不知道是谁分开了他们。 183

当牲畜被召集起来之后，人们发现总数一共是30头。林奇威平均分配了这些牲畜，因此每个孩子得到了5头牲畜。

这两个决定在刚刚作出的时候就招致了不满。然而，当未分配的遗产被呈送给林奇威，要求他进行分配时，他坚持将其平均分给兄弟姐妹们。就算他的做法没有得到积极认可，但似乎已经被卡特伦地区的人们所接受。1973年3月，研究者们便开始将此种分配模式作为一种既定的规范加以引用。

根据大多数茨瓦纳部落的现代惯例可知，一个更进一步的阶段必须被添加到对于产权转移程序的描述之中。根据早期的记录[①]以及年长的生存者所述的内容，在过去，离婚对于产权转移过程的直接影响是无关紧要的，可以忽略不计。当一个女人离婚了之后，她将回到自己的娘家生活，并在那里接受亲友们的照顾。而无论她在上一段婚姻中是否有过错，通常（地区首领）很少作出将她前夫牲畜的所有权转移给她的命令。报告者们称女人在离婚后将只会带着她陪嫁过来的即serotwana牲畜回娘家，某些时候可能会有一头除serotwana牲畜之外的牲畜帮她驮带一些“个人生活用品”回去。然而，正如我们在本书第五章中所看到的，在如今社会，离婚的女人们往往会得到大量物质补偿。事实上，被绝大多数部落所广泛接受的规则也正是如此规定

① 夏培拉（Schapera，1938）：这些历史情况也印证了这一点。

的，除非婚姻破裂的可以单方面归责于女方。[1]

妻子因为离婚而分到的牲畜最终将会传给她这次婚姻所生的孩子们。但是，如果她膝下无子，既定的规则似乎就不同。在克加特拉和罗朗中，将这些牲畜的所有权转移给她的同族似乎是已得到广泛认同的做法。而在实践中，即使离婚的女人在这次婚姻中有所生养，对于丈夫的家族而言，她回娘家时所带走的生活资料也经常比较少，而散失于丈夫的家族。因此，离婚之际已经变成了产权转移过程中的另一个阶段，在这个阶段中财产可能被实际转移出原家族。

鉴于产权转移过程中存在着许多必须被相关人员纳入考量的干扰因素，在产权转移过程的每个阶段，分配财产的比例都将根据实际
184 情况的不同而有所变化。虽然现在没有足够的数据让我们针对这古老的财产分配过程作出结果令人信服的统计核算，但是内容涉及关于曼尼科治财产分配情况的案例二十将会为上述结论提供一个典型的例证。

案例二十：曼尼科治的牲畜[2]

曼尼科治曾有过三次婚姻。与其结婚的第一个女人是莫持比（女儿），莫利非（儿子），和塞戈那杨（儿子）的母亲，她在很久前就已经去世了。在她去世之后，曼尼科治和玛莫胡茨瓦结婚共生了三个儿子和三个女儿。曼尼科治的第三任老婆玛萨提巴在他过世时仍然健在，但
185 是她和曼尼科治没有子嗣。

直至曼尼科治去世的时候，他已经为自己的三房妻儿分配了 27 头牲畜，并且为他的众多子女标记了另外 64 头 tshwaiso 牲畜。数月前，他也曾给莫持比、莫利非，以及玛萨提巴的丈夫麦苏奇(Masuge)以指示，称

① 参见罗伯茨(Roberts，1971，1972a)。

② 我们对塞戈那杨（曼尼科治的次子）、曼彻格尔（曼尼科治生活区域的首领）和阿莫斯·格曼奈·佩里安在案例二十中所描述的关于遗产的细节表示感谢。

曼尼科治的后代

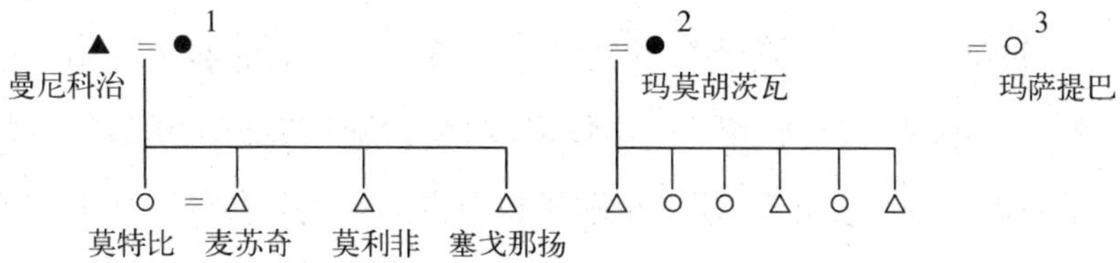

注：△,○ =活着的男性，女性
▲,● =已故的男性，女性
1,2,3 =妻房顺位

图 11

在其死亡后，玛莫胡茨瓦所生的子女将分得 15 头牲畜（其中三个男孩每人各得到 3 头，三个女孩每人各得到 2 头）。在 taswaiso 安排之下，这些孩子所得到的牲畜数量将远不如他的第一房子女所得。在这些不同的分配都被作出之后，曼尼科治所有的未分配牲畜数量仍有 15 头。由此可得，曼尼科治 22%左右的财产根据家庭分配方式进行了转移，53%的部分根据 Taswaiso 安排进行转移，12%的部分遵循其遗嘱进行分配，而余下的 12%则根据适用于未分配财产的一般规范进行分配。

在这些产权转移的安排中，有四个方面的内容必须得到强调。首先，产权转移制度的程序性将保证了财产将渐进地由一代人传至另一代人，而不会出现产权一次性发生转移的情况。茨瓦纳人对这种规则的程序性有着充分的认识，他们从自己的角度出发，认为遵循这种程序将带来很多好处。报告者们往往会明确指出，分阶段进行财产分配，并且死者在生前便就主要财产作出分配决定的行为，很可能会减少发生财产纠纷的频率。从规范性角度来看，未分配的财产余额自然是越小越好；而实际来看，拥有财产分配权力的人去世前，人们总是会与其进行商谈，以期让他在去世前便做好产权分配决定。此外，对于成功达到以上目的的人来说，这方面的成功是满足感的明显源泉。

第二，这种程序不是一个普遍通用的继承程序。通常的继承程序之中，被继承者的全部财产，至少是绝大部分财产将会被分配给其唯一的一个继承人；与此相反，这种程序将使得财产在被继承者所有的孩子中进行分配。此外，哪一个孩子将会得到最大份额的财产分配也是不确定的。在 tshwaiso 安排之下，这将很大程度取决于运气的好坏；举例而言，在许多情况下，分配给年幼孩子的 tshwaiso 牲畜繁衍和增加的数量会多于分配给年纪较大的儿子的。事实上，克加特拉（人）在相当程度上已经相当意识到无法保证长子能够得到大部分的财产，罗朗（人）对于该问题的意识也只比克加特拉少一点点而已。

关于这种分配程序，第三点值得指出的是，财产不再需要在男性亲族中进行排他分配。如同报告者所确信的，除非女儿不结婚，所有被分配给女儿的牲畜都将从原家族中流失出去。Serowana 和 tshwaiso 分配方式引发了这种家族财富的向外转移。同样造成财富向外转移的事实是，在许多茨瓦纳社区，甚至于在林奇威二世的分配决定出台之前，家中的女儿们都能够得到遗产中未分配余额的一部分。自然，如同我们在前文已经叙述过的，家中的财富被补偿给离婚的女人的时候，家族的财产无疑也在流失。

最后，尽管从严格的重要性而言，未分配财产余额（boswa）[1]的分割并不具有相对重要的意义，但是它早已被固有的看作了产权转移过
186 程中一个独一无二而又至关重要的部分。值得注意的一点是，长子被称作 moja boswa（其字面意思是“为分配财产余额的食者”）。这个词语反映出了一种传统认识，与被继承者相对，最年长的儿子总是会得到最大份额的博斯瓦。报告者们基于如下理由证明了这个规则的合

① 术语“博斯瓦（boswa）”不被用于指代遗产中任何其他部分，它专用于指代财产中未分配的残余部分。

理性：在父亲死后，通常假设是由长子承担抚养家族中所有成员的责任（参见第三章）。现在，如果我们假设遗产继承制度是以死亡为核心的，而且一个人的绝大多数财产将会在被继承人死亡时被移交，从经济学意义上来讲，上述解释将言之有理；对于长子来说，他将期望自己得到足够多的额外财产，以此来履行他长子地位所带来的义务。但是，死亡并非一个人将其绝大部分财产转移给后代的时刻。就像案例十七至案例十九所表明的那样，在一个人去世时，只有一小部分他的财产将会以未分配形式剩余下来，而且，其中额外分配给长子的部分可能也只有象征性的一两头牲畜这么多。总而言之，无法保证最年长的儿子得到他父亲最大比例的财产，茨瓦纳人也不会坚持说这些财产是长子所理所应当得到的。单就博斯瓦而言，家庭责任义务强调和合理化了长子的优先地位和权利。如同我们早些时候所指出的，这样的财产分配安排呈现出了一种标准的矛盾：从一方面来说，长子的地位以及他对于博斯瓦的继承权利与其固有的家庭责任相联系；但是，从另一方面来看，理想化的财产分配制度将会使得他无法得到足以履行其义务所需的必要物质资料。在克加特拉面对林奇威 II 革新性的决策所作出的反应中，这个矛盾显得格外突出：人们基于长子将不再能够获得足够财产为其家族成员负起责任，反对这些决策；不过，即便是在先前的财产安排下，这种安排体现的价值观被人们所广泛推崇，长子所分到的财产也并不比象征性的那一两头牲畜来的多多少。

因此，当长子的地位总是会被司空见惯的描述成承担实质责任时，一种调整财产分配过程最终阶段所应用规范的解释就必须在别处被寻找出来。我们之前①已经争辩过，此时此刻提及长子的优先地位，

---

① 参见（Roberts and J. L. Comaroff，1979）以及本书第三章。我们在此处仅仅概括出了争论的本质部分。

更多的是就家族领袖地位的传承而言的，而不是就客观上的家族资源
187 管理的能力而言的。当一个男人死去、家族的权威被传递给了下一代时，便是对于家族解体的约束最弱的时候；也正是在这个时点上，由已故的父亲连接起来、家族成员关于财产和地位的共同利益消失了，除此之外，他的继承人在接受家族权力的同时，便可能被家族的其他成员所怨恨。同时，家族成员的团结一致，以及其最终将细化成为更为高阶的结构单元是关于社会秩序的本土理论的重要特征。根据这一理论，居住在一起的政治管理单位层级的分割和细化，与家族的扩大、分裂和家族成员的繁衍密不可分。在家庭到了它周期的末尾时，毫无疑问，人们将为了财产和地位争斗。尽管家族将会分裂，但其成员将继续生活在与分家前相同的更高阶群体中。家族分裂的过程已经被列入了社会基本秩序的逻辑之中。这种过程被普遍认为是当地家族形成的基础，而当地家族通常由有亲戚关系的男性家长所掌控的家庭组成。与之类似，随着当地家族的发展，它们也将随着男性家长们的争斗不断分割，进而形成新的社群，如此循环往复。从空间和结构上来说，这个过程包含着分裂。也正是由于分裂，我们可以得出家族的统一是至关重要的这一结论。这分裂的过程在茨瓦纳人眼中便是社会秩序的基础。它是一个循环的概念，当然它的简化版本并不重要；本土的结构细化理论充分支持了将这一切归因于家族中两代人的团结的价值观。于是，在这些条件之下，博斯瓦中的额外部分便充当了某种象征，象征着财产的合法传递以及在结构性危机发生之时分组生活的延续。

在这个意义上，产权转移过程，以及我们上文分别谈到过的产权转移过程中的四个主要特点构成了一种机制，这种机制将产权关系联结到了某种经久不衰的结构性秩序之中。加于长子身上的家族责任以及长子的首要地位并不被认为是互相矛盾的原则；与之相反，茨瓦
188 纳人将它们视作调节代内和代际间成员关系的机制。这种机制保持

男性亲族间的冲突不超过既定的限制以及保证形成社群形式的政治性共同体（由男性亲族血缘为驱动）层级的永久存续。此外，这个本土概念并不与如下观点对立：父系同族亲属之间的竞争是无所不在的，或者男系亲属被恰当定位在竞争性的群体中。这个概念只不过是反映出了一种传统的观点：如果此类竞争并未被等级制度所涵盖，或者说正是此类竞争导致了等级制度的解体，那么政治秩序的根基，以及政治秩序所实现的和贯穿体现的最基本的价值观就将被摧毁了。同时，在这方面，这个制度分配的本质被视为创造了一系列侧面的联系，将家族连接到其他的一些家庭单元之上，从而协调了潜在的分裂。换句话说，由产权转移过程所产生的复杂的联系网表面上看来整合了低等级的单位，从而形成了一个更广泛的社会层级。但是与此同时，这个过程使得个体和家庭陷入了不可避免的利益冲突之中，茨瓦纳人等级和血缘关系体系中蕴含的分类，为以取得货物和资源为目的的谈判提供了一系列语义上的索引。

以此种方式来构想产权的传递属性以及它的社会影响不足为奇；就客观实物的秩序和当它们侵占和剥夺的规则而言，它代表了一种对社会基本关系和原则的表达。基于此种社会基本关系和原则，茨瓦纳人的社会文化体系被固定和预设了。随着我们讨论的推进，这种固定和预设变得越来越清晰了。但是，我们有必要首先检查紧张关系中最为显而易见的部分，这种紧张关系产生于产权转移过程和人们因根深蒂固的传统经验而形成的习惯。正是这些习惯的形成构成了产权纠纷形式和内容两方面的典型特征。

产权关系及紧张领域

茨瓦纳人不仅仅同时保持了男系亲族联合一致的理想化状态、并

认可了这种联合所带来特有的紧张局势，他们还认识到了二元论下亲
189 属关系中产权方面的内容。从一方面来说，财产分配过程的平稳分配可以阻止家庭纠纷的产生。根据既有的准则，这种渐进而公平的财产分配方式并不仅仅充当了良好的代际关系关联，它同时还有利于无冲突的同代间关系。从另一方面来看，产权被认作是冲突形成的最主要原因，如同茨瓦纳人他们自己所指出的，特别是当获得物质财富的通路与某种官职或者某种有价值的社会地位的转移紧密相连时。最典型的母系结构关系是血亲母子之间、被配对的同族兄弟姐妹之间以及舅父与侄子间关系。在母系结构关系之外，所有的家族关系或是密切联系的血缘关系都被假定成了冲突产生的潜在位点。但是，其中三种不同领域的紧张关系却被固有地标识出来了：即代际间的紧张关系、家庭间的紧张关系以及家庭内部的紧张关系。

代际间的紧张关系

两代人之间的紧张隔阂出现时，一般会采取以下两种形式中的一种：第一种形式是父子之间的矛盾，这种矛盾通常在父亲推迟了产权转移程序的正常进程时或者是在他分配财产有失公允的情况下产生；第二种形式是叔侄之间的矛盾，这种矛盾通常与监护关系和拒绝转让相关资产有关。

无论一位推迟了财产分配程序的父亲其真实的动机是什么，他通常会证明，这种推迟行为是由于他的儿子(们)在财产管理技能方面有所欠缺所引起的，因此这种推迟行为是合理的。当然，他的行动背后确实可能有着充足的理由，但是这样的推迟将不可避免的导致一部分孩子感到不满和委屈。同样，一个男性的寿命可能会高于通常年限，并且在其子女成年很久之后，他可能仍保留自己产权的积极利益。因

财产分配程序的延迟而产生的紧张关系在这种状况下，时常因为另一种原因而被恶化，即长寿的男性大多会有多次婚姻经历，进而造成其存在多房妻儿的事实。当这种情况发生时，年纪较大的孩子们清醒地认识到了一种可能性，他们将只能得到其父亲财产的一小部分。因此，代际间的紧张关系将被家庭间利益冲突所覆盖。[①] 结果就是，成年的儿子倾向于敦促父亲早早便进行财产分配，而他们的父亲则可能试 190
图避免这种提前分配的发生。案例二十一展示了一种因为财产分配延迟和财产分配状况所声称的不公而产生的家族分歧，案例同时也显示了某种传统，即两代人之间的紧张关系总是表现在相互指责上，当子女的指责父亲忽视了自己，做父亲的则指责子女对于财产管理不善。此外，这也表明，库特拉族长认为最大的可能性是这两种指责都不是空穴来风，两者同时或有一种是真实的。但是当这种父子间被互相指责的情况实际发生的时候，父子双方都必须予以否定性制裁，以实现这种理想的状态：做子女的孝顺而诚实，做父亲的则负起责任尽早并公平地分配自己的财产，双方权利义务相当。实际上，这样的状态将明显使得两代人大致相互受惠。

案例二十一：盖思(Kgasane)和西瓦罗(Senwelo)[②]

莫塞蒂莫高罗(Mosadimogolo)科特拉的盖思是吐温(Ntwane)老年团的一位成员(该组织于 1892 年建成)。自他年轻时，他便以建立了一个数目相当可观的畜群而著名，他的名声因其在布尔(Anglo-

① 此外，许多罗朗的报告者暗示说，男人倾向于更喜欢他当前婚姻中妻子所生的孩子，这是因为她正处于一个易于影响其决定的位置。当然，这将会对他们年长的同父异母兄弟姐妹的利益产生损害效果。

② 案例二十一与阿莫斯·格曼奈·佩里安有关。另请参阅 1958 年的第 26 号案例和 1961 年的第 13 号案例。

Boer)战争期间销售武器而越发卓著。但是,当他第一次成家时,他已经四十余岁了。这次婚姻给他带来了一个儿子,西瓦罗(1918 年出生),过了一段时间,他又有了一个女儿。在两个孩子年幼时,他们的母亲就去世了。盖思离开了莫塞蒂莫高罗,开始和第二个女人共同生活。她叫作默克维(Morekwe),他们两人居住在小镇的西边。知情人说,他对西瓦罗和他的妹妹不管不顾,任凭他们的家园变成废墟。这两个孩子主要被其母亲的亲属抚养长大的。

直至第二次世界大战结束,西瓦罗的大部分时间是外派劳务工作者。直到 1949 年,他才最终在莫丘迪定居下来。不久之后,为了应对西瓦罗对于被自己忽视一事的投诉,盖思给了他的长子(西瓦罗)许多牲畜去管理。这畜群由盖思自己的一些牲畜、已经标记给西瓦罗的牲畜以及其他一些为西瓦罗母亲的家族预留出的牲畜组成。在通常情况下,现在已经年过七旬的盖思,即便此时自己仍然在世,也应该将这些牲畜交由西瓦罗全权管理,并且应该将牲畜的所有权转移给他。但是,这位老人此时仍旧精力充沛,并且希望自己保留有对于牧群的绝对控制权。因此,他多次就牧群的饲养与管理下达指令。但是,因为西瓦罗仍然因父亲早年对其的忽视以及对第二房妻儿持续的偏爱感到不满,他对盖思的各种指令置之不理,甚至到了私自自行决定变卖牲畜的程度。

1958 年,盖思向族长科特拉投诉说,西瓦罗正在损害他的牛群。
191 后者承认说他确实对他的父亲有不尊重的地方,但是,他的理由是这种不尊重是由于父亲对他的忽视以及对他第二房妻儿的偏爱所造成的。(在莫丘迪,这已经是臭名昭著的事实)首领斥责说他竟然会放任自己第一任妻子的家宅化为废墟,盖思没有再试图将牲畜要回来。这场纠纷在首领仔细辨识了西瓦罗所管理的畜群之后结束。那些由西瓦罗自己捕获的牲畜,那些 tshwaiso 牲畜,为西瓦罗母亲家族预留出的牲畜和那些所有权仍然属于盖思的牲畜都被识别了出来。在最后一类牲畜中，八头牲畜被作为布加迪被预留出来给西瓦罗的母亲，这种行为即便放到现在，仍然是非常出类拔萃的。西瓦罗随即被警告说，对于余下的牲畜，他不能再作出任何违背他父亲意愿的处理。

看起来西瓦罗无视了首领的命令，因为在1961年，盖思再次来到族长库特拉面前，投诉说西瓦罗又在没有取得自己允许的情况下变卖了他的牲畜。当时，盖思至少有九十岁了，但是他仍然没有将交由西瓦罗进行管理的牲畜的所有权转移给西瓦罗。首领再次向警告西瓦罗，说他必须遵从他父亲的指示进行畜牧管理。并且，他特别给了西瓦罗一头可以用来变卖以维持其父亲第一房妻儿生计的牲畜。[①] 盖思在几年后去世，直到他离世他都没有将这些牲畜的所有权移交给西瓦罗。尽管如此，西瓦罗仍然保留了这些牲畜，并且这种权利从未被其父的第二房中的成员所质疑过。

即便报告者们已经指出导致叔侄关系破裂的利益冲突可能远超他们之间的紧张关系，叔侄之间的紧张关系也与财产转移过程有着固有的联系。这种紧张关系的逻辑来自调整着的监护关系的规则：如果一个男人去世时，特别是在他的儿子们仍然未成年的时候，他留下了未被完全分配好的财产，那么自由控制财产的权利以及财产的最终分配权将被传递给死者仍在世的兄长。此外，判断继承人是否已经成年的年龄标准并不是固定不变的。除非在男系亲族中存在着强烈，甚至称得上是超乎寻常的信任和信心纽带，不然随着孩子们长大成人，

① 应注意的是，族长并没有命令盖思强行转移在西瓦罗管理下剩余的牲畜。这是因为他早期的判决支持了父亲延迟转移财产所有权的行为，并有效地划分了争议财产。这份判决意味着大部分盖思的资产分配决定都已经被认可；因此，只有相对小的份额被留了下来，这些财产的控制权没有争议，可以很容易地被视为潜在的博斯瓦（boswa），因此父亲对于它们仍拥有合法的所有权。

纠纷便会渐渐产生。孩子们要么鼓动监护人进行遗产产权的转移，要么指责他们的监护人侵占了他们的合法财产（有时两者兼而有之）。事实上，在这方面监护人所面临的诱惑之大是有目共睹的。然而，因为大多数男系亲属间的冲突都可以被归因于是对于孩子们财产善意的干涉，而且大部分的冲突在尚未到达法院之前就能够得以解决，因此这些控告所依据的基础在多大程度在事实上成立是非常难以被评
192 价的。对此，茨瓦纳人标准的解释是，为了保护和增加他们自己孩子的利益，兄弟们在侵蚀自己侄子的利益以及在叔侄之中播撒不和的种子时不会有任何犹豫。因此，如同我们已经论证过的那样，当兄弟们已经建立了不同的家庭，这个矛盾就会变得更加尖锐。他们的相对地位（以及他们继承人的相对地位）有很大争论。总之，叔侄间会为了产权和地位进行争夺是日常生活中重复的主题；无论这究竟是一个自我应验的寓言还是一个对于事实的精确概括，争端解决机构都不得不频繁地审理这样的分歧。

这种代际冲突的其中一种变体可能出现于当一个未婚母亲年纪轻轻便去世之时。当这种情况发生时，她的孩子通常会隶属于其母所出生的家庭，孩子们的舅父将会承担监护责任。此后，这种母系的联系会被经常改变；至少在内容上，它可能变成一种（准）男系的关系。并且，这种叔伯关系可能会变得如同在男系亲属关系背景下常常发生的情况那样紧张。事实上，关系的自然定义所遵循的模式与我们在所有多角关系中所观察到的模式大致是相同的（参见第二章）：当一段关系足够亲近、不存在任何纠纷时，其中母系成员将感到压力；但是一旦关系变得紧张起来，则需要父系成员的限制。如同案例二十二所展示的，一位贪得无厌的叔叔可能会利用这种关系中的模糊性，以期达到他个人的目的。

案例二十二：西比(Seepi)和莫特赛斯(Motsisi)①

莫丘迪的莱奇欧拉(Ratsheola)库特拉中，有一位名叫玛姆的女人。在她尚未结婚，仍居住在她弟弟西比家中的时候，生了一个叫作莫特赛斯的儿子。孩子还年幼时，她便离开家，独自赴约翰内斯堡(Johannesburg)工作，并在那里去世了。此后，她总价值为 $87/10s 的遗产就被当地族长汇出给了地位较高的宗亲来保管。莫特赛斯长大后，他请求西比归还这笔钱，并请求西比允许他拆除并迁走他母亲曾使用过的房屋。西比将两个请求都拒绝了，他声称自己对于这笔钱和这栋就位于他自己家园之中、玛姆去世时已经将所有权移转给他的房屋的情况一无所知。莫特赛斯将他对这件事的不满告诉了族长。② 193

纠纷被族长知道之后，如下事实被暴露了出来：多年来，西比和其家庭成员一直在使用这笔钱，现在钱已经被花得一干二净了。这笔钱中的一部分花在了西比自己结婚，一部分花在了畜群管理上，还有一部分作为补偿已经花在了莫特赛斯母亲怀孕时的支出中。虽然如此，西比争辩说这笔钱从未直接在其掌控之下过；当时，首领将银行存折交给了家族中的另一个成员。此外，他还声称说，这笔钱是用于莫特赛斯的教育、婚姻以及支付其母亲怀孕期间的开销。总之，西比声称说，作为莫特赛斯的舅父，自己已经足够关心年轻人的利益；作为他的"父亲"(此处意指"地位较高的宗亲")，他已经对他进行了监护，也代其掌控了遗产，已经尽到了对莫特赛斯的责任。

族长发现，西比"侵吞"了莫特赛斯的遗产，便要求他返还 R175

① 案例二十二与阿莫斯·格曼奈·佩里安有关。另请参阅发生于族长的科特拉，即莫丘迪之中 1964 年的第 8 号案例。

② 莱奇欧拉科特拉是大科苟思的一个分支部分，直接由族长进行管辖。因此，莫特赛斯在起初时就可以接触到族长，换句话说，族长此时就如同一个地区首领一样。

(大概价值202美元,在新货币制度下,其价值相当于£87/10s)给莫特赛斯。他同时宣布允许上诉人获得并重建他母亲的房子。莫特赛斯声称,基于玛姆未婚时便已辞世,西比应该是他法律意义上的"父亲"这一点,他的舅父应该为用尽这笔钱承担相应的责任。在证实他所述确有其事之后,族长接受了他的观点。只是因为西比有技巧性的侵占,这一决定受到质疑:在这段关系中,西比的身份究竟是莫特赛斯血缘最近的男性亲属,还是仅是他母亲的兄弟?答案仍是模棱两可的。

即便一个男人去世时他的儿子已经全部长大成人,只要产权转移程序被延迟了,纠纷仍会发生。尽管既有规范是与之相反的,有些男人仍将终生保有对其大部分牲畜的所有权,而其他一些人在tshwaiso安排限制下,将无法在所有方面均作出合理适当的安排。在这种情况下,不论其生前是否作出了指令,其财产分配指令都可能引发激烈的分歧。起诉到族长科特拉处的近亲属间的产权纠纷,超过60%都是围绕着被继承人去世时其未分配遗产的分配问题展开的。

家庭内部纠纷

194 家庭内部纠纷,无论是与代际纠纷还是家庭之间纠纷相比,发生的次数都要少得多。并且,纠纷很少源于产权分配不公。即使一位父亲在所有的孩子中唯独偏爱某一个特殊的儿子,他也很难不引起反面制裁而将一笔比例明显多于他人的财产分给这个孩子;一位母亲及她的亲属通常将力图保证家庭中每位成员各自的利益都能得到保护。此外,即使在偏袒的情况确实存在时,其他孩子们的愤怒通常指向的对象也并不是这位被偏爱的兄弟,而是他们的父亲;因此财产分配本身并不必然引起家庭内部纠纷。

但是，纠纷可能在这些情况下发生，当一个儿子（通常情况是长子）被授予了财产的管理权，来管理还未完成分配的[①]，或者已经被预留分给了他寡居的母亲、他的姐妹或者未成年兄弟的财产。与作为监护人的叔叔经常会“用光”被监护人的遗产，或者在其成年后其经常拒绝移交遗产相同，一位兄长可能会被指控其为扩张自己的利益（如果他已经组建了家庭，此处的利益就是指他自己孩子的利益），而牺牲其他家庭成员的利益。案例二十三为这种情况提供了一个典型例子。

案例二十三：一位母亲和她的儿子[②]

在第二次世界大战爆发之前，乔安娜（Johann）和一位麦博迪萨（Mabodisa）库特拉的成员一起组建了一个家庭，并且生了一个名为麦戈盖斯（Makgatse）的儿子。孩子出生后不久，孩子的父亲就去世了。布加迪牲畜被给了乔安娜，她曾经为家庭带来了一些 serotwana 牲畜。在麦戈盖斯还是一个孩子的时候，他先父的财产和 serotwana 牲畜被他的一位叔叔所照料着，但是在 20 世纪 50 年代，他就开始自己管理这些财产了。

但是此后不久，乔安娜便返回了她的出生地生活。起初，麦戈盖斯继续为她犁地，并照料她所留下的财物。但好景不长，他渐渐停止了这份工作。在他把 serotwana 牲畜所产生的孳息卖掉的时候，也没有将这些收益交给他的母亲。最后，乔安娜向首领库特拉控告了她儿子对她的怠慢行为。

案子被受理之后，乔安娜诉苦道，麦戈盖斯将她的 serotwana 牲

---

① 在罗朗的某些场合中，大型资产（例如拖拉机）会被共同分配给几个人。而它们的管理权，可能会导致摩擦。

② 1954 年发生于莫丘迪族长科特拉的第 18 号案例。

畜留作己用，但并未赡养过她，也没有将她的财产产生的收益转交给
195 她。麦戈盖斯承认他仍然管理着这些牲畜，但他坚持道，他仍然在为他的母亲犁地，除此之外，也还在继续照料着她留下的财物。首领命令将被告的畜群集中起来。经查，serotwana 牲畜最开始有 24 头。麦戈盖斯被命令将这些牲畜交给乔安娜。随后，他向族长上诉，但族长支持了区科特拉的决定。

由于所谓的财产管理不善，或者是家庭成员财产被家庭中的其他成员挪用而导致的家庭内部纠纷通常仅限于财产所有权的确定问题。这种情况的解释是：纠纷所涉及的亲属关系比起年龄资历以及因此带来的职位和地位而言，并不是处于更容易产生潜在纠纷的位置。将同胞兄弟姐妹依据年龄大小来排序的规则有效地排除了谈判的可能性，这种规则只在例外的情况下不适用(参加第二章，第 14 号案例)。[①] 家庭内部关系与容易存在家庭地位斗争的家庭之间(以及异父/母同胞之间关系)关系形成了鲜明的对比；事实上，我们曾不断强调，这种滥用的竞争贯穿了茨瓦纳所有的社会阶级，描绘了茨瓦纳人社会政治进程。这种鲜明的对比再次证实，家庭是社会中唯一可能团结一致进行政治行动的单位。这是因为，每个家庭中只有一位男性成员可以角逐代表性的官职。因此通常认为，其他家庭成员因自己的直接利益而支持了他。[②] 因此，除非家庭中人际关系极为对立，预期中家庭成员将表现出团结和利益一致以对抗其他家庭或群体，至少对于仍处于发展过程中的家庭来说，其大部分的时候是这样的。在上述情况之下，内部纠纷在其发生时极少能够超过产权管理的短期紧急状况。

---

① 这是唯一一条能够有效实施，不能谈判的等级规则(参见 J. L. Comaroff, 1978)。

② 特史蒂报告者们经常指出这一点，历史证据(J. L. Comaroff, 1973)也表明它事实上有一个坚实的基础。

家庭之间的纠纷

不同家庭在财产方面的利益以及阶级地位在本质上有所不同，因此茨瓦纳人自己将家庭间的关系认作是构成紧张关系最普遍的组成部分。过去一夫多妻制广泛存在时，妻子之间以及配偶之间产生的纠纷被归因于不同家庭间的利益分歧。如今，即便是现任妻子也可能会与丈夫在她们儿女的相关待遇问题上陷入分歧，一夫一妻制，更准确地来说是连贯式一夫一妻制（J. L. Comaroff and Roberts，1977b），有效地排除了妻子之间可能产生的纠纷。此外，每个家庭的母系同族往 196
往会去照料她们各自姐妹的孩子。在她们这样做的时候，可能会与孩子们的父亲或者/并且与他的其他姻亲间发生。

现在家庭的许多矛盾纯粹地来源于对产权利益的竞争。不考虑其他因素，同胞兄弟姐妹（或者他们的母系同族）可能仅仅是反感别人的存在以及与其分享财产份额的权利。这种类型的愤恨常常会表现为对作为竞争对手的同胞兄弟的隐蔽埋怨，埋怨对方积极寻求获得超过其应有比例的财产。但是，绝大部分争夺物质财富的家庭间严重纠纷发生于继承人的父亲死亡到遗产被最终分配前的这段时期。特别要注意的是，纠纷尤为可能发生于被继承人的一些孩子还未长大成人时。此类纠纷通常采用以下三种形式之一。首先，长子与他仍在世的地位较高的父系同族，可能有影响未完全分配财产分配的能力。这经常导致其年幼的异父母兄弟姐妹和他们的舅舅指控，控告他为了自己的利益或是自己家庭的利益而对遗产分配有所偏颇。其次，尽管过世者所有的产权可能都已经被分配或标记了，但财产可能在长子的临时控制下继续保持着一种无差别、不分配的状态。在这种情况下，通常地位较高的继承人迟早会被说成是在拖延财产分配程序的进行。如果在他母亲的兄弟们的指引下，长子将他同母异父兄弟姐妹的财产份额转移给了他们，又由于从表面看其他孩子太年幼以至于无法将财产交给他们，父亲同时保留其他孩子的财产份额，这种形势将不可避免的恶化。第三，当长子保留了对于其他年幼孩子们遗产的合法监护权时，他很可能被指控说为了自己或自己家庭的私人利益而存在财产管理不善或是对部分财产处置不妥的问题。即使同胞的兄弟姐妹之间也可能互相提出类似的指控，预期发生家庭间矛盾的固有倾向也使得指控更加可能发生于不同家庭的成员之间，或者指控双方代表着不同的家庭的成员利益。此外，茨瓦纳人提议，两个同父异母同胞之间的
197 敌意总是使得他们各自的同母异父同胞间关系更加紧密，而使得他们彼此之间的关系更加疏离。完全由产权关系导致家庭间纠纷的一个案例名称是“兰克的畜群”（即案例十九）。

冒着人们厌烦先前观点的风险，我们重申，家庭间矛盾并不仅仅局限于产权事务。日益增多的内含政治性和共同管理特征单元的等级结构体系使得茨瓦纳社会秩序井然，每个家庭都有一个男性核心成员和一块领土。家庭的社会地位取决于对这名男性成员等级的评定。并且，因为这种等级评定明显与妻子们的相对社会地位有关，家庭关系得益于评定中的竞争性谈判。因此，同母异父的同胞间关于遗产继承而引发的冲突可能被由于社会等级的竞争所引发的冲突所覆盖。这样的竞争有着广泛的影响。例如，当某一特定家庭中的长辈同时有能力提供某种官职时，因产权而起的商谈就可能在更大程度上表现出政治竞争的风格。在这种情况之下，长子在其父未分配的遗产中可以额外多分配一些的权利，从物质价值本身角度来看可能无足轻重，但是这份权利所象征的社会地位却非常珍贵。事实上，这份权利可能包含对于如下资源的控制权：土地的分配、争端解决机构和较高政治共同管理层次之下的公众传播权。于是，竞争可能基于谁应该成为长

子，也就是谁应该获得财产继承权这一基础产生。不过，竞争的目的可不只局限于解决这一个问题。

现在，这一考量接着重新引出了婚姻问题，以及它与产权分配和家庭间联系的关系问题。到目前为止，在产权转移过程的讨论中，我们一直坚持夫妻关系持久的可谈判性这一条件。但是，一般来说，围绕家庭定义含糊不清的部分并不会显著地影响财产的分割。当一个家庭已经建立了一两年，并且已经有了自己的孩子时，一家之主通常会开始按照我们上文描述过的规则开始分配财产。当然，除非他特别想否认这种亲属关系。婚姻被视为一段关系随着时间推移之后自然而然的结果这个事实，显然与产权转移安排的程序本质相一致。只有在出现危机时，这个过程才会中止。在离婚的情况下，由于婚姻过早 198
破裂而形成的问题很容易得以解决：女人得到了财产补偿，对其他财产不再有进一步的利益。而对于她的孩子们来说，只要亲属关系依然存在，就将继续逐渐得到他们应得的财产份额。如果婚姻确实破裂了，或者家庭关系在被定义为一个随意的非正式关系之后解体了，男人可能会试图拿回一些之前已经被分割出去的财产，通常的做法是声称这些财产从未被正式分配过。事实上，这方面的策略有着很大的个体差异；一些人，尤其是富有阶层，可能不会急切地挑起争端，而只会简单地让事情维持原样。作出这类特别安排的事实意味着产权转移程序本身并没有减少婚姻关系中潜在的不稳定性。然而与之相反，对于婚姻关系的定义含糊不清的问题，在财产转移周期的较后阶段，特别是在家庭间纠纷背景下很可能被再度提起；当这类纠纷包含等级间矛盾，夫妻关系的状态就可能遭到质疑。在过去的一夫多妻制下，根据实际上不甚明确的规定，男人妻子们的相对地位可以被轻易改动（参见 J. L. Comaroff and Roberts，1977b）。随着持续式一夫一妻制的扩展，约束不同房妻儿等级的规定被简化了。婚姻成立的时间顺序现在完全被用来支配妻子们之间的相对地位。因此，年幼的儿子们可以宣称自己资历辈分的唯一途径就是争辩说他们父亲早些时候的婚姻都不是正式婚姻。这并不是说，每一任地位较低的妻子及其孩子都做了这样的努力；但尽管如此，茨瓦纳人婚姻的法律性质确实承认这种可能性。此外，在对财产和地位的家庭间政治竞争中，这种可能性可能会被充分利用。财产利益的管理和亲属关系。

在描述茨瓦纳人的产权转移过程时，我们最初集中关注于正式的产权转移安排上，突出强调了安排的程序化、分配式性质，地位归属的关系以及它们在结构连续性方面的启示。紧张关系三个方面的隔离，
199 接着有助于证明这些产权转移安排并不能被预期有阻止冲突产生的能力。与之相反，在主要亲属关系领域内存在以产权为中心的竞争是社会生活中一个普遍存在的特性，这一事实体现在这类竞争演变成为公开纠纷的频率上。然而，在法律语境里，这类案例无论在争辩模式还是裁判结果上都不统一。在一些情况下，诉讼案件和大多数判决都专门对物质性权利的分配问题进行了处理。而在另外一些情况下，亲属关系的定名及其内容这一更广泛的问题居于诉讼请求的中心地位，而物质性权利的分配问题则属于次要问题的范畴（参见第四章）。在后一种情况之下，诉讼过程表面上看来是为了解决产权纠纷，但是其实质显然落在了其他地方。

争论模式和裁判结果方面变化的原因早已在预料之中。正如我们已经指出的，近亲属之间的竞争可能会被局限于继承权的确定，或者被推广为针对阶层和地位的谈判。换句话说，人们可能担心超越了财产利益或者产权关系管理范围的冲突。这种竞争间的区别可能是显而易见的，但与此同时，它非常重要。这不止是因为它形成了争端解决机制逻辑的基础，还因为它包含了亲戚之间进行日常政治互动所需的物质基础。但是，为了详细论证这一区别，我们有必要首先致力

于进一步考虑本土理论中与亲属间产权方面相关的部分。

产权关系和亲权纽带定名之间的联系被认为兼具表征性与辩证性(参见原书 175 页)这一点看起来清晰明了，尤其是从诉讼当事人的行为和争端解决机构的角度来看更是如此。上述观点所暗示的这一明显的循环需要根据“茨瓦纳理论既不可以被简化为庸俗唯物主义，也不可以被简化为单纯的法律决定论”这一事实被理解。父子关系和产权转移之间的联系例证了这一本土理论。父子关系一旦被认可，父子两人将共同参与流动资产从一代人传递到另一代人的渐进过程，并且承担所有这一关系所隐含的互惠义务。与之相反，从一财产所有权转移安排被作出一刻起，财产所有权转移便将这个特定的关系限定成 200
了和父子联系一般的关系。因此，无论人们之间的血缘联系是什么样的，单独划分 tshwaiso 牲畜的行为都肯定了这种父子关系的定名。除非之后这种关系出现了争议，父子关系都将持续用来描述两人间的联系。由此推知，这种财产转移若不存在，便是在试图否定两人间的父子关系，[①]即便这种父权在生理上不曾改变。当然，偶尔也会有特例。然而，一旦一个人承认将某一年轻人作为自己的孩子来抚养，只要他持续抚养下去，他就将囿于相应的产权关系之中。这意味着，父亲如果想要断绝与他已经分配过财产的儿子之间的父子关系，将有以下方法可供选择：他可以尝试去恢复资产，或者力求将他全部的遗产在正常财产分配流程开始之前便转移给这个儿子。正如案例三表明的那样，第二种行为代表了父子关系的明确终止。

总之，已经被接受的亲属关系的认定，牵涉了应特定的产权关系的义务，反之亦然；产权关系和亲属关系被视为互有惠利，作为另一方

① 无论父子关系是否被公开地否定，一些案例中财产转移的缺少必然使得亲属关系的状态变得模糊不清，有产生疑问的可能性。通常，这种缺少还将引发争议。

的变型存在。[①] 这显然符合我们在第二章中所描述的亲属关系领域内的社会文化结构。如同我们已经解释的那样，双方给他们之间的关系贴上了这个特殊的标签之时，就标志着他们接受了彼此之间相互的义务和与这种关系相关联的期望。双方一致同意给彼此贴上标签的事实，要么意味着相应的规范内容已经足够清楚明白，而且双方希望他们的关系体现这种内容，要么意味着规范内容在可遇见的未来将变得清晰可见。当然，反之亦如此：经过互相同意，双方作出了舅舅和外甥般的行为时，这种关系将会不容置疑地依据本地方言中的相关的词语被定名。但同时需要明确的是，社会关系的分类并不总是这类共识的主题；这些实例的历史记录强调了这个问题，不久之后，我们之后的讨论将再次回到这个问题上。

在社会里，婚姻制度的结构性危机产生了一个多重关系的世界，这个世界中有关社会制度的规范互相矛盾，这些互相矛盾的规范在行
201 为语境中毫无根据。这样的事件不足为奇：特殊社会关系的定义（以及对这些定义的修正和再定义）被根深蒂固地认为是交易行为的对象。所有这些内容又为有关这些问题的茨瓦纳本土理论和法律方法的分析方面提供了线索。至少在粗放的形式下，后者意味着社会关系的归属性定义在双方相互作用之前就预先确定了其互相制约的内容，至于这种关系是源自血缘还是社会模拟出来的并无影响。在茨瓦纳人中，我们通常提到的一个关系的法律（归属性）维度代表着一段关系中物质性内容在特定时点上转换成文化内涵确定和规范化编排的分

① 产权关系（从更加广义的角度而言，也可以称之为经济关系）和亲属秩序之间联系的性质已经当然地成了相当数量的理论辩论的主题，福特斯（例如 Fortes，1969：200）、沃斯利（Worsley，1956 中的各处）、利池（Leach，1961），以及坦比亚（Tambiah，1965）四位作者对其的阐述最为深入。而我们的立场与上述任何一位作家都有着显著的不同，我们并不打算在这里解决这些普遍性问题。在这一阶段，我们仅仅关注如何概述这个问题的本土观点。

类。正是在这个意义上，相关的形式和内容被辩证性地联系了起来。考虑到（从结构上断定）茨瓦纳人有谈判和重新定义关系的倾向，它很难再有别的解释。

在这些概述结论的基础上，我们现在可以回到如何区别特定的物质利益纠纷和那些涉及一般产权关系纠纷这一问题来。第一个差别发生于关系双方已经接受了对方的角色这一背景下，特别是当一种纽带的（被同意的）定义和它规范合法的物质性内容之间产生了一个可感知的脱节时。这时，如同我们曾注解过的那样，这种纽带本身的性质并不会被任何诉讼当事人质疑。根据第四章中所述的分类，这样的案例被涵盖于第 2 种类型之中，即争论被明确限定在了指定的权利主题下。这样，在产权转移的过程之中，举例而言，紧张关系所涉的争议亦经常出现，并且是针对财产控制本身。即便没有当事人争论，比如，当事人是同父异母的同胞，因此所有当事人都是某一个特定人的合法后代，或是当事人中某个特定的儿子是长子，因此他对遗产中未分配的部分享有额外的份额。如同案例十七、案例十九、案例二十一和案例二十三所论证的，双方的敌对可能出现。敌对爆发的原因可能在于产权转移的时机，个人实得份额的多寡，或者，更多的时候则是对于管理不善或者侵吞财产的指控。但是在这些情况下，冲突的目的总是限于对个人或者家庭利益的保护（或者两者兼而有之）。[①] 冲突往往由争 202
端解决机构用实事求是的方式予以解决。正如第四章中的模型所显示的，当下问题的确定性意味着：争议过程的规范性和程序化基础是

① 如同我们对于紧张关系的描述所暗示的，特定的形式是家庭内部关系矛盾纠纷最特别的特征。在此种规则下，代际纠纷和家庭间纠纷将日益不能被包含在这种方式之下。还应注意的是，当产权纠纷的双方陈述自己的利益掌控要求时，他们实际上是在暗示他们对于彼此之间关系现存定义的接受。对于这个暗示，似乎当事人双方和争端解决机构都了然于心。

相当明确且直接的。

然而，同样的模型同时表明，涉及产权关系的诉讼案件确切来说是更加复杂的。它们通常落在最广义形式上的冲突的极端上（模型 4；见原书 116 页）。在这里，成为竞争最终目标的是关系本身的性质，关系的定义、实质，甚至可能是关系对于社会等级和资历的影响。父权的问题再次向我们验证了例子。一个年轻人可能会抱怨说他的父亲会仅仅因为听到年长的人认为他们之间并没有实际的父子关系而否认他的继承权。这种否认可以通过以下三种方式中的任意一种被合理化：第一种，声称这位年轻人违反了父子关系中的义务，以至于他将无权再享有任何源于这段关系的权利（参见案例三）。第二种，声明这位年轻人的父母之间的关系不是合法婚姻。采用第三种方式的人现在已经比过去少多了，即争辩说他是寡妇与亡夫兄弟的结合的后代，因此从法律层面来看这孩子是另一个男人的儿子。案例二十四提供了一个类似的例子，但与这个案例不同，第三种方式是指在同一个家庭内一起长大的孩子们对父子关系的定义、自己在关系中的地位以及对于各自所有的财产权有所争论。

案例二十四：莫苏(Mosu)的牲畜以及赛格罗(Segolo)的地位①

莫苏的第一个妻子为他生了一个女儿麦丘比（Matshabi），但是他们没有儿子。后来，他与另一个从德兰士瓦来的女人组建了家庭。这个女人在嫁给莫苏之前就已经育有一子，即赛格罗。赛格罗随母亲一起生活，当他的母亲与莫苏安顿下来后，莫苏便对他视为己出。因此，即便当时似乎没有得到随母亲一起转移的礼物（dilo tsa patlo）或者布

① 1964 年发生在族长科特拉莫丘迪的第 9 号案例。

加迪牲畜，他仍在 tshwaiso 安排下为赛格罗标记了一些牲畜。当老人去世后，他未分配的遗产便由麦丘比的儿子莫弗（Mpho）进行分配。虽然赛格罗被允许带走那些通过 tshwaiso 安排标记的牲畜，以及那些早已分配给他母亲一房的牲畜，但是老人未分配遗产中的牲畜一头也没有分配给赛格罗。于是，赛格罗来到族长处申诉这件事。在科特拉 203
的听证会中，他是这样开头的：“我是麦丘比的兄弟，莫苏的儿子。”他接着提供了证人作证，证明他得到了以 tshwaiso 方式分配的牲畜，但是没有得到莫苏未分配遗产中的相应份额。麦丘比回答说，赛格罗不是莫苏的孩子，从亲缘关系定义角度来说，当然也就不是她的兄弟。在判决中，族长陈述说，因为赛格罗是随着他的母亲一起进入这个家庭中生活，并且已经明确被莫苏所承认，所以他是后者的孩子，应当因此得到未分配遗产中相应的牲畜。于是十头牲畜被留给了赛格罗。

赛格罗寻求到了一个能够表明他是莫苏之子和麦丘比同母异父兄弟的产权继承顺序，打赢了这场以麦丘比否认她和赛格罗之间的亲戚关系，以及否认他在她父亲家中拥有合法户籍为诉由的诉讼。言外之意是，户籍归属问题的模棱两可可以被用于为上述两个论据的辩护。当然，麦丘比对于早期的财产转移（即 tshwaiso 牲畜和分配给他母亲一方的牲畜）没有任何控制权。通过早期的财产转移，莫苏实际上已经接纳了赛格罗为自己的孩子。族长作出决定所依赖的主要根据恰好也在于此：因为莫苏已经非常清晰的表示了他对于这一父子关系的接受（赛格罗在其中也没有表现出任何反对的意思），原告方应继续享有源自这种父子关系的权利。麦丘比试图改变这种亲属关系状态，获得财产继承的恰当顺序的起诉最终失败。

如果我们将对于婚姻和产权转移过程的描述集中起来，婚姻地位和子女间从属关系有关的模糊不清是与产权关系谈判紧密相连的这一点就清晰可见了。实质上，这些模糊不清的部分也为产权管理提供了许多可能性。以此为例，一个女人一旦怀孕了，两头牲畜将随之从父亲的家族中被转移到这位母亲的男性长辈名下。这些牲畜可能会被解释为布加迪，标志着对于一段婚姻成立的肯定；它们也可能被用于组成 marebana，代表着对于女方怀孕的补偿；它们还可能被送给女方的同族亲属，在并不肯定男方将与女方有任何更进一步的联系时，使这个未出世的孩子被归入其父亲的家族。更进一步来说，这项交易
204 可能意味着这个女人和她的孩子仍然是她原家族的成员，这些牲畜因此应受她原家族成员的控制。但同样的，如果他们担心一些紧急情况可能发生，牲畜可以被交由一位受托人管理，比如一位尽职的“舅舅”，但如果这个人刚好是她的一位近亲，那么财产权利和社会关系可能变得更加复杂，值得进一步探讨。案例二十五极其清晰地阐明了其中一些复杂的情况。

在这种类型的纠纷中，财产权利可能仅仅是争议关系的要素之一。当然，即便这样，这一要素仍可能是提起这类诉讼最原始的动机。此外，在诉讼程序进行期间，在更广范围的辩论背景下它通常呈现出一种转喻的价值。因此，在诉讼当事人或者纠纷解决机构（或者两者兼而有之）希望肯定、终止或重新定义某一段有争议的关系时，他们将寻求（或创造）一种能够体现他们对内容不同认知的产权继承顺序。为了兼顾双方的利益，法庭往往夹在双方对抗性的见解之中，对这一难题进行审判。同样的，虽然法院可能作出独立的判决，并对陷入争议的关系给出他们自己的定义，但是他们的判断也有很大程度上是源于过错归责原则。因为这被认为是判断诉讼请求的一个相对准确的指标。

关于此点的最后一个案例，有助于例证和综合许多值得分析的主题，这些主题我们在本章以及之前的章节中都给予了关注。这些主题不仅阐明了产权关系的本质和社会关系的地位，它同时还提出了具有

更强普遍性的关于社会管理的约束问题。

案例二十五：莫迪斯(Modise)和莱索卡[1]

库部奎那(Kubukwena)是一名来自附近的奎纳(Kwena)领地的移民者，他请求兰波罗(Rapolo)(菲尔汀科特拉的一个成员)将他的女儿博莱娜(Polena)嫁给他做第四房妻子(参见图表)。这要求看起来是理所当然的。因为 1920 年前的某个时候，博莱纳住进了一所由库部奎那准备的房屋中；但是她没有带来任何布加迪牲畜。博莱纳生了两个女儿，范娜(Phana)和麦布尔(Mabure)。范娜从未结过婚，但是她生了一儿两女。儿子的名字叫蒙迦玛瑞奇(Mojamarage)，两个女儿则分别叫作西珀(Sepo)和凯瑞肯(Kerekeng)。在库部奎那和莱帕布(Rapolp)都去世之后，麦布尔结婚了。家族为她的出嫁准备了布加迪牲畜，但这些都只是莱索卡——博莱纳尚未结婚的小妹妹的儿子单方面的主张。莱索卡也拿到了四头牲畜，这是西珀因一个叫作泰科 205
(Teko)的男人而怀孕之后对方所支付的补偿。泰科是西凡科・佩里的儿子。莱索卡认为这行为是具有正当性的，因为库部奎那没有为博莱纳提供布加迪牲畜，而当莱索卡主张带走牲畜时，也并未被库部奎那仍在世的男性子嗣所反对。

莫迪斯与莱索卡：主人公

发生这些事儿的一些年后，当蒙迦玛瑞奇还是一年轻男性时，他使得莫迪斯的一个女儿怀了孕。当妊娠过程被发现之后，这个女孩说蒙迦玛瑞奇应该为此承担责任。于是 莫迪斯拜访了莱索卡，告诉他发生了什么。孩子出生之前，莱索卡对这次拜访作出回应，告诉莫迪斯说蒙迦玛瑞奇将会承担责任，并与这个女孩结婚。莫迪斯未对这次

① 1965 年发生于族长的科特拉莫丘迪的第 75 号案例。该案例尤其与塞莫苏有关。

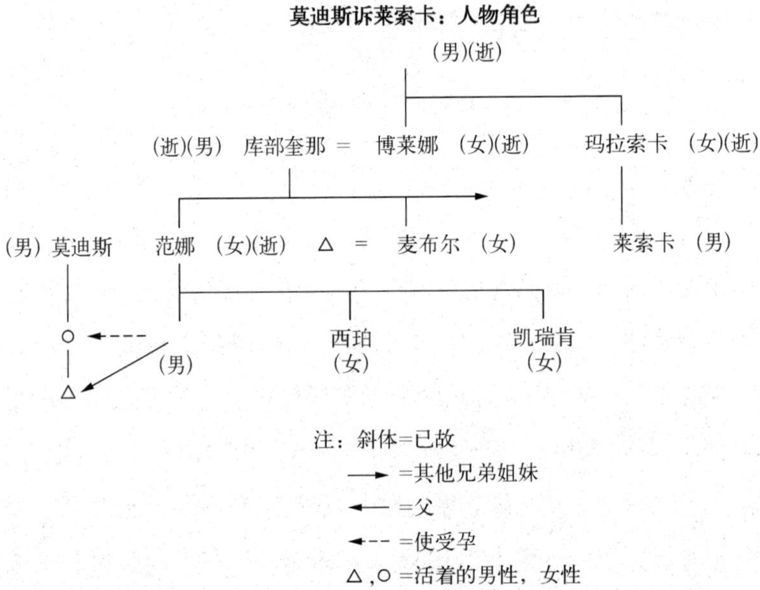

图 12

求婚发表任何反对意见。不久之后孩子出生了，莫迪斯便向莱索卡报告了这次孩子的出生。几个月后，看到蒙迦玛瑞奇并没有任何与女孩安顿下来的迹象，莫迪斯再次拜访了莱索卡，转而要求对方支付四头牲畜来作为对令未婚女人怀孕的赔偿。但是莱索卡重申了他的诺言，承诺说蒙迦玛瑞奇会与她结婚的。尽管如此，家庭还是没能建立起来。为了得到补偿，莫迪斯向莱索卡作了更进一步的非正式请求，但是没能成功。最终，莱索卡告诉莫迪斯说因为蒙迦玛瑞奇是库部奎那家族的成员，因此库部奎那的儿子们应该为这次怀孕支付赔偿。莫迪斯于是接触了库部奎那家族的成员，但是他们拒绝为怀孕承担责任。

由于未能通过这些非正式途径满足他的索赔请求，莫迪斯于是向西科帕·马瑞投诉。西科帕·马瑞是菲尔汀科特拉，也就是莱索卡所
206 属领地的首领。西科帕也曾经私下劝过莱索卡去支付对方所要求的

赔偿，但是他的努力没有奏效。莱索卡再次基于蒙迦玛瑞奇是库部奎那家族成员这一理由拒绝承担责任。他同时还说道，正是因为如此，纠纷不应由自己所属地区科特拉来进行正式处理。因此，西科帕向族长报告了这一事件。

在族长的审理过程中，如下的发言被记录了下来：

莫迪斯：我因为我的女儿受到勾引而起诉莱索卡，莱索卡的孩子使我的女儿怀了孕。她为他生下了一个孩子。在我的女儿告诉我莱索卡的儿子使她怀孕了之后，我曾去拜访莱索卡，告诉他关于怀孕的事情。在孩子出生后，我又去拜访了他，告诉他孩子已经出生了。

莱索卡在孩子出生前曾来找我，说他已经问过他儿子这件事儿了。他说，他的儿子承认这次怀孕，并且打算与我的女儿结婚。我告诉他说，如果他的儿子打算娶我的女儿，我没有任何反对意见。接下来我等了很长时间，但是没有任何迹象表明结婚的准备工作正在进行。最后，我决定让莱索卡为引诱我女儿怀孕支付赔偿，如果他的儿子不再想要娶我的女儿，这是一个明智的选择。我数次前往莱索卡的住处要求他支付赔偿，但是每次我一提出请求，都会得到一个结婚的承诺。可这结婚的承诺从未兑现过。

之后很长的一段时间里，我试着劝说莱索卡赔偿我，但是都失败了。最后，我被迫将这个麻烦呈交给他的首领西科帕，这样他就能正面处理这件事了。当案件被这位首领审理后，首领告诉我说莱索卡曾说过，他不希望这件事被菲尔汀科特拉，甚至是被麦博迪萨科特拉地区的首领审理。相反，他希望此事能由族长的库特拉决定。

莱索卡现在拒绝承担因引诱我女儿而致的损害赔偿责任。他说，这孩子是库部奎那的后代，因此应当由库部奎那来支付赔偿，这样才公平。该案报告给了库部奎那的孩子，即莱斯克彻奇(Rasekhurutshe)、沙蒂(Shadi)、塞莫苏和莱斯肯(Rasekei)。他们同样拒绝支付赔偿，理由是非婚生子女的事并不在他们的责任范围内。

当我意识到，莱索卡拒绝支付赔偿金，也根本不愿支付赔偿金时，我决定将该案起诉到族长科特拉。

西科帕·马瑞(首领，菲尔汀的科特拉)说：莫迪斯已经向我报告了
207 这件事。他告诉我说莱索卡拒绝为引诱他女儿而支付损害赔偿金。我与莱索卡谈过了，试图劝说服他向莫迪斯支付这笔损害赔偿金。他告诉我说这个使莫迪斯女儿怀孕的男孩不是他的儿子，而是库部奎那的儿子。莱索卡说，情况大致就是如此，这件事无法很好地被菲尔汀或是莫伯迪萨(Mobodisa)的科特拉处理。只有族长的科特拉可以处理这件事。

乔安娜·莫若米(Johanah Moremi)(库部奎那第一个妻子的女儿)说道：使莫迪斯女儿怀孕的男孩并非库部奎那的儿子(即库部奎那的后裔)，而是莱索卡的儿子。我之所以这样说，是因为我参与了库部奎那的女儿麦布尔婚姻的安排工作。因为她的出嫁布加迪被支付，而莱索卡把支付给麦布尔的布加迪牲畜带走了。莱索卡当时辩称，库部奎那尚未与他的姨母(即博莱纳，他母亲的姊妹)正式结婚。那件事之后，莱索卡去到我父亲的领地上，把属于蒙迦玛瑞奇(使莫迪斯女儿怀孕的男孩)的牲畜带走了。当时，他没有同任何人协商，就带走了这些牲畜。同时，莱索卡还拿走了因蒙迦玛瑞奇的姐妹被引诱而赔偿的牲畜，将它们从西凡科·佩里处带走了。基于如下理由，我认为蒙迦玛瑞奇确实是莱索卡的儿子：莱索卡带走了支付给蒙迦玛瑞奇姨母的布加迪牲畜。麦布尔结婚时，他带走了蒙迦玛瑞奇的牲畜。他(还)从西凡科处获得了赔偿金，这笔钱是蒙迦玛瑞奇的姊妹因被引诱怀孕而得到的赔偿金。莱索卡凭借其父亲的身份，将上述所有的牲畜据为己有。现在，到了他该承担作为一个父亲理应承担的责任时，他竟然想要逃避这份责任。

塞莫苏(库部奎那第二房妻子的女儿)说道：蒙迦玛瑞奇是我小妹妹范娜的儿子。蒙迦玛瑞奇使莫迪斯的女儿怀孕之后，莱索卡得知

了这一消息。当时，他知道是蒙迦玛瑞奇使得莫迪斯的女儿怀了孕，可他没告诉任何人。

麦布尔是蒙迦玛瑞奇母亲的姊妹，莱索卡曾带走了为她支付的布加迪牲畜。莱索卡还从西凡科处带走了蒙迦玛瑞奇的另一位姊妹因被引诱怀孕而得到的赔偿。自始至终，莱索卡将蒙迦玛瑞奇当做自己儿子对待。但是，这并不包括他有麻烦的时候。一旦蒙迦玛瑞奇有了麻烦，他就不再想要继续承担做父亲的责任了。莱索卡应该代表蒙迦玛瑞奇向莫迪斯支付损害赔偿金，因为所有的牲畜都在他名下。

莱斯克彻奇·莱斯简（库部奎那的一位男性同族）：我可以作证，蒙迦玛瑞奇的牲畜都在莱索卡名下。甚至是支付给莫布尔（Mobur）的布加迪牲畜都在莱索卡那里，麦布尔是蒙迦玛瑞奇母亲的姊妹。除 208
此之外，莱索卡还从西凡科处拿到了蒙迦玛瑞奇的妹妹因被引诱怀孕而得到的赔偿。莱索卡理应为蒙迦玛瑞奇的行为负责，这不仅是因为他总是以后者的父亲自居，还因为他正管理着本属于蒙迦玛瑞奇的牲畜，而莱索卡本不应该带走蒙迦玛瑞奇的牲畜。

莱索卡：莫迪斯来找我，告诉我蒙迦玛瑞奇使他女儿怀了孕。我便去问了这男孩，他认可了这份责任。于是我告诉莫迪斯，蒙迦玛瑞奇已经同意承担这份责任，并表示愿意同这女孩结婚。

我非常清楚，莫迪斯希望我代蒙迦玛瑞奇支付赔偿金。但我认为我没有义务承担这份责任。1963 年，蒙迦玛瑞奇的妈妈，也就是范娜，和莫迪斯一起来找我。然后，莫迪斯告诉我说蒙迦玛瑞奇使他的女儿怀了孕。我听了他的投诉，承诺说会好好问问蒙迦玛瑞奇。蒙迦玛瑞奇来了之后，我告诉他，莫迪斯向我投诉，说他使莫迪斯的女儿怀孕了。蒙迦玛瑞奇答复说，莫迪斯所说的事情是真的，并解释说他打算跟这个女孩结婚。我向蒙迦玛瑞奇的母亲转述了这件事，她说，蒙迦玛瑞奇已经告诉过她这件事了。

过了一段时间,莫迪斯来找我,要求我代表蒙迦玛瑞奇向他支付因他女儿被勾引怀孕而产生的损害赔偿金。我拒绝了代表蒙迦玛瑞奇支付这笔损害赔偿金,因为他并不是我的儿子。他甚至不属于我应该负责的任何对象。我不得不为他被引诱而产生的损害而支付相关费用。蒙迦玛瑞奇是我姨母的儿子,也就是我母亲姊妹的孩子。

蒙迦玛瑞奇使莫迪斯女儿怀孕这件事发生后,我没有告诉库部奎那的任何一个孩子,也就是没有让乔安娜和塞莫苏知道这件事。只有范娜知道这事。

我确实带走了支付给麦布尔的布加迪牲畜、本属于蒙迦玛瑞奇的牲畜,支付给蒙迦玛瑞奇妹妹作为被引诱怀孕赔偿的牲畜。

是范娜将支付给麦布尔的布加迪交给了我,这样我就能照料它们了。那些属于蒙迦玛瑞奇的牲畜的所有权现在仍然属于他。在和他的 MZ 麦布尔商议之后,他应该将它们用于支付因引诱女孩怀孕而产生的损害赔偿。

西凡科为蒙迦玛瑞奇妹妹被引诱怀孕而支付的牲畜也在我的占有之下。它们在我的畜群之中,但是我从未告诉过任何库部奎那的孩子,我因为蒙迦玛瑞奇的妹妹西珀被引诱怀孕而得到损害赔偿。

209 族长[林奇威·卡格费拉(Kagfela)]说:莫迪斯,我已经仔细听了你和莱索卡之间关于莫迪斯女儿被引诱怀孕而引发赔偿请求的案件。莱索卡,你必须承认莫迪斯曾来找过你,并告诉你蒙迦玛瑞奇已经使他的女儿怀孕这一事实。而你并未否认他的这一指控。首先,你曾向莫迪斯承诺,蒙迦玛瑞奇将和他的女儿结婚,而你却并未兑现这个关于结婚的承诺。你拒绝支付莫迪斯要求的因女儿被引诱怀孕而产生的损害赔偿金。你的意图是只要不承认蒙迦玛瑞奇是你的儿子,你就可以拒绝代表蒙迦玛瑞奇承担责任。可事实是,因为你将给他妹妹的布加迪牲畜带走了,所以蒙迦玛瑞奇确实是你的儿子。显然,这个科特拉提出的证据与这一事实是一致的。你也曾拿走了因为他妹妹未婚怀孕而获得的损失赔偿金。据此，科特拉法庭有理由相信你应该对蒙迦玛瑞奇负责，你因此对他的行为也应该承担责任。

莱索卡，科特拉法庭判决你败诉。基于你管理着蒙迦玛瑞奇的牲畜，你必须支付给莫迪斯四头牲畜。另外你还要为悔婚而耽误莫迪斯女儿的时间支付一头额外的牲畜。如果她没有寄希望于你，她可能已经跟别人结婚了。你应该支付给她总共五头牲畜。科特拉法庭命令你，在 1965 年 10 月 14 日之前，将该义务履行完毕。

案例二十五中展现出一些重要的争点，为了解决这些争点，我们力求说明并总结迄今为止的讨论。

争端始于一个简单直接、毫无争议的有关物质利益的主张：莫迪斯主张他应该就她女儿怀孕一事得到 marebana 赔偿。但是，如果女儿的前任情人愿意与她结婚，他将放弃这一主张。首先，莱索卡并未否认莫迪斯所述的相关事件以及其中所涉的关系。

基于他曾以蒙迦玛瑞奇"父亲"（即男性监护人）身份讨论这件事情的事实，他从来没有质疑过莫迪斯主张的真实性，而是沉默地承担了一些责任，来催促对方接受莫迪斯的主张。显然，此时他相信年轻人能被说服与怀孕的女孩安顿下来，从而没有对任何人造成任何成本地解决这个问题。而事实上，无论是对莱索卡重复主张他是蒙迦玛瑞奇"父亲"，还是对他先前以蒙迦玛瑞奇男系亲属的身份获得布加迪和 marebana 牲畜的权利看，这件事都将带来好处。但当结婚这件事显 210
然不可能发生，莱索卡将以个人财产承担因蒙迦玛瑞奇的行为而必须支付的赔偿金时，莱索卡通过将纠纷的性质变为超越单纯的因产权关系而起的纠纷来回应。

莱索卡试图通过重新定义早期的家庭地位来影响这种改变，并借这种方式来否认他对蒙迦玛瑞奇有监护责任，以及否认后者是他家族中的成员。如同案件记录所展示的那样，这一转变所采用的精确形式随着时间逐渐变化，最终达到了有充分细节却无法证实的意外事件这一要求。争论被首次提出的很久之前，他已经断言说因为库部奎那没有为博莱纳准备任何布加迪，因此他们的孩子以及孩子们的后代将不再属于库部奎那的家族，而是属于博莱纳家族和莱索卡自己的家族。这种策略是有利可图的，因为这使得莱索卡获得了麦布尔的聘礼以及西珀怀孕后所得到的 marebana 赔偿金。非常明确，他所作的所有事情，都是基于其一家之主的身份。很久以后，当他不得不面对蒙迦玛瑞奇也在他责任范围之中这一事实，这种策略的成本就变得十分突出。然而，尽管他一直坚持说库部奎那和博莱纳之间组建的不过是个非正式家庭，他在相关的关系领域中一贯的做法是合理的，可是一旦面对了莫迪斯的诉求，他便力求修改这种关系。他现在提出了这样一个观点：库部奎那和博莱纳之间实际上是存在合法婚姻的，因此，蒙迦玛瑞奇是库部奎那的后裔，他不应对其所作所为承担任何责任。(按照这个逻辑，范娜与他父亲之间的关系也不是婚姻关系的产物，但是这一点在任何时候都没有产生过争议。)当然，如同我们现在可以预计到的，这些截然不同的处理方式都是因为对这个家庭究竟处于什么地位这个争论问题回答模糊不清所致。对于问题的结果存在着截然相反的解释，而不同的结果会给产权关系带来截然不同的影响。

重要的是，在事情起初的时候，莫迪斯似乎很轻易就接受了这个性质被根本改变了的解释，因为他直接联系了库部奎那的同族以期索
211 取额外的赔偿。只有当这一努力失败后，他才最终决定起诉莱索卡，因为后者在早些时候曾经承认要履行自己(作为父亲)的责任。但是莫迪斯行为的先后顺序表明：他从未简单否定被改变的关系结构和造成争议的地位。也许使得他投诉莱索卡的原因是：莱索卡的说法似乎没有得到什么支持，库部奎那的宗亲后裔们一致强有力地拒绝了

莫迪斯的请求。无论如何，通过采用这种策略，莫迪斯在起诉到地区法院和族长之前，搁置了一个涉及一系列有分歧财产关系的复杂争议。

既然又涉及了我们曾经强调过的部分，一个相关要点需要在此得以明确：在莱索卡去纠纷解决机构之前，他就已经失去了大部分同族的支持。因为我们之前已经阐述清楚的结构上的原因，持续不断的因财产分割问题引发的分歧并不一定，甚至通常很难在财产分割过程中形成家族分裂的基础。因此，在这场纠纷中，莱索卡一直排他而稳固地握有主动权。他不考虑任何近亲属的利益，完全以自己的利益为出发点，设法在自己和身边人间建立一系列广泛的联系（之后他试图改变这些联系）。尽管如此，在事实上，他对于莫布尔的布加迪和西珀的marebana的控制仍然可能被期待会使他的家族受益，即便这利益可能只是间接获得的。然而，这种被分享的利益不足以使得他们团结一致共同支持被告。但是与莱索卡家族相反，库部奎那的后裔表现得极为团结。他们存在共同看法是由于他们反对莱索卡的实质理由是同一的。他们否认他的说法，因而支持莫迪斯的观点。很重要的是，比起从自己的近亲属处得到支持，能够从库部奎那的后裔处得到支持显然更被上诉人所喜欢。但是，他们的共同利益和集体行为稍纵即逝，这一事实更格外强调了他的同族并没有共同奋斗的传统。他们并没有联合起来对抗莱索卡，如同当莱索卡第一次侵占布加迪和marebana牲畜时，他们本可以做的那样。总之，为结构所定义的同盟者和异议者们，既无法形成经久不衰的支援活动或者集体活动，亦无法阻止一个人在其周围建立一系列意味深长的关系网。相反：他们 212
在社会活动中的缺席，强化了社会生活中的个体化倾向，使社会更加分散。这将社会义务赋予了行动者，让行动者代表他们自己来履行义务。

由于缺乏结构确定的联合，随之而来的社会责任被置于个人身上，因此个人可以仅以自己利益为出发点构建关系网。这件事反过来说明了茨瓦纳人自己已心甘情愿地接受了这样的概念，即社会关系的定义可以被重建和转化。正如我们已经注意到的那样，莫迪斯对莱索卡就其与蒙迦玛瑞奇之间关系性质的不同主张的反应为我们提供了一个很好例子。此外，人们普遍认为，引导某一社会领域努力通常有战略性的目的。这一假设有些时候可以让事情变得非常明确。因此，如同乔安娜·莫若米在陈述中表达的那样，本案中没有任何一位参与人对被告塑造各种事件和关系背后的目的怀有疑问。最后，首领总结了这一切，告诉莱索卡："你已经作出了可以否认一切责任的计划。"

让我们短暂地回到这些"计划"上来。在科特拉族长庭审的最后的环节中，当莱索卡意识到反对他的力量强大，他的诉讼请求就要被驳回时，莱索卡修改了他的论证。他重申说，库部奎那和博莱纳已经合法地结婚了。但是他就最关键的、围绕麦布尔的布加迪牲畜转移的事件提出了一个截然不同的解释。他宣称，这些牲畜实际上已经被交给了范娜。范娜接受了他们作为库部奎那成年孩子的身份。库部奎那的子嗣中没有儿子。然后，她将牲畜转交给了她母亲的兄弟（从亲缘分类角度来看）莱索卡，让他以受托人的身份替她照顾它们。而事实上，一位友善的舅父向她姐妹的孩子施以此类善意是完全在预期之内的。

对于修改事实背后的真正动机并不十分明确，这种修改确实有利于解释莱索卡对范娜和她的孩子们（蒙迦玛瑞奇是其中之一）的所作所为。以"这样他就可以照料它们"的理由，莱索卡使得最初获得布加迪牲畜的行为合法化了。也许他仍然认为，自称为是范娜母亲的兄弟——这毕竟是一个可以享有特权的身份——他将有一定概率逃避
213 责任，并且在可预见的将来里他将能够继续保有牲畜，即便只是凭借

受托人的身份。在没有其他事情的情况下，这个版本的解释给纠纷添加了另一个维度，也使他否认自己是蒙迦玛瑞奇的父系长辈的这一说法变得更加可信——即便事实上他持有足以定罪的牲畜。他占有牲畜的事实曾被对方证人在反驳他的抗辩时无情地利用，而修改后的论证至少为反驳这些间接证据提供了一些解释。

莱索卡宣称自己是范娜重要的亲戚一事在他早期声明蒙迦玛瑞奇是库部奎那后裔之时就已经不甚清晰。但是，为了证明他拿走麦布尔聘礼的行为是合理的，他现在将这件事更明确地表达了出来。在纠纷发生前他强调说范娜和她的孩子们是他家族的成员，而现在这种明确的表达，当然体现出他对此纠纷态度上的一种明显转变。这些不同于以往的主张，以及随着时间变化后它们的修正版本，再次证明了早些时候有关母系纽带和父系纽带的事实上的标签化、日常生活管理目标的可变性、此类关系的定义和它们的隐藏实质之间的辩证联系。

最后，正如他的例子所证明的产权关系的管理和婚姻状况的解释之间有密切联系那样，莱索卡的困境还表明了个人不会作为完全无拘束的自由行动者参与这类活动。诚然，茨瓦纳人的社会被视为是具有高度可协商性的。茨瓦纳成员发现，从他们成年开始，他们便处于隐含着明确规范化预期的社会关系中，这个关系领域在一定程度上是由他们前人的行为构建出来的。现在，不管操控这一套社会联系的尝试能不能将行动者从既有的联系中解放出来，每一次尝试都会同时创造出全新的限制。这些全新的限制并不仅仅是现实功能的一种功能，管理活动可能被那些认为这些活动将威胁到他们自身利益的人所反对，即使这样的限制只会不断地让他们自己感到局限。相反，它们代表了随着时间的推移，职业生涯管理过程本身必然产生的结果。因此，莱索卡占用他母亲姐妹女儿的聘礼，这一使得他获得了大量资源的行为 214
必须由一个特别定义证明合理的才行，这个特别定义与所有与该交换有关的社会关系和地位相互联系。但是,对此莱索卡对此不止有一个选项。例如,他可以声称说他从一开始就是以母亲兄弟的名义作为受托人,代为保管牲畜的。但是他的这种解释可能带来更高的利益,即为什么他在因蒙迦玛瑞奇所犯罪行而被质问时没有直接回避,这导致他最终不得不面对他先前行为所产生的一系列后果。如果他早先没有声称说,自己是作为麦布尔的长辈而接受了她的布加迪牲畜,事情的结果可能就会大大不同了。如果这样的话,库部奎那的后裔将无法采取他们之前的做法来应对莱索卡,即对莱索卡先前策略选择的后果进行直接反对。从另一方面来看,他如果早把自己置于母亲兄弟的角色上,新的限制亦将从中产生。

总的原则是明确的。从个人的角度来看,限制和责任显然是社会管理过程本身不断累积的明显后果。这方面的每一个行动和决策,无论是有意为之还是默认进行的,都通过连续的期望和义务的方式塑造了个人的社会生活。因此,这个领域的谈判变得更加困难了,或者说代价变得更加高昂。这正如生活按照自身轨迹进行一样。事实上,随着时间的推移,因为志同道合者和异议者的定义变得前所未有得清晰,他们的回旋余地也越来越小,人们逐渐倾向于被社会角色关系的有序集合所"锁定",这在某种程度上也是他们自己的创造。当然,在这个过程中,围绕他们的社会关系网络渐渐变得越来越清晰。这种限制慢慢增加,模糊相应减少的模式,与夫妻生活和财产转移这两者的程序性特点有所关联。正如我们所指出的那样,婚姻是关系随着时间流逝的结果,和财产继承一样。随着个体在其社会生活领域中谈判主动权的不断丧失,婚姻和继承的特点变得越来越突出。在第二章中,
215 这一过程的系统性被清楚地指明了:随着社会和政治领域的主动权被交给了下一代年轻人,彼此之间紧密衔接的婚姻及财产转移过程的最终阶段便代表着上一代人的管理也到达了终点并已被清算。布加

迪牲畜和未分配的财产的转移通常是这种转变的象征性的时刻；至少暂时，显性世界的特有模糊之处消失了，秩序重新恢复了。

在本章和先前的一章中，我们已经试图阐明婚姻关系和财产关系的特点，因为这些特点与社会管理和纠纷处理密切相关。我们已经表明：这些社会关系和过程的表象上的性质，以及茨瓦纳人所拥有的意识形态和价值秩序，只有将它们放在社会文化整体系统的逻辑之下才能被理解。但是，我们最开始提出的问题仍然存在：如何解释茨瓦纳人世俗生活中的双重性概念？根据什么来解释社会生活既受规则统治又有高度变通性？人们既服从于社会规范同时又存在着讲求实效的个人主义？以及这个概念是如何系统性地预设纠纷结果的？带着这些问题，让我们开始我们的综合分析。

216

第七章　规则和判决结果

我们坚持认为，只有把争端程序置于社会文化系统总结构之中的时候，其性质才可以被充分理解。该假设不但毫不荒诞，在实际上亦恰恰支持了法人类学的大部分内容。然而，可想而知，不管是在理论层面还是在方法论层面，争端程序与把争端程序作为其中一部分的制度之间的关系可能会有根本不同的解读。

在总结章节，我们将就该问题将我们的观点与通过其他研究方法得到的结论进行对比。但是，在这里我们要通过寻找其他支持材料的方式来扩展和综合我们的分析，首先，探寻茨瓦纳人争端程序的形式和内容；其次，找出规范和结果之间的关联。在这样做的过程中，我们应该进一步考虑固有观点所体现出的意识形态上显而易见的悖论，即日常生活和在此过程中产生的争端一旦由规则规制，这种规制却体现出了利己主义对于功效的追求，为此规则可以以资源的方式存在。我们认为，茨瓦纳人争端程序中内涵丰富的建构特点，在这种二元性中表现得淋漓尽致。

争议的逻辑

考虑到他们实用主义的意识形态和对职业生涯管理的责任在于个人的确信，茨瓦纳人所表现出的热衷选择诉讼方式来解决纠纷和对诉讼过程经久不衰的兴趣就不会让人感到惊讶了。在这样的语境里，科特拉代表了一个公共舞台，在那里个人野心和为了谋划关系和获得权利所作出的竞争性努力可以得以表达出来且被合法化。此外，在代表日常生活中的一个时刻点的案例(Tsheko)中，人们生活的交互关系 217
被明确并演绎出来，特殊关系所隐含的微妙之处展露无遗。对于身处一个地方性的动态环境中的人来说，这些时刻点至关重要，而对于第三人来说，它们是有潜在价值的信息源。然而，这一切产生了两个问题，这两个问题与矛盾和对抗程序的系统性本质困境有关。这些问题在形式和实质层面均可以问题的形式得以呈现。首先，什么样的人可能参与到这些对抗中？在何种议题上这种对抗行为最可能发生？其次，在任何社区日常事务中所产生争执的内容将会依循怎样的模式？

对于涉及因茨瓦纳人血亲和姻亲的分类方法不同而导致的诉讼，夏培拉(Schapera，1963a：168)提供了目前可获得的有关诉讼发生率最详细的数据。除了皇室成员间因身份继承和遗产归属而导致的冲突之外[①]，他还将另外的477件争端纳入了考量范围，这些争端可以被概括分为以下几类：250件(52.4%)争端发生于夫妻之间，其中大部分是关于夫妻关系的终止和由此产生的权利义务；80件争端(16.8%)

① 夏培拉(Schapera，1963a：169)明确地补充道，“亲属纠纷的组合”，在平民间或是在皇室间，都是大同小异的。

涉及姻亲关系；另外147件争端(30.8%)则是由于不认可对方对于亲属之间亲疏关系的排列顺序而产生的。简言之，69.2%的争端是由于家庭单元的建立和由此产生的亲属关系所引发的，这个事实似乎与我们在第五章中对于夫妻关系和姻亲关系的可磋商性的特征描述相一致(见第五章)。在近亲间发生的那147件争端亦有一些显著的模式可循：128件(85%)争端产生于父系亲属之间，特别集中于兄弟和同父异母的兄弟之间(48件)、父子之间(27件)以及父亲兄弟和兄弟儿子之间(此处是否可以翻译为叔侄之间)(27件)；而另有17件争端发生于母子之间。这两大类争端中都涉及一些十分特殊的情形①。夏培拉进一步提到(原书169页)，在酋长管辖下的普通成员中，"绝大部分"亲属间的争端"主要与遗产继承和财产所有权、父母和准父母的权利义务以及个人地位的问题有关"；这些争端中的一部分同时与争夺进入社会管理层的机会有关。争端类型的分布大体上与我们在特史蒂和克加特拉收集到的数据相符合，同时附带了一个条件：任何统计
218 数据中所显示出的联系必须参考诉讼双方同时认可的定义来理解。正如我们所料，事实上许多联系是多重血缘纽带关系，同时，无法推断出，上文中我们所引用的和被我们自己的材料所确认的数据意味着静止不变的亲缘关系。事实上，亲缘关系的定义往往在诉讼过程中就进行了转换(参考案例三和案例二十五)。

我们主张，关于财产关系和婚姻关系的磋商是日常生活中与社会管理和个人职业生涯的谋划有关的事务。虽然，对于夏培拉的数据我们应该持有谨慎的态度，但是它们似乎对我们的主张提供了强有力的

① 一个预言家，他是与MB有关的人，主张向他的ZS收取医疗费。在第二个案子中，被告是一个ZS，口头滥用了他的MB；在科特拉，他(未成功地)宣称说他和年长者们之间的关系不过是个玩笑。

支持。事实上，在选择参考既有生活中这些方面的事实以细查争议进程的过程中，我们专门找了些资料，以论证社会文化系统建构和日常生活的互动和对抗行为特点之间的关系。然而，由于上述引用的统计数据同时更为详细地阐明了相关主体冲突背后的逻辑，该论证或许应该向下讨论得更加深入一些。由于社会基本秩序产生了两个居于要位而又互相对立的阵营以及余下的一个由远亲和陌生人构成的阶层，且该三者各对应一套基本社会价值观，因此一种解决争端的方式就自然形成了，属于不同类型的人对此或是喜闻乐见，或是痛恨不已。此外，如同茨瓦纳人所感知到的那样，社会基本秩序同时确立了婚姻和姻亲关系的社会价值，因此上述情况在夫妻和姻亲之间出现争端时也同样自然而然地存在。正如在更早的章节已经提到的那样，为了详细叙述这个问题，我们首先从细查近亲之间的争端入手，然后再推进到姻亲和配偶间的争端[1]。

正如我们已经知道的，关系标签在参考了产生于家庭概念和人们对其社会文化意义层面的被人们普遍认同的应然的期待后，指出了联系的实质(参见第二章)。这个事实，接着解释了为什么一开始只有非常少的争端产生于母系亲属中，即在有关联的兄弟姐妹之间[2]以及在男人和他们将其视为母系亲属的人之间。从一方面来说，如果诉讼产生于具有复合亲属关系的当事人之间，那么此时他们几乎不可能强调血缘纽带中的母系组成部分，尽管这种联系是确实可能存在的。正如 219
我们已经指出的那样，争端本身就标志着，一段关系的名称将发生变

① 我们可以在之后的部分检验涉及不相关的人和远亲间的案子，在那里我们可以讨论不同争议、规则和结果模式之间的联系。

② 夏培拉没有将茨瓦纳人的例子加入这个范畴，但是我们知道，没有案子涉及了互有联系的兄弟，也仅仅只有很小部分的案件是发生于兄弟和他们的同胞姐妹之间的(没有联系)。

化，该关系的内容正处于重新商谈的过程之中。从另一方面来说，当一段关系中只存在一个单链的连接（即母系链接）时，这种关系的内在性质便决定了，几乎没有什么东西可以引起双方的冲突（参考Schapera，1963a：171）。与此相当相反的是，母系亲属惯常与道德的团结一致和社会关系的协调互补相关联；正如茨瓦纳人事件里所见的，母系亲属代表了个体最主要的支持来源，因此他会带着强烈的恶意、极为鲁莽地去破坏和滥用这种关系（值得注意的是，在为数不多的、起诉者可以详述出来的、有关这类"滥用"的实例中，犯罪者的行为通常会被描述成因精神障碍所致的症状）。然而，这类能够归因于茨瓦纳人怪异的个人性格或无理蛮横的案例数量实际上还是极少的。这部分作恶者被视为异常和特别不幸的人；显然，他们越过了母系亲属的限制，在挑战母系亲属领域统一的道德观中使得价值秩序变得混乱不已。此外，他们通常会因此影响而导致争端解决机构对其进行训诫。在一个涉及一个年轻人和其MB的争端中，晚期特史蒂部落的首领 可巴拉菲作出了如下声明：

> 雷路（Rre－L），我告诉你，对于一个男人来说，用一纸诉状把他的马龙（MB）告上科特拉是极其反常的。我不想再看到这种案件了，这样的争端根本就不应该发生。男人应该和他们的母系亲属（bag a etsho mogolo）或者他们出生之地的人们和平共处。一个男人怎么能和他的马龙相对抗呢？我们巴罗隆人对于这类的行为闻所未闻。

只有在极少数的场合中我们能够看到这类争端，有规律的是，这类争端总是以下列两种形式中的一种出现，而这不仅仅是巧合：（1）一方或双方当事人宣称，导致诉讼的行为只是暂时的，这种行为发生背后的目的是为了修复双方之间合适的关系;(2) 他们企图完全否认并解除现存的关系。除此之外,这类争端还遵循如下规律：在第一种情况下,听证会的焦点将集中于某一特定的事件,比方说对于某一财产权的侵犯;在第二种情况下,听证会将主要关注一段关系的一般特点和历史形成,其中特定的行为通常会被引述为当事人恶意的象 220
征,而该行为发生的主要原因则不会被深究。简而言之,该亲属关系要么被确认为符合社会的标准化定义,要么就将被重新定义或终止。当然,上述结果是将亲属关系标签化,以索引一段关系的本质行为的必然结果。

然而,仍有一个事实仍然没有得到解释,就是为什么母子之间有时仍会产生分歧？很显然,这类分歧相对而言比较罕见。在夏培拉涉及血亲和姻亲关系的案例样本中,这类分歧仅占总数的3.5%,即在每个大酋邦中平均每五年才会发生两例个案。但即便罕见,这种分歧确实是存在的。不幸的是,夏培拉并没有详细指出这类分歧的产生背景。但我们自己的数据显示,除了寡妇和其子因赡养问题产生分歧(如案例二十二)的这类情况外,这类分歧通常可能在以下两种情况下出现：(1) 孩子声称他守寡的母亲正在侵犯他们的财产权益(在两个此类案例中,值得注意的是,丧偶母亲的行为被孩子声称为“就像一个碍手碍脚的父亲”);(2) 母亲表现出对一个孩子的特别偏爱,因此与其他孩子间的关系不断恶化。在上述任意一种情况下,当母系关系纽带与某种特别的财产关系相联系,特别常见的一种情况是在对于有关孩子的事项中母亲被置于,或其自己主动承担了准父系亲属的角色时,母子争端最容易爆发。家庭事务由孀妇或其他女性掌管这种模式在近年来越发普遍了(J. L. Comaroff and Roberts, 1977b),但在这种情况下,母子之间的分歧尤为明显。和其他涉及母系亲属关系的案例相类似,这些分歧被视为不幸的异常现象,并通常被解释为是由于社会变迁以及由于在现代环境的压力下，女性有时候被迫像男性一样行动而导致的。该理论反映了试图解释变革的内在行为的文化基础。这种变革主要是由非洲南部政治经济中无产阶级的迫切需要所带来的，且正越来越多地冲击着茨瓦纳人的生活。在固定的分类下，遗产的代际传递和财产关系管理的基本是由男性专有的，它们安全地固定
221 于男性亲属领域之中。对于进行遗产的代际传递和对财产关系进行管理的这一过程，母亲们被设想为本应参与其中，这就如同一党成员理应参与其党政建设一样。当性别的固有差异被打破，特别是女性因而被视为不得不去承担男性的角色时，为了保持人们对于既有规则的预期，生理意义上的性别和社会意义上的性别将被分别对待。然而，对于茨瓦纳人来说，要维持这个解释正变得越发困难。有迹象表明，在一些酋邦地区中，劳动分工的社会文化结构正在经历被重新评估的过程。男系亲属之间的关系在通常情况下被认为充满对抗性，这与母系亲属之间的关系形成了鲜明的对比。夏培拉发现，因亲属关系而导致的争端中，85%的情况下，相关当事人会首先明确彼此之间的男系亲属关系①。对于夏培拉的这一发现(Schapera，1963a)，只有极少数的茨瓦纳人表示惊讶。统计数据上的关联以及更为普遍、在充满敌意和竞争的父系亲属关系中所理所当然形成的联系这两者显然都是建立在同一套逻辑系统之上。与相对应的母系亲属关系系统完全相反，该系统对男系亲属间的结构进行了排序，同时设定了男系亲属之间的身份地位和财产关系(第二章)。从这个意义上说，尽管没有通常定义下的大型共同联系或单独联系(详见 Fortes，1953)，茨瓦纳人中仍然呈现出一种通常被称为“父系倾向”的现象。任何有关接触或控制人

① 此外，只有一小部分男性亲属间的争论在科特拉的案件中实际终结了；这些争论是人们日常交往恒定不变的某种特色，只有在特殊情况下(参见第四章)，会产生共公开的对抗。

力资源、物质资源、社会地位及财富的活动都必须经过男性亲属间的谈判。毕竟，这是归属意识和对处于各行政层级的人们身份地位和权力的分配的所进行的部署在政治社会层面的必然结果。此外，正如我们所看到的，茨瓦纳人居住地自然而然的被无情地卷入这些管治程序，无论人们是否是基于自己的独立意志、心甘情愿地接受管治。不管他们的进入是否基于自己的意志。

然而，父系亲属间的争端并不只有一种形式。在第六章我们描述了三种以日常生活为背景的紧张关系。存在三种紧张关系这一事实源于家庭自我繁衍并与社会秩序相结合的过程，其中每一个紧张关系领域所产生纠纷的表面原因和实质原因也是如此。

第一个方面的紧张关系，是置于家庭内部的关系之上的。这个方面的紧张关系是家庭单元发展周期可以预测的产物。正如我们已经 222
注意到的，源于家庭内部关系中的争端是非常少的，即使有也是发生在有血缘关系或是兄弟与其并无血缘关系的姐妹之间的争端。（见本章第四个注）。B/Z 关系纽带中固有的互补性，再一次将其地位置于谈判和争论之上。我们自己的经验表明，事实上关系紧张的兄弟姐妹很少会承认彼此之间关系紧张。如果冲突确实存在，他们往往会避开对方，借口说是因为超乎意料和临时的环境因素才有此行为。另一方面，兄弟之间公开的冲突确实会发生，但这通常只发生于家庭单元发展周期中，家庭支离破碎，一个或更多的儿子独立出来、建立新的家庭之时。我们还记得，兄弟之间的利益分歧是社会繁衍和细化的必要条件，这种分歧也与财产继承转移安排的象征性方面和实质性方面紧密相连。财产继承转移安排是家庭分崩离析的前兆。财产分配在每一个家庭成员年纪尚小时就会进行，在理想的情况下，一个家庭仅会留下很少的未分配财产余额以待父亲死亡时再继承转移。当然，在一个家庭中，谁有权获得最大份额的财产（boswa），并不是孩子间争论的结果。最大份额的财产通常作为身份地位转移的标志,被分配给年龄最大的儿子。同胞兄弟之间很少特别地涉及财产关系争端这一事实本身,是家庭结构和等级规则所必然决定的,这使得家庭单元与其他以政治和经济联系为目的的社群有着根本的不同。但是,即便一对同胞兄弟可能无法对彼此的身份地位提出质疑,但如果当他们的父亲去世时,家庭财产仍未完全分配,或者父亲去世时哥哥将要承担了对其年幼弟妹的监护责任时,物质利益的冲突将极有可能发生。

应该被进一步强调的是,无论在家庭关系内部还是家庭关系外部,财产利益和亲属关系在绝大多数时间中都同时表现出了主要的互补性和对立性。比方说,B/Z 这一对关系以其物质利益的融合为特征。这个融合可以被转喻地解释为为了兄弟的婚姻,其姐妹出嫁的所收到的聘礼完全可以在名义上被使用。相似的,当母系亲属间的关系纽带与一系列毫无谈判余地的仪式化的交换相联系,男性亲属间等级
223 关系的判断却被限于可高度磋商的财产关系之上。如果我们将这个观察结果延伸到兄弟关系之上,并把这些不同种类的关系结合在一起,这个模式将会变得清晰起来。

在家庭发展周期的最开始阶段,同胞兄弟姐妹的利益必须聚于一处,并与其非同胞兄弟姐妹的利益针锋相对。在家庭关系被打破之前,孩子们在物质利益上的平等体现在"对于家庭财产中的未分配余额,他们将会获得大致相同的份额"这一预期中。这个平等本身同时标志着这样一个事实,即在社会秩序不被打破的前提下,随着一个家庭的分崩离析,新生代家庭之间将彼此对立。财产利益的融合,将会随着孩子们的成长而持续继续,虽然财产分割会预先进行,但除非孩子们长大成人,不然对于家庭财产的分割是不会结束的。当孩子们都已达成年,且在其父亲仍在世时就已得到其应有的财产份额时,分家的过程将顺利进行,几乎不会伴有争执。(正如我们在第六章中所指出的,因公平

分配财产而致的争论时很少见的)原因很简单,每一个家庭成员都将在适当的时刻取得其应有的财产,并独立地组建属于他自己家庭。

与此相反,在一个家庭中,如果父亲在其所有的儿子都达到可以独立处理个人事务的年纪之前死亡,尤其是此时他的财产分割方案仍然没有最终确定时,家庭关系的内部矛盾将会产生。在这种情况下年幼子女的财产监护权将会被置于其年长兄弟①的名下,而那时候他们已经独立出原家庭,进入到与年幼兄弟相竞争的父系领域环境之中。为了使这些年纪较小的子女能够开启他们自己的事业,他们必须最终获得对于财产的控制权,这也是他们独立的必要条件。但是,等到年幼子女尝试独立生活时,他们财产的监护人已经不再是受出生所限制的利益共同体的一部分,因此此时监护人已不再受原本强加于该利益共同体上的结构性和实质性的约束所限制。从监护人的角度来说,他的年少的兄弟们已经成为一名男性竞争对象。从系统性角度来说,这个模式可能是家庭繁衍发展和物质利益的周期性分歧的一个特征。该分歧标志着,B/B 关系纽带向男系领域的政治环境之下的转移。但在那些涉及上述内容的实践经验里,它将呈现一种利益的直接对抗: 224
当年纪较小的同胞兄弟姊妹为了独立而必须取得他们的遗产份额时,年纪最大者发现,将财产交付给他们的这一行为将与他本人和其子嗣的利益相悖。如果在他们的父亲去世时所有的兄弟均已成年,但财产的分割过程却并没有完成,此类现象也可能随之产生:即在那些剩余的财产即将被分配的时候,兄弟间已经分道扬镳。在这样的情况下,有关财产分配的争端极可能发生。

---

① 如果负有监护责任的地位曾被授予了其他人——特别是授予了一位 FB 或是 1/2B——由此而生的争议可能会在其他两个领域的紧张关系中产生,例如,代际间关系或是家庭间的紧张关系。在这类情况之下,家庭内部的矛盾根本不太会产生;如果有,其家庭内部成员间的利益冲突,无论这些成员的年纪如何,都将趋于,至少是暂时趋于一致对外。

事实上,考虑到男性亲属的既有意识形态,茨瓦纳人认为下列行为的出现是完全可预知的,即那些已经获得或是有机会获得财产控制权的男人,除了绝对必要的情形之外,应该拒绝交出这种控制权此外,当面对年幼兄弟取得遗产的需求时,年纪较大的兄弟通常已经成家立业很长时间了。他们很可能在挪用分配给他人的遗产和长时间推迟对于剩余财产的最后分配时间这两方面都取得成功。对年轻人在什么年龄可以获得他们大部分财产这件事,并没有明确的规定。这种规定的缺失,在暗示了财产转移程序是个漫长的过程的同时,为其年长兄弟正当化上述行为和抗辩挪用及拒不分配财产的指控提供了推脱的理由。当然,有时候一个监护人会迫于压力,在没有正面冲突的情况下,将遗产份额转移给他的兄弟姐妹。正如我们在第四章所指出的,是否进入正式诉讼程序决定的作出取决于许多环境因素。总之,当家庭的社会化分裂并不平均时,家庭内部争端确实将从表现其自身特点的内部矛盾中产生①。正如兄弟间冲突爆发的时间和范围被一整套结构性危机所包含,家庭内部争端的实质根本上源于家庭形成与变迁的社会文化基础。

其他两类紧张关系,可以通过更进一步地延展与家庭内部紧张关系相同的分析视角加以理解。家庭间的紧张关系或许是最常发生争议的地方②。这种紧张关系源于财产关系和等级关系的结合。该结合

① 负有监护责任的领主偶尔会自愿且毫不迟疑地交出他们兄弟姐妹的遗产,但是,如同茨瓦纳人的信仰以及观察结果所证实的,在极其严格的规则下,他们才不这样做。当缺少动机解释自愿放弃财产的行为时,告密者通常会将解释落于超然的利益之上,一个可以行使更多监护责任的领主可能会有优先地位。一位罗朗公民提供了这样一个假设的例子,如果他想要竞选某一职位,他的长兄可能会为他安排一桩和其姐妹的婚事,以获取他未来姻亲的帮助;作为对其兄弟姐妹遗产份额转移以及帮助其独立的回报,这位长兄将可以得到一笔可观的回报。

② 这并未完全反映在夏培拉的数据(Schapera, 1963a)之中,但是这是因为他将亲兄弟间和半血缘关系的兄弟间的争端划分在了同一个类别下,同时排除了涉及皇室继承和权力转移的案件。

描绘了家庭关系之外的男性亲属领域的基本构成(详见第二章和第六章)。鉴于我们已经对家庭间关系进行了如此全面的检视,因此在此 225 处需要进行进一步说明的内容非常之少,简要地总结如下：由于获得所有资源和政治管理阶层身份地位的权利都以男性亲属间的地位排序为基础,因此当家庭中任意一个成员就等级关系提起诉讼时,家庭之间将不可避免的陷入对立状态。无论诉讼对象是年长者、酋邦首领、最高统治者或仅仅只是在日常生活的某个领域中资历较老、说话较有分量的人,大多数管理性大团体对其成员间的男性亲属关系和相应家族地位进行操控都是一个必然结果。我们强调,这种操控并不是个人意志的体现,它具有规则的逻辑性和社会领域的流动性。当然,并不是所有男性亲属间的竞争都会在公开对抗中结束,由于公开对抗并不意味着对于地位更高的当事人的可得追索权,也不是对于地位更高人士有吸引力的提议,因此,人们可以通过某种方式将他们的近亲转化成客户看待。(比方说,通过一系列漫长的而且通常是微妙的交易中创造出一系列的债务以“消灭”这种争端。)事实上,如同在案例二十五中所描述的那样,一个当事人可能在与其对抗的过程中利用争端解决机制成功地阻止另一人。从另一方面说,在家庭间内发生的纠纷,通常是当事人为了取得社会对于其身份地位关系转变的认可而引发的(参见第四章)。

解释说明男性亲属竞争在何种条件下可能发展成为需要呈报科特拉进行处理的案例这件事超出了本书讨论范围。但显而易见的是,这类争端一旦产生,争议内容便很少仅局限在财产利益范围之内。仅当同父异母兄弟中哥哥的监护行为被弟弟起诉为玩忽职守、不负责任,且兄弟中没有任何一人的诉请涉及寻求等级地位的重新排序时,诉讼才会被局限在财产范围之下。更为常见的问题是争议双方的关系本身,在社会地位和物质财富两方面,这种关系都可能受到质疑。

当家庭父母关系(有时候超出这种关系)被人为塑造以使得篡夺身份地位的行为被合法化时,这种当事人的对峙在遗产流转循环中可能会关涉到最大份额财产(boswa)的地位,或者在遗产流转循环结束后随
226 之发生。然而,不论争端发生时的具体环境如何,尽管茨瓦纳人倾向于将争端的发生归因于他们实用的个人主义,家庭间冲突的本质蕴含于男性亲属领域的建构之中。这类冲突的发生频率、发生形式和本质是建立在对男性亲属领域和规定了茨瓦纳人之间政治管理方面次序安排的行为方式的规范性的分化之上。此外,基于那些现在看来已经显而易见的理由,家庭间关系代表了一种普遍适合于男性亲属间的政治范例:父系亲属间的任何有关社会影响力或社会地位的竞争,实质都是其共同的祖先所繁衍的后代和其代际间再繁衍的后代的家庭间的竞争。对于特定的家庭而言,不论是否主动参与了这类过程,都将最终被包含于其中(参见第二章)。

第三种紧张关系即代际间关系之中,争论的主要焦点是 F/S 和 FB/BS 关系纽带。该纽带与形成家庭内部关系和家庭间关系的社会文化元素结合在了一起。父子间的紧张关系主要体现在两种模式的争论之中。第一种模式始于对父母偏心的指控。该模式与同胞兄弟姊妹之间关于物质利益(也可能是关于地位与身份)的竞争紧密相连。的确,因为参与者非常重视这些问题,这些案例常常被解释为家庭间存在对抗的证明。通常情况下,父亲会被指控为屈服于其所偏袒家庭的压力之下,进而因此被这家的主人“掌控”。对此观点存在一些合理性的解释,即鉴于这种冲突的发生根本上是源于非同胞兄弟之间的结构性对抗,因此这事实上是家庭间争端的一种变体。与此相反,第二种模式的争论源于财产转移过程的延迟进行,表现为推迟家庭分解,并阻止家庭成员们独立生活的行为。在这种情况下,对一家父亲的诉请与对那些扣留被监护人应得的遗产远超合理时间的监护人所作出

的投诉相类似。正如我们先前所指出的那样，这类延迟也可能意味着某种威胁，即父亲将会进入其他家庭关系之中，并减少其后代本有希望获得的遗产份额。227

与此同时，茨瓦纳人认为父子争端不仅是可悲的，并且理应被避免。这是因为，家庭的发展循环周期允许长辈们在其生命中的积极时期完全掌控其个人事务，并在适当的时候，即其子女变得足够成熟、可以独立生活之后，将财产和社会管理主动权移交给他们。这个周期性的观点在社会繁衍的逻辑下有其构成性的基础。该观点在财产转移程序既定概念之下的规范化表述已经在第六章中被清楚地表述过了。然而，当该进程的推进遇到阻碍时，比方说当一家的父亲寿命高于平均水平时，引发争端的充足条件将就此产生。包含于尊敬老人、让老人老有所依之中的价值观，和为人父的责任，在此情境下便形成了特定的矛盾。此外，鉴于这些价值观中的任何一个在逻辑上都不具有压倒性优势，因此这些冲突无法通过机械地应用某特定规范而得到解决。稍后，我们将会仔细分析隐藏在这类对抗的结果背后的原则。这里的重点是，即使一方当事人任意一个违背社会秩序的行为可能加重父子间矛盾，但父子纠纷在形式上却并不因此产生。实际上，父子纠纷只有在现实发生的偶然事件违背了事物的“天然”秩序时才会出现，它是社会价值观断裂的产物，根植于社会进程的建构之中。

如家庭间对抗一样，叔伯和其兄弟孩子们之间的冲突，可能限于因监护权而导致的有关财产利益的问题之中，或是延展到对于等级地位和亲属关系的争论之上。当一个 yFB(父亲的弟弟)质疑诞生其侄子(或外甥)的家庭(或多个家庭)存在的合法性，以确定自己和自己子女的长辈地位时，后一种情况的冲突便很可能发生。与此相反，一个 oFB(父亲的哥哥)也可能会提出一个与之相似的有关婚姻的主张，来倒置其孩子的和他们父系表兄弟之间的身份地位。在对争端模式的描述中，茨瓦纳人常常把叔伯和其兄弟孩子之间的案例作为男性亲属冲突中的典型。他们似乎认为，因监护权而产生的冲突以及那些涉及身份地位的冲突都是体现双方当事人利益对立状态同样重要的表现。
228 也正是这种利益，驱使当事人进入了敌对的对抗状态中（尽管夏培拉的数据显示，这种冲突的发生概率并不比 F/S 行为的发生概率大[①]）。或许，这种看法源于在单一关系的背景下，叔伯和其兄弟孩子之间的关系纽带可以与形成上述三种紧张关系的元素相结合：作为监护人，在他们父亲去世后，叔伯可能会对他兄弟的孩子保持父母般的长期控制，进而推迟家庭关系的分解和消亡；此外，作为他们父亲的同胞兄弟姊妹，他这样做的行为动机在于同孩子父亲（也可以扩展到其后代）之间的利益分歧，因此挪用兄弟财产的通常情形也可以在这种关系中被表现出来；同时，作为有血缘关系的家族中的长辈和核心人物，其利益必然与他兄弟孩子的家庭利益针锋相对。因此他与后者的关系通常会被纳入家庭间竞争关系之中。正如上述内容所揭示的，叔伯和其兄弟孩子之间的关系代表了这三个领域中社会文化的融合。因此，涉及物质利益和社会关系的争端的发生是可以完全被预测的。所以同样的，在人们的固有印象中，该关系象征着典型的男性亲属争端。从这个意义上说，它是对 MB/ZS 关系纽带完全的倒置。

总之，近亲间争端的形式和实质都遵循着一系列可以预测的主线，尽管这些争端表面看起来存在明显的差异。母系亲属间冲突的相对缺失，和男性亲属间冲突只局限在三个领域内发生的倾向一样，是社会文化制度的产物。该社会文化系统将特定类别的人纳入了地方性竞争关系，这种竞争关系针对的是特定的价值观，同时排除或限制

① 应该重申的是，夏培拉的数据并不包括皇室的继承案件（参见本章脚注 8）。如果他们这样做了，FB/BS 争论的比例将会更高一些。

了与其他人产生冲突的机会。此外，正如我们在第五章所论证的，对于这个系统的模式来说，产生于夫妻生活和姻亲关系的争端的频率和内容是不可分割的。考虑到茨瓦纳人的婚姻规则，这类案件中可能涉及父系亲属，因此这类案件常常被家庭内纠纷或代际间纠纷所包含。事实上，对于特定家庭等级地位的不同意见可能更具有普遍的对抗性，同时这种不同意见也为更普遍的对抗提供了修辞上的焦点[①]。然而，所有的这些只是简单强调了一个事实，即无论结婚对象是否是自己的亲属，也无论婚姻的控制权在自己或是在他人手中，婚姻是一个媒介，也是一个背景，人们在其中奋力行动，以应付这些模棱两可、通 229
常充满恶意的关系。从行为者的角度出发，正如我们之前所看到的，婚姻关系提供了将竞争关系转变成互补关系、"消除"现有和潜在的竞争对手、作为一种长期方式为洛斯卡招来外部支持出于自己的目的以应对男性亲属、合作与分配资源、建立符合参与者目的的、互利共赢的关系的机会。但是这些目标本身就是构成性秩序的浅显的表达。构成性秩序同时形成了作为利益的社会文化基础和在社会活动中所意图体现的价值观。

这些社会文化秩序的特征与家庭生活领域中结构化的个人主义密切联系，这种个人主义接着又成了茨瓦纳人婚姻关系本质的基础。正如我们在第五章中所指出的，婚姻总是处于一种发展的状态之下，它的成熟与姻亲同盟的实现密切相连。在这种情况下，婚姻的地位如同其具体体现的权利一样，从不会在婚姻关系刚缔结时就确定下来，

① 这便是为什么尽管他们的效用只能被用作粗略的指示，夏培拉的数据仍应被谨慎对待的其中一个原因；在许多表面看来是由于婚姻关系或是亲属关系产生的案件中，涉及的内容可能不仅仅是单纯是这些内容，即使争论可能是围绕某特别的家庭的地位产生的也是一样。此外，许多配偶间的行为也会涉及其他亲属，反之亦然，因此，即使一起案子以"婚姻"或是"亲属"来命名，这个名称可能也不反映案件的实际内容或动机，更多的可能仅是一种修辞化的表达。

而必然地在其存续过程中保持一种不明确、可协商的状态。事实上，在日常用语的语义环境下，上述观点也有所体现（参见原文第134页的内容），就这如同它社会性地被包含于婚姻形成过程中集体或者公众参与的缺失之中。与此同时，恰恰由于社会领域的可变化性、对立性及社会管理质量的因素，当其他关系侵犯婚姻联合时（参见案例二十五），夫妻关系极易破裂，夫妻二人也很容易被引向对立的位置。一个婚姻关系将一直存续的期望并不是大众化的想法，就连茨瓦纳人也不会反对这个结论。简言之，产生于婚姻和姻亲关系的矛盾、其文化上的暧昧不清以及社会可协商性的普遍存在，也内含于茨瓦纳人世界的建构以及因其内部矛盾而产生的争端解决程序之中（参见第二章）。

因为婚姻的地位既不可以凭借推理演绎所知，也无法由一系列明确区别的程序性步骤所指定，所以当婚姻被贸然终止时，矛盾便可能会发生。这是由于婚姻在形成中没有什么内在的东西，从而机械地决定婚姻的定义和随后夫妻间相互的权利义务转移过程。尽管如此，当婚姻关系破裂、财产需要被分割时，如果相关当事人无法凭借自己力量来有效地解决问题，此时就必须参考一些其他的规则来推进这一进
230 程。在梭托人中，这个问题实质上是一段婚姻存续的价值“到底有多少”的问题（Murray, 1976: 104）。虽然茨瓦纳人提出问题的方式并不与其完全相同，但就该问题所涉，社会特征和语义特征上的因素却是与之相似的。在第五章中所描述的婚姻的连续性中，包括了一些等级地位的分类。婚姻关系一旦解除，每一种分类下的配偶都将分别获得一系列权利。所以他们没有其他的选择，一旦他们对婚姻终止的模式提出质疑，他们就必须对其婚姻的类别进行不同的解释。因此，争执的对象必然转至有关婚姻分类的问题。同时，因为每一个基于婚姻连续性的可行分类都对应一组标准的属性，争论者将很少为一个特殊事件或某一特定义务而争论。相反，他们将会寻求在总体上解释有关

这组属性的婚姻关系的方法。

茨瓦纳人自己可能把争端的频繁发生和他们自身“好讼”的特点归因于对功用普遍的追求。然而，正如哈姆内特先前已经指出(参见原文第 16 页)，以及我们曾反复强调的那样，仅仅以实用个人主义的观点来解释冲突过程是极为天真的。争端的形式和实质，以及茨瓦纳人关于争端的意识形态，是包含解决争端方式的制度在表面上的体现。因此，通过援用制度中某一要素的方式来考量其他要素将是重复而赘余的。因此，在综合第二章、第五章和第六章发展的分析线索的过程中，我们已经试图通过在制度的总体逻辑中寻找争议焦点来维持我们最初的纲领性的观点。然而，我们不是意图暗示社会进程或是其意识形态维度，都依靠和包含在某种在其之下、上述内容不过是确定的表达式而已的结构之下。这是由于，事实恰恰与之相反：既定秩序和人们的居住环境存在于一种辩证关系之中，同时所有制度存在的历史证明都留存于此辩证关系之中。这表明，发生于日常生活中各种进程有能力转变其自身构造，此类转换将最终在社会生活整体的改变中被反映出来(参见第三章)。因此，尽管我们的分析是以当代茨瓦纳人的生活为背景而进行的，但是在任何意义上，我们都不预计茨瓦纳人的社会文化结构将僵化于当时的人种限制之下[①]。 231

此外，在迄今为止对争端内容和形式所进行解释的过程中，我们将关注焦点集中于涉及近亲和姻亲的冲突。不仅是因为这些冲突在冲突总数中占有很大比例，更重要的是因为这类冲突对于理解日常生

① 在其他著作中(J. L. Comaroff and Roberts, 1977b)，我们曾经参考婚姻制度考虑法律制度改变中的辩证逻辑。此外，斯坦福大学读到了一篇题为《关于一名非洲首领的阶级和文化——以政治经济为视角》的文章。该文主张，整体而言，在茨瓦纳社会文化秩序中，存在系统性的辩证逻辑。这篇最近正准备出版的论文，预示着在这个主题上可以进行更深远的研究。

活的规范性基础和形成于日常生活中的对抗行为来说尤为重要。

然而，为了使我们的分析更进一步，在已发生争执的背景下，对于涉及近亲属和涉及远亲与无血缘关系人的两类对抗行为的系统性连接点进行仔细考察是必需的。对于第二类案例来说，由于其并不本是社会领域中流动性和矛盾性的产物，因此它们案例数量将更为有限，同时也更特殊。结果是，我们现在回到第四章所概述的那个模式。我们认为，这个模型为对于洞察争端模式之间的关系、各规则的意义和争端程序的确定有着决定性的作用。

规则，规律和判决结果

第四章中所描述的有关争端进程的模式建立在对抗行为的两个明显维度之上，即诉讼当事人的意图和诉讼当事人的关系。每一个维度都体现了一定的连续性，第一个维度落在价值导向和亲属关系导向的两极之中，第二个维度处于确定性的社会联系和普遍性的社会联系之中(参见原书 113 以下)。这两个维度彼此交织融合，形成争端的四种模式，该四种模式反过来也形成了一个在其程序性特点和实质性特点方面形成了一个线性的连续过程。再重复一遍，对于争端的四种理想分类是：(1) 争端涉及有某一确定的亲属关系的人，且该争执行为是由于他们对某一明确的价值不满而产生的；(2) 争端产生于广义关系的背景之下，但是仅针对某一特定的价值；(3) 争端是由于有确定亲属关系的人对他们之间关系的本质不满而导致的；(4) 争端是由于人们对一个广义关系纽带的定义和特征不满而引起的通过对这些类型的争端进行举例，我们证明了，在争端类型从(1)到(4)的变化过程中，其变化方向具有某种一致性。这个变化体现在以下几点之中：不
232 断增加的程序灵活性；争论环节和判决环节中偶然因素的重要性不断

降低,更多的注意力被转而置于诉讼当事人之间的历史关系以及围绕这种关系双方的一些相互行为之中;争端的客体被普遍化中,通过争论而促使可应用于该类争论的范例形成的趋势越来越强烈。那么该线性连续的过程,是以从明确界限到模棱两可的表面运动为特征的。在一种极端状态下,在争端解决机构介入该特定事件和行为所引发的困境之前,双方当事人似乎是非常受到限制的。在另外一种极端状态下,争端解决机构不仅会就争议焦点进行争论,构建该类争议中争端解决机构职权范围的责任也完全落在他们身上。在前一种情况下,对于双方当事人所提交的诉讼请求,争端解决机构进行有精确化的处理,其处理结果也是可被完全预测的。正如一位南非班图族领导人所描述的那样,用英文来说,这类案件就是一种"一目了然的案件(open-and-shut cases)",在当事人将案件呈送科特拉之前,包括被告在内的每个人都将知道判决结果。某种程度上,这样说有点儿夸张的成分,但是大致意思是确定无疑的。与此相反,在后一种情形下,从司法审判的角度来看,问题的一部分可能是要确定实际的争议焦点,并把争端概括成一个或一系列可以裁决的问题。的确,在这种情况下(参见第三章)意图调用规范时首先要做的事便是运行该概括过程。

在理论上,容纳所有案件于其中的争端分类的确定完全依赖于由诉讼当事人提起诉讼并呈交给争端解决机构作出判决的惯例①。然而,在实践中,有关当事人从来无法完全享有选择的自由,总是有一些主观的和客观的因素束缚着他们的行为活动。正如我们在第四章中所指出的,这些因素中最先发生作用的因素源于个人困境之中,即未

① 参见第四章。诉讼的种类取决于诉讼当事人对其作出的解释和陈述的这个事实本身便是一个既存安排下的推论。该推论是借助所有案例的形成都是基于(或是为)一个原告自身对于案件的说明,且将同时得到其起诉被告的回应为前提的。争端解决机构很少主动发起诉讼,或是对提交给其的诉讼进行事前的限制。

来的诉讼当事人发现在自己所处之处，一场争端即将形成。不论诉讼当事人仅仅是为了自己曾被指控侵犯他人财产而寻求一份补偿，还是为了在未来获取更多而力求拓展现状，他是否受到束缚可能都将同样多地取决于他的财务状况，他政治上的雄心壮志和他在一个领域中的社会地位。他所做的一切同样将会受到他竞争对手的身份和他们之间关系的性质影响。显然，他实际保有的主动选择权程度毫无疑问具
233 有可变性。正如莱索卡在案例二十五中所发现的，早期管理性活动的结果有时候可以称为对个人所有、可自由控制空间的劫掠。此外，通过不同方法所进行的外在限制可以通过促使该争端行为形成的事件的本质而被施加，特别是当该争端行为涉及有确定遗传联系的争辩者时，这种情况将尤为明显。因此，尽管正如案例七中所显示的那样，在将某一特定事件转换到他们的优势诉讼领域的过程中，被告通常会表现出相当的聪明才智。但是这也不尽然，举例来说，牛偶然践踏玉米田的案例（案例五）除了可被归于第一类案件之外，无法被归于别处。不过，所有的这些制约因素最终都将被归入模型的两轴维度之中。一旦某一特定争议落于四个类别之中的任何一个之下，该争端的实质性特征将会遵循这一类案件的共有形式，同时也暗示了案件相关人员参与进程的内容和特点。

我们主张，该模式为分析争端程序的性质和其所在的社会文化系统之间的关系提供了一个非常重要的分析性链接。一方面，它确定了日常生活中对抗的形式以及它们各自修辞上和实体上的相互关系；另一方面，它的特征牢牢扎根于社会文化系统的逻辑之中。显然，模式的维度包含当事人关系和争议目的的事实与茨瓦纳人世界的构造密切相连。广义关系和确定关系之间的对比在事实上是包含于洛斯卡范围之中的关系和那些超出该不断变化又模糊不清的近亲属领域的关系之间差异的某种表现。因此，可以理解为什么相比于类型一和类

型三的争端,类型二和类型四的争端在程序部署方面表现得更为灵活,其竞争性也更为明显。这是因为,前者常常处于更复杂难解的社会环境中,将不可避免地会对论述的各种形式产生影响。此外,价值导向型的诉讼请求和亲属关系导向型的诉讼请求之间的区别,与那些基于物质利益而生的竞争和那些与社会关系定义有关的竞争一一对应。再一次重申,人们之间的联系,至少关于个人财产和社会地位流动性的部分,在最低限度上是可以协商的。因而在对抗中,诉讼当事人面临着一个选择:对于一套可用的规范化的标准分类,他们要么必须接受并保持其不变,要么进行争辩,并试图改变彼此间关系的本质。 234

在争端过程中,上述两种可能性中的其中一种将必然有所体现。这就是类型一和类型二案例和类型三和类型四案例之间的根本不同,也正是它成了两者间实质性对比的基础。换句话说,将冲突塑造成不同类型的这两个维度,不仅仅根植于社会文化秩序的结构之中。在描述涉及近亲属的冲突和涉及有确定血缘联系的人的冲突,以及基于物质利益和身份关系的竞争两者之间的系统性联系的过程中,他们同时也阐明了一些习俗。在这些习俗之下,茨瓦纳人遵循着形成他们所居住环境中不同种类的争端所呈现出的规律。

因为类型一和类型二的案件紧紧受制于特定的情境,同时也因为这些案件涉及公认的关系之中权利和价值的获得方法,所以,这些案件将默示地或明示地根据包含在 mekgwa le melao 里面的规则而被争论和加以决定。在相对罕见的情形下,互相矛盾的规范可能会被引用。当此种情况出现时,争端解决机构必须决定给予其中一种规范以优先(比方说在案例一中),并据此作出裁判。(正如我们所看到的,有时候首领会趁机确定这些 mekgwa 的普遍优先地位,进而改变争端解决过程的全貌。)然而,这类决定只是加强了一个更一般意义上更具普遍性的暗示,即对于茨瓦纳人来说,类型一和类型二的争端将明确地受规则制约。实际上，在这些案例中，由被告所作的一切否定上述决定或对上述决定不作让步的行动，都会使其自身诚信的形象和声誉遭到质疑。这些行为也可能会招致社会消极的道德裁判以及争端解决机构对此更进一步的轻视。因此，尽管类型一和类型二的案件在其诉讼形式上存在某种程度的不同，但两类案件在茨瓦纳社会中都发展得较为成熟，均是高度可预测且可规制的。这些案件就是首领所说的"一目了然的"案件[①]。此外，因为这些案件中修辞学的和社会的结构
235 限制了对争论范例或是争议对象的不同意见的出现，同时还强调了环境因素的作用，所以对于案件结果的固有理解同时具备自我确认性和不断增强性。这些对抗应该在其内在本质上通过 mekgwa le melao 被管理和定期解决。

类型三和类型四的案例明显遵循着不同的轨迹。因为类型三和类型四案例涉及参与亲属关系协商的人，因此它们将表现出两种形式：第一种形式下，其中一方当事人力求改变社会关系，而另一方则并无此意。因此后者争辩道，争端应该适当地涉及一个特定的事件或者某一现存关系纽带背景下的利益；第二种形式下，两方当事人致力于通过不同的方式明确彼此间的关系。但无论争端展现为何种形式，这种类型的争端的关键都在于特定的事件。从修辞语义上来说，他们需要对诉讼当事人相互之间互动历史的一个解释，以及诉讼当事人与他们身边其他人之间相互关系的历史的解释（例如，参见案例八和案

① 这并不是暗示说类型一和类型二案件的判决将是完全机械的和一致的。除此之外，即使是在表面上非常相似的案件中，争端解决机构对罚金和补偿金的要求，以及对免除被告责任的减免程度都是不同的。尤其是首领，对于不同的因素可以赋予不同的权重，例如矛盾是偶然发生的还是恶意招致的；行为是否是当事人的初犯；当事人此时对于争议问题的处理和在此后的争端解决程序中的处理是否相对公正，诸如此类。然而，从当事人和广大公众的角度出发，这些考虑都是在参照 mekgwa le melao 规则而在进行的审判中所体现出来的。

例九)。这些事件和相互关系,就像产生它们的关系领域一样,本质上就是模糊不清的。事实上,在它们被社会认可之前,首先必须被解释清楚,且这一解释必须在争端解决机构组织的争论前进行。这是因为,在争端解决机构组织的辩论中,这些问题将必然需要被清楚地阐明。

正如我们在前面看到的,mekgwa le melao 参考了可能表达出来的解释,制定了全部的概念和规则。事实上,从传统角度来看,这些规则有排他性的来源。参与公共语境的前提是在确定可能被加于社会行动之上的词义范围时接受它的限制(参见 J. L. Comaroff, 1975)。举例来说,这解释了为什么卡可巴拉菲首领在撤销一个由一位年轻男人起诉他母亲的兄弟的诉讼中表达出了他的训诫之意,并将这个诉讼形容为"不近人情的"(参见原书 219 页)。这也解释了为什么疏远母系亲属的男人有时候会发现他们的心理状态不再稳定。除特殊情况外,发生于母系近亲属间的日常冲突,在 mekgwa le melao 现存的限制之下,无法被有意义地以另一种方式加以合理化。当然,一位技巧娴熟的演说家也可能对上述全部规范性的要求进行全新的解读,其典型的做法便是通过探索其本身的不连贯性,或是通过迄今为止未曾预料到的方法来结合其组成元素(参见案例一),同时,该要求本身将随时
间流逝而发生变化(参见第三章,同时参见下文)。但在任何一个历史 236
性时刻,它都代表了一个含有各种可以被应用于解释和评价争端的过程中术语的清单。

现在,因为类型三和类型四的案例涉及对事实所进行的解释说明或是根据 mekgwa le melao 中列明的分类而归类的亲属关系,所以诉讼当事人必须在其诉讼和反诉讼过程中进行规范的操作。这是因为无论他们是否明确自己的诉讼请求,都必须选择并确定一个甚至更多的规范以作为相关事件中的法律适用。此外,因为他们发现彼此间处

于对抗的境地，所以任何一个当事人都必须坚持案例所依赖规则之间的优先顺序（参见下文）。即使当事人并不对争端的标准参考文件提出质疑，但他们一旦对争论的某一已确定范例中所体现的事实有不同意见，在解释竞争对手的行为时，双方当事人都必须适用相同的规则。无论采用哪种方式，由于他们现实中存在竞争性的结构，mekgwa le melao 都正在被人们战略性地占用和操纵着。

不同诉讼当事人距离其努力奋斗，欲到达的终点之间的距离可能会有很大差别。面对困境，一些人似乎选择被动地应对。在困境中，他们准确地定位自己，并提出朴实而具有高度因地制宜的论据；其他人则四处寻求建议，并努力找寻最具说服性的可行性替代方案。尽管如此，不管战略性的决定是隐式或是显式、效果斐然或是天真可笑，在类型三和类型四的争端中，其论证结构本身就造成了规则敌对的配置。此外，很显然，因为每个类型的争端的发生都有其特殊背景，表达该资源配置的准确术语在类型三和类型四的争端中将有所变化。由于那些已经提到的原因，遵循着之前章节所描述主线的第四类案例往往发生频率更高，也更为复杂。但对于 mekgwa le melao 战略性资源分配的强调对于两类争端来说都是共同的。

在类型三和类型四案例中对 mekgwa le melao 进行部署的习俗反而将我们带回到第三章中所确定的要点，也就是说，包含于规则体系之中的规范总的来说并未被茨瓦纳人赋予抽象的层次分明的价值。相反，这些规范是在与其他规范的相互关系中、在辩论和争执中的偶
237 然环境下取得其优先的位次。

因此，只有极少数茨瓦纳人会完全公事公办地考虑某一特定的 mokgwa 是否会比另外一个更重要的问题。在其规则的文化基础上，这个问题毫无意义。这解释了为什么采用了不同争论范式的诉讼当事人，不得不坚持作为其诉讼请求基础的 mekgwa 的优先性。同时，

这也解释了为什么这些类型案件的判决，从来无法仅仅适用一个简单的规则或一组规则而作出。因为如果这样做，便会超出了它们内在本性的限制。这些事情在争论者争诉的过程中所作出的假设中也有所体现。他们似乎理所当然地认为，一段关系是否能被成功创造将取决于在被最广泛接受、确定可行的参考规范框架下，对该段关系的历史性质和当下性质是否能进行尽可能多的解释。比方说，在莫利非和马度布所提出的、以争取他们婚姻地位的辩驳中，上述观点体现得尤其明显（参见案例八和案例九）。每个当事人都试图对生活中所出现的大量事件或意外进行说明，以证明他们的婚姻与形成婚姻基础的规范性构成因素要么完全相符，要么有着根本的不同①。上述观点也同样暗示出，茨瓦纳人已经认识到，被认为富于变化的修辞学技能，实际是一种将诸多参考规范和事件最可能的发展方向协调一致的能力。

因此，类型三和类型四的案例被自然而然地认为反映了个人利己主义的管理性活动，或者看起来这两类案例受到 mekgwa le melao 实用且巧妙的部署规制这两点也就不足为奇了。不同于类型一和类型二的案例，类型三和类型四案例的判决结果不能通过直接参考一组理论上可能将适用于该争论事实的规则而被提前预测。这是因为，可以适用的规则数量可能和争论主题以及所涉及的事实数量一样多。或许，这就是格鲁克曼和克里奇发现在一个并不是完全陌生的司法环境下，预测判决结果仍是如此困难的原因（参见原文第 10 页的内容）。茨瓦纳人也经历着同样的困难。正是因为对案例的解释可能千差万

① 对于这种一般修辞趋势的另一种描述，参见案例二十五。该讨论进一步阐明了我们对"论证先例"概念的应用（参见第三章）。一旦诉讼参与人对某案强加了某种规范，一系列相互关联的 mekgwa 便变得和诉讼相关。（具体讲，是一套将案件定性的 mekga，比如将定义为"土地纠纷"或"婚姻纠纷"）。该规范继而成为参考性的范例，在此方面，他的陈词都要依据范例而被组织和评价。

别，这些案例的结果变得不可预测，或许，这也是这些案例一旦发生，
238 通常将引起大量社会关注的原因。由于它们依赖于许多对于规范性规则来说属于外在的因素。这些因素中，最重要的是确切的习惯(manner)。在该习惯之下，双方当事人的人生轨迹在争论发生之时产生交集。同时，该确切的惯例(manner)包含了针对当前问题双方当事人所获得的有关支持，其先前管理性活动的影响，以及被呈现给其身边其他人、并被其他人所理解的、在争论发生之前针对对方在先行动等。其中还包括了，在不断探索争论过程中的程序灵活性的过程中，双方当事人或他们的支持者所取得的相对胜利(比较案例八中曼彻格尔·莱姆利帕代表马度布的活动)。但是，除此之外，修辞学因素的意义也非常巨大。这取决于茨瓦纳人对于诚实的观念。该观念来源于社会现实根本上是存在于某种构造该观念的习俗中的假设(参见第二章)。除此之外，并没有一套实际存在的社会事实可以用于反对当事人所述的内容或是其提议的真实性可以被立即判断出来这一论点。相反，坚持诚信在某种程度上将使得争议事件和有关当事人之间的交往行为被令人信服地和前后一致地解释。因此，虽然裁判人员通过提出尖锐问题的方式在一定程度上减少不善于表达的诉讼当事人的不利的情况会时有发生，但此时观察结果显示，能言善辩者依然能够常常在案件中胜出(或对案件结果施加较大影响)的情况就相对非常少见了。从争端解决机构的角度出发，机构将试图通过评估双方当事人自我陈述中对自己和对方行为的解释程度，以及通过考量各方相关目击证人对其诉讼请求的支持程度来检验争论者论述中的一致性和相对错误。然而，在特定争议的背景之外，指出一系列的“客观存在”、能够彼此一致地预测出相关案件诉讼的进程和判决结果的因素并不可能。事实上，正如我们已经着重强调过的，这与此类案件的真实形式相抵触。

对于类型一和类型二的争端及类型三和类型四的争端的对比已经在两者适用规则与判决结果的关系里被清晰地表述出来了。对于前者来说，通过一种自我证实的方式，mekgwa le melao 被理解为实际上是通过机械的方法对争端作出的判决。对于后者来说，判决结果无法以此方式被作出，但这并不意味着这类型的争端并不受规则所限。事实与此完全相反，规范性指令确实对争端本身和判决结果有所规
制，这是因为规范性指令必须被用于选择相关的事件和应用于其上的 239
规则。然而，在这里“规制”并不是指判决结果的作出，而是仅仅涉及争论本身和对判决结果有意义的构造。此外，因为判决结果的作出可能取决于争端解决机构对于某一双方当事人均认可的争论范例的评估结果，或是取决于两相对立的范式中的其中一个，也有可能依靠引入某一独立的范式，所以判决常常会满足在 mekgwa le melao 的要求。我们在此重申，该观念可被自我确证：尽管规范化的秩序自身包含普遍存在的可变化性，但对于日常生活来说，其适用结果仍应是可预测的。

如果我们将上述所有内容结合起来，茨瓦纳人意识形态中明显的二元性将可以得到解释。因为，很明显，该二元性体现了日常生活经历的本质。更为简单的是，规范性命令在被一贯认为可用于规制争端程序的同时，还可以成为战略性谈判的客体。这是因为，争端程序远非都是一种模式，而是包括了一系列的形式，其中每一种形式都可以凭借存在系统性区别的争论模式和参考规范被辨识开来。在一个极端上，涉及彼此之间关系已经被相互承认的人们之间的案例被认为具有高度特殊性和可受规则制约的性质。同样的，这些案例将在表面看起来与相应争端极为精确对应的规则限制之下被陈述、呈现以及裁决。在另外一个极端上，对于 mekgwa le melao 和针对规则适用优先性所作出的论点的有竞争性的部署以及/或对于特定法令的说明，是

论述本身有意义的基本构成中的功能之一。的确，因为指令中所包含的规则在抽象意义上并不具有相应的价值，采用不同争论范式的诉讼当事人必须默示承认，或明示声明他们各自所遵从的标准参考规范。由于对茨瓦纳人来说，这是自己就可以代表自己，原告和被告通常扮演着对手的角色，其通常情况下的诉讼请求时增加收益，减少损失。与此同时，诉讼过程和判决结果最后总是以 mekgwa le melao 的观点被作出并合理化。结果是，争端程序通常得以维持住其外在的规范性，尽管在这些案件中，判决结果很难被预测出来。

然而，包括但不限于双方当事人对抗的背景之下，当事人之间的
240 交集被视为自其产生之时便受到严格的规则限制，但同时又是可协商的；有标准化的形式，但又能体现出实用性的利己主义特点。对于茨瓦纳人来说，争端过程是日常生活的缩影。正如我们在第一章中所谈及的，在茨瓦纳人对他们自己世界的特征描述中，对于整个社会过程来说，争端过程似乎承担了一种换喻关系。比方说，在描述首领地位、惯例安排或者政治上的继承过程时，他们所强调的内容在表面上是法律的。因此，茨瓦纳人对于争端过程概念中的双重性特点使得其日常生活中的意识形态特点实例化并不让人感到惊讶。后者也被认为在受到 mekgwa le melao 规制的同时，依然充满竞争性的个人主义特点。无须重复，茨瓦纳人的二元性来源于这样一个事实，即争论的内容和形式，如同我们为了说明争论的逻辑而建立的模式一样，牢牢扎根于那个世界的基本章程之中。这同时也被包含在一个假设中，即被普遍认可的社会关系必须与一组明确的标准规范相对应。这些规范确定了与任何关系相适应的行为礼节。同时，只要双方有意维持彼此间的关系，双方当事人之间所发生的所有争论根据相对应的规则，都是可解决的。但是，与此同时，围绕着任何人所直接接触的社会环境都被认为是模糊不清且具有潜在威胁性的。因此，个人将会被卷入对其影

响最为直接的社会关系的创新和管理过程之中。这是日常生活的固有特点。结果，当事人对于彼此间很多联系的相互认可，往往只是暂时的。此外，尽管他们的协商过程必须以 mekgwa le melao 的方式来表达，协商结果仍然不能由标准化的测算完全推出。茨瓦纳人意识形态的二元性，在其应用于解释争端过程的紧急状态和应用于解释茨瓦纳人生存环境所包含的性质时，并不完全是矛盾的。该二元性的实验属性在社会文化系统的构造中已经被确定了。

我们猜测，对于茨瓦纳人争端过程逻辑的这个解释，可以推广应用于超出茨瓦纳人世界的范围。该解释解决了一系列长期存在于法律人类学领域的实质性问题。首先，它阐释了规范性裁决的问题，指 241
出了为什么在应用既定规则的前提下，什么行为可以用来解决冲突和对抗或是冲突和对抗在适用某种规则时可以得到解决的程度都无法被预测。这同时意味着，任何与互相竞争的解释性范例之间的关系类似，采用以规则为中心的方式，反对功利主义或交互主义的辩论，在理论上都是站不住脚的。就如同无论处于何种人物关系背景下，这类论调都误导着人们，并将日常生活中所发生的一切事情都缩纳为习惯和利益之间的战争。我们主张，每一个社会文化系统由以下内容组成：(1) 一组规范的条件，在该条件约束下人们之间的交往可以顺利进行，且变得有意义；(2) 人们交往过程中一旦发生矛盾，解决问题所能得到的价值和效用；(3) 能够表达出它们含义的意识形态。因此，争端的逻辑，事实上是所有社会秩序的逻辑，都必须最终存在于这些生活秩序元素之间关系的总和之中。无论是对于规则本身或是其效用，分析上的优先属性都将不可避免地抑制社会经验的自然状态和其针对其内在复杂的、尚未完全为人所知领域的系统性建构。

正如上述内容所暗示的，通过强调争端程序中某一或某些维度具有分析意义上的优先性，而反对法律人类学兼具相互对立的“以规则为中心的”和“过程性的”两特点是错误的。以规则为中心的范例通常强调社会秩序中规范性和制度性的方面，以及对于意见不同情况出现之时的化解方法。而过程性的范例则强调社会冲突的内在性质和规则的谈判协商过程的同时，作用于对利益的追求。正如我们的模型所说明的，由于他们所提出冲突的维度恰好被包含于某一解释方法中，因此上述两个重点的局限性可以得到突破。该解释方法对冲突模式的范围和有关冲突模式形式和内容特点的系统差异给予了应有的承认。

最后，对于曾经意欲成为对不同制度进行比较的基础的法勒斯封闭守法主义（Fallers，参考原文 15 页）是否可以被广泛地应用在茨瓦纳人世界中争端类型的线性连续过程中，应进行适当的观察。在这个
242 过程的一端，案件呈现与民间典型“法律”对抗模式紧密对应且对外公开的表象。在另一端，案件的特点显露出更具分散性和“政治性”的迹象。然而，这些争端模式描绘出了该单一连续过程的两极的这一事实，强调出划分争端在“政治层面”和“法律层面”之间明确区别的危险性（参考 Abel，1973）。茨瓦纳人并不愿意对此区别进行明确。事实上，在他们看来，“政治性”的案件在很大程度上是无法与“法律性”的案件相区别的。产生该两类案件的场合，就如同案件所表现出的修辞形式一样，是完全相同的。原因很简单，因为政治管理的主导模式包括了对等级地位和关系的谈判协商，所以大多数的此类案件属于类型三和类型四的争端。更为普遍的观点是，通过精心构建一个过程化的形式、内含形成不同的对抗模式的秩序模型，以证明存在某一接合点，且在该接合点处我们可以通过其他方式使一个案件的“法律性”特点具体化，进而使其与其“政治性”的形式有所区别变得可能。

第八章　结论

243

在第七章里，我们整合了关于规范秩序的性质以及茨瓦纳人认知和安排的方式的种种争论。把这样一个秩序与这个秩序所处的整体社会文化语境联系起来，我们解释了争议程序的基础逻辑，特别是参考了婚姻和财产的继承。这么分析的时候，我们试图解释形式上的系统化的变化以及这些程序的决定，同时也试图解释弥散于茨瓦纳人生活的意识形态的多元化。考虑到我们在茨瓦纳人人种志的框架里这样建立起我们的分析基础框架，我们现在考虑一些更加一般化的适用。

最直接的是，这样的分析再次确认了关于去掉"法律"作为一个独立的探究领域的现有的疑问。关于"法律"应当适当地在考古学调查中成为一个独立的和有优越地位的领域的说法有着长期和令人尊重的历史；这个说法甚至存在于拉德克里夫-布朗在他自己提议的"社会生理学"的核心地位之前。但是，最近对这个立场有了一个逐渐增长的反应(见第一章)，这个反应部分是在实证基础之上的，绝大部分小规模的社会缺少制度安排或者程序，以至于不能成为"法律"。这隐藏了这样的观点，一个狭窄定义的，以司法为起点的法律人类考古学在最多是可以在一个相对比较少的，高度中央化的体系里才能存在的。也许，这个考虑说服了法勒斯(Fallers, 1969)提出他的“法律主义”的统一体，将法律视为一个为了比较分析的目的而存在的变动因素。这种解决办法仅仅用一个分类学的方式取代了问题；因为，暗示的是，
244 “法律主义”的社会对法律为中心的分析仍然是经得起检验的，而其余的则需要另外的方法说明他们冲突解决冗长的程序。但是，这一议程使得法律人类学已经确立起来的范式更加尖锐地对立于它们现在的表征。实际上，它可能将两种“地区化理论”具体化到与研究亲属关系的联盟和血缘理论一起发生的那样。更加重要的是，它没有解答实质性的批评，这些批评的提出是建立在这些范式的假设之上的(第一章)。

这些都已经清晰地带入到茨瓦纳人的种族论的内核之中。有了他们政府的官僚体系，司法性质的争议结局机构以及规则和程序的良好集合，茨瓦纳人应当假设性的与任何非洲人种一样合适作为以规则为中心的分析的对象。但是，我们已经展示了这样一种传统——尽管事实是夏培拉的经典分析牢牢地基于这样的事实——不是也不能完整解读茨瓦纳人争议程序的实质。另外一方面，功利主义和个人主义的方法也不能提供一个充分的解读。在这些部落里，争议横跨了那些清晰地由“法律”规则规制的案例和那些看上去是利益驱动的政治性的对立(见第四章和第七章)。然而，这里想要说的不是简单的在一个语境里不同模式同时存在(Gulliver, 1979: 19)，但是它们系统性地相互关联。它们一起是一个单一逻辑的转型，它们不同实现被表述在一个关于关系和意图的描述之中，这个描述构成了任何特别的行动。正如我们已经强调的，茨瓦纳人的数据要求一个分析性的方法，而这个方法可以看作是形式和决定的多样性。我们将要争论的是，同样的事情在其他社会文化语境中也是真实的，包括我们自己。

如果我们的认知强调了分类学上的简化论和西方模式分析适用于其他“法律”文化，那它不仅仅是消极的，因为一些构建性的暗示将从中发展出来。比如，茨瓦纳人诉讼者和法官对他们规则的以“资源导向”的方法与规则和结果之间的假设关系形成鲜明对立——从盎格 245
鲁撒克逊法律制度幼稚的观点演化过来的——已经频频被运用到小型社会的研究中去。正如我们已经显示的，这其实是有误导性地基于法律决定论者的假设在茨瓦纳人争议中寻找可以预见性的规律。这样的展示不仅仅重述了类似的告诫：传统的（西方）学者智慧可能不能在分析概念的包装下非常好地出口出去；更加重要的是，它也建议在茨瓦纳人的争议程序的逻辑中包含了系统性的变化，而这可能在其他情况也找到类比。相同的事情可能被称为是针对那些在一个或一系列案件中的争议解决机构放弃适用的规则引用的规律（见第三章）。在西方法律制度中，这样的规则会被视为是“错误的”，可能失去它们的有效性。在茨瓦纳人之间，他们仅仅从中撤退进入 mekgwa le melao 的一般性，通过使用有差别性的演讲形式而从一个特定的结果分离出来；他们这样仍然能够被再次引用，在一个稍晚的场合，没有任何暗示会失去有效性。结果是，在一个文化中给予法律规则的地位不能在其他文化中被想当然的是一样的，这已经被证明是这样的情况。然而，同时，我们已经在茨瓦纳人的个案中展示了规范性的说法方式的样式和争论范式构建的联系，而这种联系可能在他们世界之外也有某种适用性。①

这里的结论可能也可以扩展到婚姻和财产继承的非洲制度的分

① 事实上，我们研究的一个核心的假设是对语义和演讲形式的考察对争议程序的分析是关键性的因素。总体而言，即使是最好的法律人种志学者而言，这个方面在很大程度上被忽视了。但是，相当明显重要的是，如果一个人能够理解规则的安排和规则同程序之间关系的话（Bloch, 1975）。

析之中。我们在第五章和第六章中已经指出，法律概念已经被自由地利用。有时，这些概念的变种已经非常精致，但是他们已经被非自我意识地被占用，也没有理论上的反映。就姻亲形式而言，这样的人种志为中心的分析趋势已经经常地对数据设置了相当的限制，因为从最近的关于非洲的分析来看，这已经变得越来越明显了（见 Roberts，1977；J. L. Comaroff，1980）。在茨瓦纳人的框架里，已经不能很可靠地作出这样的在我们制度中习以为常的结论，遵守正规的程序和有效
246 性之间存在必然的联系。然而，用法律的方法去研究婚姻会继续在其他小型社会里广泛应用，并且怀疑仍然存在，这个方法的合理性更多地存在于人类考古学学者们的预设而不是由数据本身建议的任何东西。[①]

类似的，普通法上继承的分类只关注财产在死后的转移，在研究非西方制度的时候也已经被广泛利用。夏培拉（Schapera，1938）早期的关于茨瓦纳人财产继承的著作中也当然是这种情况。然而，正如我们已经显示的，重要的隔代转让也发生在其他的场合，已经有了许多努力将继承同死亡分离开来。这样，对后者排他性的关注，或者在一个完整的程序中的不同阶段的分割性的对待，不仅必然产生一个被扭曲的分类，而且会导致物质对象的转移从赋予其意义的整体场景中切除开来。我们再一次争论，在任何一个社会，此类分析性的限制的预先设置会暴露在重新产生社会秩序和他们在活着的社会里冲击社会的方式。在茨瓦纳人的社会里这一点会变得异常明显，在这样的社会

① 同时应该被注意到的是，分配婚姻权利和法规之间的联系以及遵守正式程序在北美和英联邦国家正在经历的变化。一个实质性态度的变化已经被一些最近的关于非婚同居者之间的财产权的争议说明了，比如英属哥伦比亚家庭关系法（1972）。这些变化对同居者之间的维持义务作了规定。具有讽刺意味的是，法律对待婚姻的方式在西方社会反而不太适用；在这些情况下，从非洲发展而来的社会文化模式可能反而渐进地提供更多的信息。

里地位和财产关系彼此之间是精确地方化的;这方面茨瓦纳人并不是唯一的。

小结一下,我们的观点不是单单重述和主张概念上的人种志中心主义,而这个观点经常被提到法律人类考古学现有范式的高度,我们的观点是建议一些方法对茨瓦纳人的制度进行分析,从而在其他社会能够也能列举我们对安排的理解。但是,正如我们已经不断强调的,这要求对方法的分析既要解读争议过程的完整逻辑,又要说明它的系统性的概念化。我们在这里试图发展的正是这种方法。

在这本书的开头,我们提出在法律人类学中理论发展的相对缺乏可以部分地被解释为是两个主要分析传统的平行和独立发展的结果。在 20 世纪 20 年代之前,法律的比较研究是主要的学术乐观主义的核心,因为它承诺了照亮了社会科学家们核心关注的问题:在那个时 247
期,不同的社会是如何整合在一起的,如何管理冲突,如何适应变化。无须否认的是已经有了巨大的成就,特别是在个人人种志方面。这个已经被特别地指出,我们将要建议的是,正是在这些努力被作出的时候,以某种方式直面那些问题从而超越了互相竞争的范式,正如格鲁克曼有时候成功做成的那样。然而,范式差异的变化和凸显,一个同时发生的系列的心照不宣的概念方面的反对:这样一个关于规则和机构安排的强调就成了一个正统的分析方法上的优先方面,正如在其他方面的社会行为和过程一样。结果是,对规则和程序的关系鲜有调查,除了对那些有限制的功能性的或者交易性的规则有所研究之外。大多数的法律人类学家们将这个问题搁置一边,把问题转移到一个想当然的"理想"和"现实"之间巨大反差的领域。后见之明,很容易观察到这个反差不断地模糊争议的逻辑,特别是规则和程序的理解。我们已经试图展示,在茨瓦纳人之间的那个社会领域被认知为是有流动性和可谈判的时候,根据在日常生活中的互动和冲突中现实被持续地构建和管理，mekgwa le melao 代表了一种象征性的语态。与“现实”的世界有本质差别，与构成一个“理想”的秩序截然不同，文化上所描述的规范性的集合不断地被茨瓦纳人在社会活动中发明和安排，而后者提供了一个框架，在这个框架中特定的 mekgwa 的价值也许被实现或转化。简言之，尽管两者之间有经典的反对，规则和现实存在于一个必要的地方性的关系之中，这个关系把形式给予茨瓦纳人经验的方式和他们如何把握自己世界的方式。这个暗示了，规则中的变化在社会文化系统中的转变取决于土生土长的意识；并且，当它们这样的时候，他们对未来的社会过程产生了结果。从这个角度看，法理学的一个主要的和有困难的问题是模糊的。我们将这个“差距”的问题——所谓
248 的因为规则和行为明显的差别被称为是不能被说明的——一旦规则和行为被视为产生相同系统起源的时候这些差异就停止存在了。

这将我们带到了最后想加以评论的一点。为了说明规则和程序之间的关系和争议的性质，我们已经对说明冲突多元化模式的模型有了说明，并且试图把这个置于一个社会文化系统的逻辑之中。为了这样的目的，我们已经避免了目的论的假设，即争议解决对秩序的维护所做的贡献，以及结构需求所作出的程序性结果的机能性决定。我们也已经避免了一个社会或者作为涂尔干(Durkheimian)意义上的道德宇宙的概念，或者作为曼彻斯特学派(Manchester School)传统的地方性冲突和对抗的一个领域。此外，正因为我们还没有将冲突过程归纳为一个社会结构的机制性附属那样，我们还没有试图展示社会文化系统的构成，精确地说是因为它把形式给予了道德互补和社会对立的对立领域，构建了一个清晰的链接和价值的秩序。这些进而重构了在秩序语境里的被加以谈判的关系和利益，这样就形成了重构过程的形式和内容。

在展示这个构建的过程中，我们还未曾简单地从先前的努力中游

离，先前的努力说明了冲突和社会秩序的关系；更加实质的是，我们发现有必要对社会文化系统本身规划一个特定的分析概念。为了对这一体系的性质加以解释，已经被证明的是，非常关键的是在居住的世界的表面形式和它的组成原则之间加以区分，并且建立一个联系；而在另一方面，检查日常生活现象学和给它实质意义的结构之间的辩证关系。

从方法学的角度看，有一种分析上的成熟度——或者甚至有一种循环——在此中间。一方面争议的逻辑最终置于包容性的体系之中，可以以此加以解读。但是，另一方面，在冲突的语境之中——当人们 249
对他们的社会地位加以谈判，并且深入其中——那么那个制度的特点也就体现了出来。因为这是真实的，争议的过程也许提供了一个揭露总体社会文化秩序的关键因素。正如我们在一开始就说明的那样，保持一个分立的法律人类学的争论是没有吸引力的，如果这个争论暗示了“法律”持续的具体化。但是，对争议的分析提供的对其他文化的精致的复杂性的理论观察没有提供有力的反驳。

附 录[*]

怀念西蒙(一)

约翰·科马洛夫[①]

我对西蒙的记忆可以追溯到 1969 年,那时候我们在博茨瓦纳见到了对方,是通过夏培拉(Isaac Schapera),也是一位伦敦政治经济学院的法律人类学老前辈和忠实成员,而相互结识的。自那时起,我们两个人的生活,包括两个家庭的生活都紧密联系了起来。在我们共同写作的过程中,西蒙对我而言是一位无比耐心的良师益友,教会了我数不清的内容:有教育方面的,有个人生活方面的,有道德上的,有学术上的。实话说,除了聆听和阅读许多这所英国名校老一辈教授们的课程和著作之外,我在法人类学方面的训练实际来自这位当时年轻的讲师——西蒙·罗伯茨。他对法律的认识,对法律的探索,都那样新颖、自然,令人着迷而又富有力量。西蒙毫无疑问是我在过去四十多

---

* 附录收集的四篇文章非原书内容,为译者邀稿收录于本书。

① 本文是约翰·科马洛夫(即本书第一作者)于 2014 年 9 月 30 日在英国伦敦政治经济学院 Shaw 图书馆举办的西蒙·罗伯茨教授追思会上的书面发言。

年的学术生涯中所认识的最为大度，最关心他人的学者。但是，即使他没有丝毫的傲慢，他也从来不会向自己的原则妥协。事实上，在贫瘠却充满斗争的学术政治领域中，西蒙一直是打一场好仗而可以依赖的战友。我经常发现自己向我的学生重复那些西蒙对我说过的话。他说那些话的时候是那样的优雅、明智，每一个充满无言智慧的举动都体现出他敏锐的批判性思维，和他从不屈服的人格。

尽管我们俩有许多生动的对话，尽管我们俩都是会持有坚定意见的那类人，但我们也只在两个真正实质的问题上存有分歧。这两个分歧都可以展现出西蒙作为一名学者和作为一个绅士的特色。第一个分歧发生在 1979 年我们共同写作《规则和程序》一书的时候。我希望在书的简介中加入实践理论的影响以及与我们工作的相关性；西蒙却不同意，担心这样会落入俗套。去年去世前，西蒙为这本书的中文译本写了序言，其中提到了我们的这个分歧。在回忆中，西蒙承认自己当时的决定是错误的，即使这么多年来我一直不确定他真的错了。他不愿意涉及最新颖的事物。一方面是缘于从恒定、严肃、稳重的沉思而转变来的大陆思维，另一方面也是缘于他担心这些新颖的事物仅仅是智识上的流行本身。最后情况表明——同样西蒙最后在克服误判的个人能力的帮助下意识到——实践理论并非仅仅是轻浮的法式花哨。

我们的第二个分歧，是关于在一本法律文化方面的由一位著名的常春藤高校学者所写的专著。我同意支持这本书，并不是因为这本书的质量，而是因为我相信美国的实在法学派理论亟须考虑文化的方面，简单说这是个非常需要的并且非常好的视角。而在看完了这个小册子后，西蒙针对我的赞扬，严厉地提出了堪称他最辛辣的评价。他很直接地说，这本书的低质量并不满足重要图书馆对法与社会书籍的收藏要求。他完全正确。一个低级的学术成果并不能因为它讨论了重要或新颖的话题而得到正名。当我再见到他的时候，他温和地说：“你确实明白不该那样做了吧?”我感觉自己就像一个刚刚从父母那儿偷了钱的孩子一样羞愧。但不知怎么的，西蒙总是明白怎样才能以没有一丝不逊和不尊重的方式来引导和指责我。难怪大家都是那样的爱戴他、尊重他、关注他。

西蒙·罗伯茨作为一名法人类学家和法学学者的影响必将持续很长的时间。他是他那个时代真正的巨匠，无论是在北京、旧金山、开普敦还是哥本哈根，都分布着他的读者。作为学者的西蒙将被深切地怀念，作为一名绅士的西蒙则更是如此。和玛丽安这位同样值得尊敬的人一样，他将自己的全部和真心奉献给了数不清的人们，给他们带去了独特的、难以计量的、不可消除的影响。

怀念西蒙(二)

尼可拉·莱西(Nicola Lacey)[①]

能够写一些西蒙对伦敦政治经济学院法律系的贡献是我的荣幸。

也许值得我以这样的方式开始我的回忆。我们很有可能并没有那么幸运地在法律系获得西蒙非凡的同事情谊。他曾经告诉我他是如何被任命到法律系的。当时的伦敦政治经济学院的院长(Director),经济学家悉尼·凯恩(Sidney Caine)爵士,这么对他说,"罗伯茨先生,我想过了,还是把你安排到法律系吧"。这除了让我们有机会对一个非常不同的,也未必非常专业化的伦敦政治经济学院有一个精彩视角之外,也说明在五十年之前的学术生活的景象。值得这么讲,在1964年,一个法律学者是非常难得可以分配到几个院系的。这也就是我为什么会说,西蒙作为我们的同事是我们莫大的幸事,因为也的确可能西蒙会被安排到其他系,比如人类学系。当然在他的学术生涯里他也对人类学系作出了杰出的贡献。这也以一种方式深度地说明西蒙带给法学界的智力经验和努力是多么宽广。

对我而言,西蒙对法律系卓越的贡献在于三个特殊方面:智力的、个人的和政治的——尽管很难将三者割裂开来,因为它们是彼此联系的。

在个人层面,是西蒙的魅力、乐观,以及与作为群体的同事间持久

---

① 伦敦政治经济学院学院法律、性别和社会政策教授(School Professor of Law, Gender and Social Policy)。本文是作者在伦敦政治经济学院法律系2014年9月30日举办的西蒙·罗伯茨教授追思会上的发言。

而人性的交往，以一种与众不同的方式同他相当的力量和热情结合在一起，使得他作为一个半个世纪之久的同事成为法律系持久而非常不同的一面，事实上，对整个伦敦政治经济学院也是如此。他经常会可爱地眨一下眼睛，刚才几位致辞嘉宾已经有所评语，立即点亮了显示他钢铁般决心的热情：接下来的总是他的机智和幽默调节着气氛。必须承认的是，他的乐观有时候会导致令人发笑的情况。有件事令我难以忘怀的是他在作为法律系系主任的时候，他希望通过安排一定的时间讨论每个议题的方式凸显这些问题成比例的重要性，为法律系会议注入一些临时的纪律。当然，这种努力是失败的。这种失败在他脸上有过一丝疑惑。但是他是一个非常有经验的争议解决方面的学者，显然这样的失败不会分散他领导法律系的注意力，特别是在伦敦政治经济学院和伦敦大学所处的历史关口。

从政治和道德角度看，西蒙对自己的学术生涯是绝对投入的，这包括了他对以最高标准进行教学的严肃执着，以及在研究方面达到的成就。他自己是一个广受欢迎的教师，他也是一个很好的导师。对西蒙而言，让伦敦政治经济学院的法律系成为一个更好的地方，一个智力上特别的地方，一个在完全社会语境里能够产生智力启迪的地方，是他最核心的本色，而他也对社会和法律的实证研究投入了同等重要的心智。当然，这是因为他的智力水平激发和奠定的基础：尖锐但是广袤，结合了他的热情，出品杰出的成果，而这些成果聚集了他的核心观点，即法律是社会科学的核心。

怀念西蒙的另一个维度是，他是这个法律系所有值得称道方面的楷模：这个法律系的智力雄心，教学标准，学术和同事之间的和睦相处。这些汇集了西蒙所有的品性——个人魅力、温暖和生命中的喜悦；政治方面的热情，智力视角和广度，这些都能够使他，以最安静的方式，为这个法律系带来了不可磨灭的印记，并且确保它成为一个世界上最好的法律系。

西蒙是一个经常提到他自己是如何幸运的一个人。但是对我们来说，能够和他成为同事真是我们的幸运。

怀念西蒙(三)

彭文好(Michael Palmer)[①]

能够被邀请到伦敦政治经济学院参加西蒙·罗伯茨教授的追思会是我的荣幸。

我与西蒙合作授课长达二十多年,并且一起合作撰写了两个版本的《争端解决: ADR 和作出决策的主要形式》(*Dispute Resolution: ADR and the Primary Forms of Decision Making*)(两个版本分别为: 1998 年,伦敦 Butterworths 出版社;2005 年,剑桥大学出版社)。我喜欢他在与我整个合作过程中所展现的善意和优雅的友谊。

即使是今天,我有时候还不得不在星期五的早上掐一下自己以便提醒自己说,我们固定在上午 11 点一起讲授的 *Alternative Dispute Resolution* 这门课不再是我在早上可以期盼的事情了。西蒙的课有时候是面对一百多位学生,但他非常周到的授课技巧足以重要到使得这门课有时候更像是一个小讲座。如果没有这门课,我不会和西蒙有那些愉悦的课后午餐,我们在午餐时和学生一起回顾当日上午课程的进展,并且期待着下一次授课。我真的非常怀念那些星期五的上午!

西蒙的顾虑——同时也是我的顾虑——是 ADR 这个术语代表的程序及其演进,特别是在普通法系国家,它包括了一种意识,即诸多诸如调解的程序不会成为有自我利益的国家机构和大商业的产物(特别是法院和仲裁机构),也不会成为可以收取高额服务费用的律师和其他种类的专业服务。取而代之的是,ADR 应该是一种民主化的过程,

① 伦敦大学亚非学院教授、汕头大学法学院前任院长。本文是作者在伦敦政治经济学院法律系 2014 年 9 月 30 日举办的西蒙追思会上的发言。

赋予任何争议方在任何时候都有能力去解决他们之间的分歧差异注入能量。在采纳这样一个批判的视角后，我们或多或少都被狄更斯的小说《荒凉山庄》里对诉讼惨淡的描述所影响，毫无疑问，至少也部分反映了我们一起走过林肯律师学院边上草地时，在林肯律师学院门口穿过异样注目礼而得到的体验。

我对西蒙学术方面的回忆的另一个方面是他坚持反对“法律”在比较法领域里的过度扩展。他对这个问题的解读沿袭了哈特对法律的理解，也就是放弃过于执着地基于“法律认知”的概念。西蒙的观点是，这样的规则意味着国家机制机构——法院、法规和警察——紧紧束缚了我们对法律过于正式的和西方国家机构意义上的法律观点。另一方面，在知识界对在比较法和社会-法律研究中“法律多元主义”逐渐与日俱增的关注问题上，他的观点是这个概念太过容易地被用来将不同的未必是“法律”的规范性领域定性为“法律”。那些研究多元主义的比较法律师能够获得的最好建议是避免这种过于自信的法律观，而需要更加精准地确定什么是或不是“法律”。

我同西蒙一起合写了很长一段时间，不仅仅是合作撰写我们书稿里的章节，还包括为了我们彼此能够更好地在课堂上授课的教案。我必须告诉大家的是，我们之间鲜有分歧，写作过程本身就像是著作和讲座、授课涉及的主题——谈判模式。古利佛（Gulliver）的谈判程序模型，令人愉快地缩窄分歧，玛丽安（Marian）适时、偶然并且有所帮助的调解，是我们之间合作的坚实基础。我们在批改学生作业的时候，也会不可避免地确信，我们在不知道学生姓名情况下批改的作业，会出乎意料地对学生的考核给予相似的评语。

我非常相信，今晚出席追思会的人群中有很多对西蒙的人生和工作非常赞赏。他作为一名学者和一个人的优良品质获得了非常广泛的认可。我怀念与他之间的友谊，我仍将继续我对西蒙的怀念。他的善意是我同伦敦政治经济学院其他同仁建立友谊的桥梁。我对西蒙长期学术生涯贡献的回忆是,我已经提到的他的智慧和道德承诺,他在分析、争论中的遣词造句、对做事的合适方法的精准固执都给了我很深的印象。也许我们可以从中得出这样的结论,虽然某些程度上有些矛盾,学术圈的所得可能是司法界的损失：尽管他致力于 ADR 和法人类学,但他的担心恰恰是对"法律"的过分强调。西蒙具备了成为一流法官的条件。

西蒙最后的独著作品是对伦敦城法院的研究——*A Court in the City: Civil and Commercial Litigation in London at the Beginning of the 21st Century*——作品完成于 2013 年。这部作品由 Wildy Simmonds & Hill 出版社于 2013 年出版。他决定选择这家出版社出版这本书的大部分原因是他决心支持 Wildy's 出版社作为一家合适的独立法律出版社所付出的努力。这本书出版在《比较法期刊》(Journal of Comparative Law)的系列集结(JCL Studies in Comparative Law)中。我对西蒙最后但是持久的记忆是西蒙在 2014 年 2 月抱病参加了《比较法期刊》举办的关于比较法和跨学科研究工作坊。尽管那个时候西蒙已经非常病重,甚至需要拄拐杖,可他仍然对很多报告者提出了非常慷慨、锐利和有力的点评。

为了西蒙的友谊、他对《比较法期刊》的贡献,和我仍然亏欠他的那么多事情……我想说,谢谢,亲爱的西蒙。

怀念西蒙(四)

沈 伟*

这本书的翻译始于2010年末,单单版权方面的协商就经历了一段时间。2012年西蒙的第一本中文书《秩序与争议——法律人类学导论》由上海交通大学出版社成功出版。西蒙对该书的出版十分兴奋,然后这本书的翻译也就提上了议程。本书的翻译断断续续,一来是因为原著精深,期间还不时需要同原著作者沟通,了解一些文字在语境中的意思;二来诸多教学研究事项拖延了翻译的进程。遗憾的是,2014年4月30日,西蒙在伦敦过世,这本书也就成了西蒙的绝响。

认识西蒙是在2003年10月。虽然已有十年有余,那次见面仍然历历在目,恍如昨日。伦敦的10月有些凉意,不过同西蒙的见面却是轻松惬意的。西蒙亲切随意,他还有英国人特有的幽默。我向西蒙谈了博士论文的计划和主题,很有雄心地讲了自己想在《纽约公约》的研究中运用法经济学、达尔文进化论和博弈论。西蒙很投入地倾听了我的想法,他的频频点头给了我很多鼓励。他唯一的要求是让我把写作计划再细化为一个大纲,以便他备案。之后,我们开启了长达十年的师生之旅。

我的博士学习跟许多人不同。我在伦敦待了一个学期,研修了两门必修课,之后在西蒙的首肯下,我转为非在职学习,前往香港执业。学校需要导师签字,西蒙非常支持我的决定。法律是经验。这是我们两人共同的认知。

---

* 即本书译者。

和国内许多博士生导师不同，西蒙觉得博士学习是学生自主的过程，导师的作用在于指导，而不在于督促。这给我留下很深的印象，也潜移默化地影响我现在的工作。在这十年里，西蒙践行了他的承诺，他鲜有主导性的安排，大多数的情况是，我写完一章草稿，他阅读并点评。尽管是非全职学生，我的博士论文写作基本上顺利，最后在 2008 年通过答辩。

博士论文真正大功告成是能够得以出版。我的论文最后在 2013 年出版，他热情地为书撰写了前言，对研究的路径大加肯定。从 2003 年第一次见面到 2013 年论文的出版，正好见证了我们十年的交往。我和西蒙在这十年里的点滴来往可谓清淡如水。我们大多数的情况下是电邮联系，在答辩之前，我大概每年去伦敦一次。我们难得见面，但是每次见面涉及的话题其实非常广泛。我们会谈论学术生涯的艰难、社会的变迁、人世的变化、英国的对外政策等。西蒙在言谈中从来都是幽默风趣而淡定从容，透出一位学者的饱经阅历但又不失优雅。2013 年是比较特别的年份，我有幸安排西蒙造访了上海，并参加了法与社会的国际学术研讨会。他对造访上海非常兴奋，回国后还专门写电邮回忆上海之行。

人在旅途，遇到良师益友知己是幸事。西蒙于我如是师亦是友。西蒙就像伦敦给我的印象，优雅而淡然。伦敦政治经济学院于 2014 年 9 月 30 日举办了西蒙的追思会。他的许多学生从美洲、亚洲、非洲、欧洲等各地赶来，一起怀念作为学者和朋友的西蒙。肖恩图书馆济济一堂。他的同事们逐一发言，会场时时响起笑声和掌声。我听着关于他的点点滴滴，仿佛看见西蒙带着我走在楼梯上，时而回头一笑。

人生短暂而且多苦。作为一位学者，西蒙的人生无疑是有价值的，他用自己的学术努力留下了印记，影响了他的同事和学生，以及更多的读者。这本书姗姗而来的出版无疑是对西蒙最好的怀念。

参考书目

Abel, R. L.

1973 A Comparative Theory of Dispute Institutions in Society. *Law and Society Review* 8: 217 - 347.

Ardener, E. W.

1971 The New Anthropology and Its Critics. *Man* (n. s.) 6: 449 - 467.

Asad, T.

1972 Market Model, Class Structure and Consent: A Reconsideration of Swat Political Organisation. *Man* (n. s.) 7: 74 - 94.

Aubert, V.

1966 Some Social Functions of Legislation. *Acta Sociologica* 10: 99 - 110. (Reprinted in V. Aubert, ed., *Sociology of Law*. Harmondsworth: Penguin, 1969.)

Ayoub, V.

1961 Review: The Judicial Process in Two African Societies. In

Community Political Systems, vol. 1, *International Yearbook of Political Behavior Research*, ed. M. Janowitz. Glencoe, Ill.: Free Press.

Bailey, F. G.

1960 *Tribe, Caste and Nation: A Study of Political Activity and Political Change in Highland Orissa*. Manchester: Manchester University Press.

Barkun, M.

1968 *Law without Sanctions: Order in Primitive Societies and the World Community*. New Haven and London: Yale University Press.

Barth, F.

1959 *Political Leadership among Swat Pathans*. London School of Economics Monograph no. 19. London: Athlone Press.

278 1966 *Models of Social Organization*. Occasional Paper no. 23. London: Royal Anthropological Institute.

1973 Descent and Marriage Reconsidered. In *The Character of Kinship*, ed. J. Goody. Cambridge, Eng.: At the University Press.

Barton, R. F.

1919 *Ifugao Law*. University of California Publications in American Archeology and Ethnology 15: 1–186.

Beattie, J.

1957 Informal Judicial Activity in Bunyoro. *Journal of African Administration* 9: 188–195.

Berndt, R. M.

1962 *Excess and Restraint: Social Control among a New Guinea Mountain People*. Chicago: University of Chicago Press.

Blau, P. M.

1964 *Exchange and Power in Social Life*. New York: Wiley.

Bloch, M. ed.

1975 *Political Language and Oratory in Traditional Society*. London and New York: Academic Press.

Bloch, M.

1977 The Past and the Present in the Present. *Man* (n. s.) 12: 278 - 292.

Bohannan, P.

1957 *Justice and Judgment among the Tiv*. London: Oxford University Press for the International African Institute. (2d ed., with new preface, 1968.)

1969 Ethnography and Comparison in Legal Anthropology. In *Law in Culture and Society*, ed. L. Nader. Chicago: Aldine.

Botswana, Republic of

1975 *Statistical Abstracts*, 1975. Gaborone: Ministry of Finance and Development Planning, Central Statistics Office.

1976 *The Rural Incomes Distribution Survey in Botswana 1974 - 1975*. Gaborone: Ministry of Finance and Development Planning, Central Statistics Office.

Bourdieu, P.

1977 *Outline of a Theory of Practice*. Cambridge, Eng.: At the University Press.

Brown, J. T.

1931 *Secwana Dictionary*. Tigerkloof: London Missionary Society.

Butler, J., Rotberg, R. I., Adams, J. eds.

1977 *The Black Homelands of South Africa: The Political and Economic Development of Bophuthatswana and Kwa Zulu*. Perspectives on Southern Africa, no. 21. Berkeley: University of California Press.

279 Casalis, J. E.

1859 *Les Bassoutos*. Paris: Meyrueis. (English translation: *The Basutos*. London: Nisbet, 1861.)

Cohen, A. P.

1975 *The Management of Myths*. Manchester: Manchester University Press.

Cohen, A. P. and Comaroff, J. L.

1976 The Management of Meaning: On the Phenomenology of Political Transactions. In *Transaction and Meaning*, ed. B. Kapferer. Association of Social Anthropologists, Essays in Social Anthropology, no. 1. Philadelphia: Institute for the Study of Human Issues.

Colson, E.

1953 Social Control and Vengeance in Plateau Tonga Society. *Africa* 23: 199 - 212.

Comaroff, J.

1974 Barolong Cosmology: A Study of Religious Pluralism in a Tswana Town. Ph. D. dissertation, University of London.

1980 Healing and the Cultural Order: The Case of the Barolong boo Ratshidi. *American Ethnologist* 7: 637 - 657.

Comaroff, J. L.

1973 Competition for Office and Political Processes among the Barolong Boo Ratshidi. Ph. D. dissertation, University of London.

1974 Chiefship in a South African Homeland: A Case Study of the Tshidi Chiefdom of Bophuthatswana. *Journal of Southern African Studies* 1: 36 - 51.

1975 Talking Politics: Oratory and Authority in a Tswana Chiefdom. In *Political Language and Oratory in Traditional Society*, ed. M. Bloch. London and New York: Academic Press.

1976 Tswana Transformations, 1953 - 1975. Supplementary chapter in I. Schapera, *The Tswana*, rev. ed. London: International African Institute.

1977 *The Structure of Agricultural Transformation in Barolong*. Gaborone: Botswana Government Printer.

1978 Rules and Rulers: Political Processes in a Tswana Chiefdom. *Man* (n. s.) 13: 1 - 20.

1980 Bridewealth and the Control of Ambiguity in a Tswana Chiefdom. In *The Meaning of Marriage Payments*, ed. J. L. Comaroff. London and New York: Academic Press.

1981 Class and Culture in a Peasant Economy: The Transformation of Land Tenure in Barolong. In *Land Reform in the Making*, ed. R. P. Werbner. London:

280 International African Institute and School of Oriental and African Studies.

Comaroff, J. L. and Comaroff, J.

1981 The Management of Marriage in a Tswana Chiefdom. In *Essays on African Marriage in Southern Africa*, ed. E. J. Krige and J. L. Comaroff. Cape Town: Juta.

Comaroff, J. L. and Roberts, S. A.

1977a The Invocation of Norms in Dispute Settlement: The Tswana Case. In *Social Anthropology and Law*, ed. I. Hamnett. Association of Social Anthropologists Monograph no. 14. London: Academic Press.

1977b Marriage and Extra-marital Sexuality: The Dialectics of Legal Change among the Kgatla. *Journal of African Law* 21: 97 - 123.

Crick, M.

1976 *Explorations in Language and Meaning: Towards a Semantic Anthropology*. London: Malaby Press.

Cunnison, I. G.

1959 *The Luapula Peoples of Northern Rhodesia: Custom and History in Tribal Politics*. Manchester: Manchester University Press.

Dahrendorf, R.

1959 *Class and Class Conflict in Industrial Society*. Stanford: Stanford University Press.

Douglas, M.

1956 L'homme primitif et la loi. *Zaire* 10: 367 - 374.

Dworkin, R.

1967 The Model of Rules. *University of Chicago Law Review* 35: 14 - 46.

Epstein, A. L., ed.

1967 *The Craft of Social Anthropology*. London: Social Science Paperbacks, in association with Tavistock.

1973 The Reasonable Man Revisited: Some Problems in the Anthropology of Law. *Law and Society Review* 7: 643 - 666.

Evans-Pritchard, Sir E. E.

1940 *The Nuer*. Oxford: Clarendon Press.

1951 *Kinship and Marriage among the Nuer*. Oxford: Clarendon Press.

Fallers, L.

1969 *Law without Precedent*. Chicago: University of Chicago Press.

Firth, Sir R.

1951 *Elements of Social Organisation*. London: Watts.

Fortes, M.

1962 Introduction. In *Marriage in Tribal Societies*, ed. M. Fortes. Cambridge, Eng.: At the University Press.

1969 *Kinship and the Social Order: The Legacy of Lewis* 281
Henry Morgan. Chicago: Aldine.

Fox, R.

1967 *Kinship and Marriage*. Harmondsworth: Penguin Books.

Geertz, C.

1973 *The Interpretation of Cultures*. New York: Basic Books.

Gellner, E.

1970 Concepts and Society. In *Rationality*, ed. B. R. Wilson. Oxford: Basil Blackwell.

Giddens, A.

1979 *Central Problems in Social Theory: Action, Structure, and Contradiction in Social Analysis*. Berkeley: University of California Press.

Gluckman, M.

1955a *The Judicial Process among the Barotse of Northern Rhodesia (Zambia)*. Manchester: Manchester University Press. (2d ed., with two additional chapters, 1967.)

1955b *Custom and Conflict in Africa*. Glencoe, Ill: Free Press; Oxford: Blackwell.

1963 *Order and Rebellion in Tribal Africa*. London: Cohen & West.

1965 *The Ideas in Barotse Jurisprudence*. New Haven and London: Yale University Press.

Goldschmidt, W.

1967 *Sebei Law*. Berkeley: University of California Press.

Goody, J.

1966 Introduction. In *Succession to High Office*, ed. J. Goody. Cambridge, Eng.: At the University Press.

1973 Bridewealth and Dowry in Africa and Eurasia. In *Bridewealth and Dowry*, by J. Goody and S. J. Tambiah. Cambridge, Eng.: At the University Press.

Gulliver, P. H.

1963 *Social Control in an African Society*. London: Routledge & Kegan Paul.

1969a Dispute Settlement without Courts: The Ndendeuli of Southern Tanzania. In *Law in Culture and Society*, ed. L. Nader. Chicago: Aldine.

1969b Introduction: Case Studies of Law in Non-Western Societies. In *Law in Culture and Society*, ed. L. Nader. Chicago: Aldine.

1971 *Neighbours and Networks: The Idiom of Kinship in Social Action among the Ndendeuli of Tanzania*. Berkeley: University of California Press.

1977 On Mediators. In *Social Anthropology and Law*, ed. I. Hamnett. Association of Social Anthropologists Monograph no. 14. London: Academic Press.

1979 *Disputes and Negotiations: A Cross-cultural Perspective*. 282
New York and London: Academic Press.

Hamnett, I.

1975 *Chieftainship and Legitimacy: An Anthropological Study of Executive Law in Lesotho*. London: Routledge & Kegan Paul.

1977 Introduction. In *Social Anthropology and Law*, ed. I. Hamnett. Association of Social Anthropologists Monograph no. 14. London: Academic Press.

Hart. H. L. A.

1961 *The Concept of Law*. Oxford: Clarendon Press.

Hobbes, T.

1651 *Leviathan*. London: printed for A. Crooke. (Reprinted 1929. Oxford: Clarendon Press.)

Hoebel, E. A.

1940 *The Political Organization and Law-Ways of the Comanche Indians*. Memoir of the American Anthropological Association no. 54. *Contributions from the Laboratory of Anthropology*, vol. 4.

1954 *The Law of Primitive Man*. Cambridge, Mass.: Harvard University Press.

Hollis, M.

1970 The Limits of Rationality. In *Rationality*, ed. B. R. Wilson. Oxford: Basil Blackwell.

Horton, R.

1967 African Traditional Thought and Western Science. *Africa* 37: 50 - 71, 155 - 187.

Jeppe, W. J. O.

1974 Local Government in Botswana. In *Local Government in Southern Africa*, ed. W. B. Vosloo, D. A. Kotze, and W. J. O. Jeppe. Pretoria and Cape Town: Academica.

Kapferer, B., ed.

1976 *Transaction and Meaning: Directions in the Anthropology of Exchange and Symbolic Behavior*. Association of Social Anthropologists, Essays in Social Anthropology, no. 1. Philadelphia: Institute for the Study of Human Issues.

Koch, K. F.

1974 *War and Peace in Jálémo: The Management of Conflict in Highland New Guinea*. Cambridge, Mass.: Harvard University Press.

Krige, J. D.

1939 Some Aspects or Lovhedu Judicial Arrangements. *Bantu Studies* 13: 113–129.

Kuper, A.

1970 The Kgalagari and the Jural Consequences of Marriage. *Man* (n. s.) 5: 466–482.

1971 Council Structure and Decision-making. In *Councils in* 283
Action, ed. A. Richards and A. Kuper. Cambridge, Eng.: At the University Press.

1973 *Anthropologists and Anthropology: The British School 1922–1972*. Harmondsworth: Penguin.

1975a The Social Structure of the Sotho-Speaking Peoples of Southern Africa. *Africa* 45: 67–81, 139–149.

1975b Preferential Marriage and Polygyny among the Tswana. In *Studies in African Social Anthropology*, ed. M. Fortes and S. Patterson. London: Academic Press.

Leach, Sir E. R.

1955 Polyandry, Inheritance and the Definition of Marriage. *Man* 55: 182–186.

1961 *Pul Eliya: A Village in Ceylon*. Cambridge, Eng.: At the University Press.

Levi, E. H.

1949 *An Introduction to Legal Reasoning*. Chicago: University of Chicago Press.

Lukes, S.

1970 Some Problems about Rationality. In *Rationality*, ed. B. R. Wilson. Oxford: Basil Blackwell.

Maine, Sir Henry S.

1861 *Ancient Law*. London: Murray. (Reprinted by J. M. Dent & Sons as no. 734 in Everyman's Library, 1965.)

Malinowski, B.

1926 *Crime and Custom in Savage Society*. London: Kegan Paul, Trench, Trubner.

1934 Introduction to H. I. Hogbin, *Law and Order in Polynesia*. New York: Harcourt, Brace.

March, J. G.

1956 Sociological Jurisprudence Revisited: A Review (More or Less) of Max Gluckman. *Stanford Law Review* 8: 499 - 534.

Matthews. Z. K.

1940 Marriage Customs among the Barolong. *Africa* 13: 1 - 24.

1945 A Short History of the Tshidi Barolong. *Fort Hare Papers* 1: 9 - 28.

Mitchell, J. C.

1963 Marriage, Matriliny and Social Structure among the Yao of Southern Nyasaland. In *Family and Marriage*, ed. J. Mogey. Leiden: Brill.

Molema, S. M.

1966 *Montshiwa, Barolong Chief and Patriot*. Cape Town:

Struik.

Moore, S. F.

1969 Introduction: Comparative Studies. In *Law in Culture and Society*. ed. L. Nader. Chicago: Aldine.

1970 Law and Anthropology. In *Biennial Review of* 284
Anthropology, 1969, ed. B. J. Siegel. Stanford: Stanford University Press.

1978 *Law as Process*. London: Routledge & Kegan Paul.

Murphy, R. F.

1971 *The Dialectics of Social Life: Alarms and Excursions in Anthropological Theory*. New York: Basic Books.

Murphy, R. F., and Kasdan, L.

1959 The Structure of Parallel Cousin Marriage. *American Anthropologist* 61: 17－29.

1967 Agnation and Endogamy: Some Further Considerations. *Southwestern Journal of Anthropology* 23: 1－14.

Murray, C.

1976 Marital Strategy in Lesotho: The Redistribution of Migrant Earnings. *African Studies* 35: 99－121.

Myburgh, A. C.

1974 Law and Justice. In *The Bantu-Speaking Peoples of Southern Africa*, ed. W. D. Hammond-Tooke. London: Routledge & Kegan Paul.

Nader, L.

1965 The Anthropological Study of Law. *American Anthropologist* (special pub. *The Ethnography of Law*) 67 no. 6, pt. 2:

3－32.

1969 Introduction. In *Law in Culture and Society*, ed. L. Nader. Chicago: Aldine.

Nader, L., and Yngvesson, B.

1973 On Studying the Ethnography of Law and Its Consequences. In *Handbook of Social and Cultural Anthropology*, ed. J. J. Honigmann. Chicago: Rand McNally.

Needham, R.

1971 Remarks on the Analysis of Kinship and Marriage. In *Rethinking Kinship and Marriage*, ed. R. Needham. Association of Social Anthropologists Monograph no. 11. London: Tavistock.

Paton, G. W.

1964 *A Text-Book of Jurisprudence*. 3d ed., ed. D. P. Derham. Oxford: Clarendon Press.

Peters, E, L.

1980 Aspects of Bedouin Bridewealth among Camel Herders in Cyrenaica. In *The Meaning of Marriage Payments*, ed. J. L. Comaroff. London and New York: Academic Press.

Pospisil, L.

1958a *Kapauku Papuans and Their Law*. Yale University Publications in Anthropology no. 54. New Haven: Yale University Press.

285 1958b Social Change and Primitive Law: Consequences of a Papuan Legal Case. *American Anthropologist* 60:

832 - 837.

1965 A Formal Analysis of Substantive Law: Kapauku Papuan Laws of Inheritance. *American Anthropologist* 67 no. 6, pt. 2: 166 - 185.

1969 Structural Change and Primitive Law: Consequences of a Papuan Legal Case. In *Law in Culture and Society*, ed. L. Nader. Chicago: Aldine.

1971 *Anthropology of Law: A Comparative Theory*. New York: Harper & Row.

1972 *The Ethnology of Law*. Addison-Wesley Modular Publications, Module 12, pp. 1 - 40. Reading, Mass.: Addison-Wesley.

Radcliffe-Brown, A. R.

1933 Primitive Law. In *The Encyclopedia of the Social Sciences*, vol. 9, pp. 202 - 206. New York: Macmillan.

1950 Introduction. In *African Systems of Kinship and Marriage*, ed. A. R. Radcliffe-Brown and D. Forde. London: Oxford University Press for the International African Institute.

1952 *Structure and Function in Primitive Society*. London: Cohen & West.

Richardson, J.

1940 *Law and Status among the Kiowa Indians*. American Ethnological Society Monograph no. 1. Seattle: University of Washington Press.

Roberts, S. A.

1970 *The Kgatla Law of Succession to Property*. Gaborone: Government Printer.

1971 The Settlement of Family Disputes in the Kgatla Customary Courts: Some New Approaches. *Journal of African Law* 15: 50 - 76.

1972a *Tswana Family Law*. Restatements of African Law no. 5. London: Sweet & Maxwell.

1972b The Survival of the Traditional Tswana Courts in the National Legal System of Botswana. *Journal of African Law* 16: 111 - 113.

1976 Law and the Study of Social Control in Small-Scale Societies. *Modern Law Review* 39: 663 - 679.

1977 The Kgatla Marriage: Concepts of Validity. In *Law and the Family in Africa*, ed. S. A. Roberts. The Hague and Paris: Mouton.

1981 Arable Land Tenure and Administrative Change in the Kgatleng. In *Land Reform in the Making*, ed. R. P. Werbner. London: International African Institute and School of Oriental and African Studies.

Roberts, S. A., and Comaroff, J. L.

1979 A Chief's Decision and the Devolution of Property in a Tswana Chiefdom. In *Politics in Leadership*, ed. P. Cohen and W. Shack. Oxford: Clarendon Press. (Festschrift for Professor I. Schapera.)

Rose, A. M.

1956 The Use of Law to Induce Social Change. *Transactions of the Third World Congress of Sociology* 6: 52 - 63. London: International Sociological Association.

Sahlins, M.

1965 On the Sociology of Primitive Exchange. In *The Relevance of Models for Social Anthropology*, ed. M. Banton. Association of Social Anthropologists Monograph no. 1. London: Tavistock.

1972 *Stone Age Economics*. Chicago: Aldine-Atherton.

1976 *Culture and Practical. Reason*. Chicago: University of Chicago Press.

Schapera, I.

1933 Premarital Pregnancy and Native Opinion: A Note on Social Change. *Africa* 6:59 - 89.

1938 *A Handbook of Tswana Law and Custom*. London: Oxford University Press for the International African Institute.

1940a The Political Organization of the Ngwato in Bechuana-land Protectorate. In *African Political Systems*, ed. M. Fortes and E. E. Evans-Pritchard. London: Oxford University Press for the International African Institute.

1940b *Married Life in an African Tribe*. London: Faber.

1943a *Tribal Legislation among the Tswana of the Bechuanaland Protectorate*. Monographs on Social Anthropology no. 9. London: London School of Economics.

1943b Report on the Land-Tenure System of the Barolong Farms in the Bechuanaland Protectorate. Unpublished ms. , held by the Botswana National Archives, Gaborone.

1949 The Tswana Conception of Incest. In *Social Structure: Studies Presented to A. R. Radcliffe-Brown*, ed. M. Fortes. Oxford: Clarendon Press.

1950 Kinship and Marriage among the Tswana. In *African Systems of Kinship and Marriage*, ed. A. R. Radcliffe-Brown and D. Forde. London: Oxford University Press for the International African Institute.

1952 *The Ethnic Composition of Tswana Tribes*. Monographs on Social Anthropology no. 11. London: London School of Economics.

1953 *The Tswana*. Ethnographic Survey of Africa, Part III. London: International African Institute.

1956 *Government and Politics in Tribal Societies*. London: Watts.

1957a Malinowski's Theories of Law. In *Man and Culture: An Evaluation of the Work of Bronislow Malinowski*, ed. R. Firth. London: Routledge & Kegan Paul.

1957b Marriage of Near Kin among the Tswana. *Africa* 27: 139 - 59.

1963a Kinship and Politics in Tswana History. *Journal of the Royal Anthropological Institute* 93:159 - 73.

1963b Agnatic Marriage in Tswana Royal Families. In *Studies in Kinship and Marriage*, ed. I. Schapera. Occasional Paper no. 16. London: Royal Anthropological Institute.

1966 Tswana Legal Maxims. *Africa* 36:121－34.

1969 Uniformity and Variation in Chief-Made Law: A Tswana Case Study. In *Law in Culture and Society*, ed. L. Nader. Chicago: Aldine.

1970 *Tribal Innovators: Tswana Chiefs and Social Change 1795－1940*. London School of Economics Monographs on Social Anthropology no. 43. London: Athlone Press.

Sheddick, V. G. J.

1953 *The Southern Sotho*. Ethnographic Survey of Africa, Part III. London: International African Institute.

Swartz, M. J., Turner, V. W., and Tuden, A.

1966 Introduction. In *Political Anthropology*, ed. M. J. Swartz, V. W. Turner, and A. Tuden. Chicago: Aldine.

Tambiah, S. J.

1965 Kinship Fact and Fiction in Relation to the Kandyan Sinhalese. *Journal of the Royal Anthropological Institute* 95:131－73.

Turner, V. W.

1957 *Schism and Continuity in an African Society: A Study of Ndembu Village Life*. Manchester: Manchester University Press.

Twining, W.

1964 *The Place of Customary Law in the National Legal Systems of East Africa*. Chicago: University of Chicago Law School.

1973 Law and Anthropology: A Case Study in Inter-Disciplinary

Collaboration. *Law and Society Review* 7:561 – 83.

Vansina, J.

1964 *Le Royaume Kuba*. Annales — Science Humaines no. 49. Tervuren (Belgium): Musée Royale de l'Afrique Centrale.

van Velsen, J.

1969 Procedural Informality, Reconciliation, and False Comparisons. In *Ideas and Procedures in African Customary Law*, ed. M. Gluckman. London: Oxford University Press for the International African Institute.

Van Warmelo, N. J.

1931 *Kinship Terminology of the South African Bantu*. Ethnological Publications no. 2. Pretoria: Government Printer.

Worsley, P. M.

1956 The Kinship System of the Tallensi: A Revaluation. *Journal of the Royal Anthropological Institute* 86:37 – 75.

1957 *The Trumpet Shall Sound: A Study of "Cargo" Cults in Melanesia*. London: MacGibbon & Kee. (Republished by Paladin, 1970.)

Young, M.

1971 *Fighting with Food: Leadership, Values and Social Control in a Massim Society*. Cambridge, Eng.: At the University Press.

索　引

289

译后记

本书的翻译分工如下。沈伟翻译了第一章、第二章和第八章，费梦恬翻译了中文序、第三章至第五章，以及索引。沈伟校对了中文序、第三章和索引；费梦恬校对了第二章。丁长瑶翻译了第六章，以及第三章和第七章脚注，高振翔翻译了第七章。丁长瑶校对了第七章，高振翔校对了第六章，沈伟校对了第六、七章。

在书稿翻译过程中，西蒙·罗伯茨教授于 2014 年 4 月 30 日在伦敦逝世。因此，在文稿准备的最后阶段，译者加入了四篇怀念文章，以示追思。苗菁翻译了科马洛夫的《怀念西蒙》，沈伟校对了翻译。沈伟还翻译了莱西和彭文好两位教授的《怀念西蒙》。彭文好校对了自己英文原文的中文译稿。

在本书付梓之前，刘旭编辑认真细致专业地审阅书稿，对许多专业术语翻译提出了精到细致的修改意见。

本书每页边条标明的是原书的页码。本书索引中所列页码指代的是原书页码。

特此说明。

沈　伟

2015 年 8 月 7 日